融资租赁法律原理与实务

韩 强 孙 瑜 主编

ZHEJIANG UNIVERSITY PRESS
浙江大学出版社

图书在版编目（CIP）数据

融资租赁法律原理与实务 / 韩强，孙瑜主编. —杭州：
浙江大学出版社，2017.4（2018.5 重印）
ISBN 978-7-308-16698-0

Ⅰ.①融… Ⅱ.①韩… ②孙… Ⅲ.①融资租赁－金
融法－研究－中国 Ⅳ.①D922.282.4

中国版本图书馆 CIP 数据核字（2017）第 039049 号

融资租赁法律原理与实务

韩　强　孙　瑜　主编

责任编辑	杜希武
责任校对	杨利军　魏钊凌
封面设计	刘依群
出版发行	浙江大学出版社
	（杭州天目山路 148 号　邮政编码 310007）
	（网址：http://www.zjupress.com）
排　　版	杭州好友排版工作室
印　　刷	绍兴市越生彩印有限公司
开　　本	710mm×1000mm　1/16
印　　张	19.5
字　　数	393 千
版 印 次	2017 年 4 月第 1 版　2018 年 5 月第 2 次印刷
书　　号	ISBN 978-7-308-16698-0
定　　价	49.00 元

前　言

　　融资租赁（financial leasing）又称设备租赁（equipment leasing），是指实质上转移与资产所有权有关的全部或绝大部分风险和报酬的租赁。融资租赁在本质上为融资，而融资又要通过融物（货币之外的）来实现，完整的融资租赁交易必然要由出租人按照承租人的要求与出卖人签订买卖合同，获得租赁物，实现融资载体从货币到"物"的转换。此时，出租人向出卖人支付价金，实为向承租人的融资，融资租赁合同的"融资"功能已然实现。然后再由出租人与承租人签订融资租赁合同，由承租人取得按照其要求、为其购买之物的占有、使用和收益的权利，并按照约定向出租人支付租金。如此便完成构成一次顺利的融资与融物的目的，交易参与的三方各得所需。

　　综上可见，融资租赁是一种贸易与信贷相结合，融资与融物为一体的综合性交易，是一种复合型的新型金融产业。由于其具有融资与融物相结合的特点，一方面有利于企业的实际操作，便于解决融资难的问题，具有快速高效的便利；但另一方面也带来了现实的操作风险，因其中夹杂着多个交易环节，也就意味着运作的不可控性，在一定层面上加大了参与主体的商业和法律风险。自国家层面出台鼓励开展融资租赁业务相关政策以来，我国的融资租赁行业进入高速发展期，根据行业发展的统计报告显示，从注册的公司规模和交易余额及市场占有率看，截至 2015 年底，金融租赁、内资租赁、外资租赁三类融资租赁企业总数为 4508 家，比 2014 年底的 2202 家增加了 2306 家；截至 2015 年底，全国融资租赁合同余额约为 4.28 万亿元，比上年底的 3.20 万亿元增加 1.08 万亿元，增幅为 33.8%；从融资租赁规模看，已形成三足鼎立的市场格局，其中金融租赁公司市场份额领先，市场占比 39.45%；外商和内资租赁公司的租赁市场份额分别为 30.40%、30.15%。

　　在行业取得高速发展的同时，业内对行业发展前景持乐观态度。从融资租赁市场渗透率角度观察，我国融资租赁行业的发展前景仍是非常乐观。根据世界租赁年鉴统计，目前发达国家融资租赁的市场渗透率大约在 15%～30%，而截至 2015 年底，我国融资租赁市场渗透率为 5.23%，以相似标准参考，至少存在 3～6 倍的发展饱和空间。另据中商产业研究院《2016—2021 年中国融资租赁行业市场前景调查及投资战略研究报告》显示：融资租赁行业未来仍将保持年均 20% 以上的复合增速。预计我国融资租赁行业到 2016 年底的租赁合同余额会达到 6.90 万亿元左右，到 2021 年将有望达到 20.79 万亿元。

　　但是在融资租赁行业及公司快速发展的背景下也要理性地警惕其存在的风险。从注册的公司的具体类型及实力出发，虽然截至 2015 年底，全国融资租赁公司一共 4508 家，其中金融租赁公司 47 家，内资租赁公司 190 家，外资租赁公司 4271 家，注册资本总额 1.52 万亿元，但在如此众多的公司中，以中小型企业为主。自 2011 年以来，近 5 年时间针对国内融资租赁企业发起的兼并收购交易金额增长了 17 倍，仅 2015 年交易金额就达到 69 亿元人民币，显示出各路资本正在对融资租赁行业进行血腥的清洗，其行业竞争也呈白热化趋势。而从公司类型的角度比较则发现，金融租赁公司平均注册资本 29 亿元，但是非金融租赁公司平均注册资本不到 5 亿元，其中外资租赁公司注册资本仅为 2.99 亿元，远小于金融租赁注册资本，市场上的小型外资租赁公司占比却近 99%。

　　除了来自行业发展的内部竞争风险，业务操作中的法律风险也在逐渐呈现。根据对中国裁判文书网中以"融资租赁合同纠纷""融资租赁公司""融资租赁"等关键词进行检索可以发现，在 2015 年有近 3700 多件相关民事案件的审结，2016 年截至今日也有近 2600 多件，可见涉及的案件纠纷的数量呈现了不可避免的暴发性，行业操作遭遇了较多的法律纠纷。对其中涉及的案件进行粗浅划分，可知法律纠纷集中在合同效力认定、合同违约、合同担保等专业型类型上。可见，适当地强化业务操作领域的指引，以尽力避免一些不必要的风险性因素是极为迫切的。此即为本书的出发点，希望可以以较为全面系统的专业理论梳理结合实务操作流程，对业务领域中涉及的法律风险进行提示，以提高应变能力，助力行业发展。

　　本书主要内容包含六编二十三章，本书编写的体例模式是以"实务理论介绍梳理＋参考案例解析"为准，在每一章节的正文结束后附以与之相关的司法实践案例做阅读参考，以期有助于读者更好地理解本章内容，掌握实务要领，规避法律风险。本书的具体编写内容简述如下：

　　第一编是绪论，对融资租赁及其交易模式的缘起和发展进行了简要的梳理与介绍，做了导入式的概述；第二编是融资租赁合同，对融资租赁合同的概念、成立、内容、生效、违约、履行、转让等内容进行了细致的梳理介绍；第三编是融资租赁物，从融资租赁物的属性与范围、融资租赁物的权利结构、融资租赁物的公示等角度进行了编写；第四编是融资租赁合同的担保，根据融资租赁交易模式的区分从典型担保和非典型担保两方面对业务中涉及的担保内容进行了梳理，考虑到涉及对外业务，故特将对外担保的一章并置于此；第五编是融资租赁公司法律制度，根据公司类型的不同从金融租赁公司、外商投资融资租赁公司、内资试点融资租赁企业三个方面进行了解析；第六编是融资租赁的税收（费），根据税种（费）的不同对涉及的税费进行了分类介绍。以上各章的结构内容编排难免会有不妥之处，对司法案例的查找运用亦会有疏漏之憾。于此，一并恳请读者包涵并不吝赐教，以求书目编写的完善。

　　最后,希冀本书的出版可以丰富融资租赁法律理论研究,并为实务操作提供微薄的参考和指引,以有助于行业规范化发展!

韩　强　孙　瑜

2016 年 11 月 22 日

法规缩略语

《中华人民共和国合同法》,《合同法》

《最高人民法院关于审理融资租赁合同纠纷案件适用法律问题的解释》(2013年11月25日最高人民法院审判委员会第1597次会议通过)(法释〔2014〕3号),法释〔2014〕3号解释

UNIDROIT CONVENTION ON INTERNATIONAL FINANCIAL LEASING(《国际统一私法协会国际融资租赁公约》),《国际融资租赁公约》①

UNIDROIT MODEL LAW ON LEASING(《国际统一私法协会租赁示范法》),《租赁示范法》②

《金融租赁公司管理办法》(中国银监会令2014年第3号),《金融租赁公司管理办法》

《融资租赁企业监督管理办法》(商流通发〔2013〕337号),《融资租赁企业监督管理办法》

《外商投资租赁业管理办法》(商务部令2005年第5号,根据2015年10月28日《商务部关于修改部分规章和规范性文件的决定》修正),《外商投资租赁业管理办法》

《中华人民共和国企业所得税法》(2007年3月16日第十届全国人民代表大会第五次会议通过),《企业所得税法》

《中华人民共和国个人所得税法》(根据2011年6月30日第十一届全国人民代表大会常务委员会第二十一次会议《关于修改〈中华人民共和国个人所得税法〉的决定》第六次修正),《个人所得税法》

《中华人民共和国印花税暂行条例》(1988年8月6日中华人民共和国国务院令第11号发布 根据2011年1月8日《国务院关于废止和修改部分行政法规的

---

① 该公约官方版本为英文本和法文本。公约的中译本,目前有谢修如译、张月姣校本(《法学译丛》1988年第6期,第65—69页),沈根荣译本(《国际商务研究》1991年第3期,第64—66页,《国际商务研究》1991年第4期,第56—58页),裴企阳译本(裴企阳:《融资租赁:理论探讨与实务操作》,中国财政经济出版社2001年版,第486—496页)。本文引用的公约条文是由作者在参考上述中译本的基础上,从公约英文本译出的。

② 本法官方版本为英文本与法文本。本法的中文版,目前只有张稚萍、金勇、王自强、童堃、高圣平译本。本文引用的示范条文是由作者在参考该中译本的基础上,从示范法英文本译出的。

决定》修订),《印花税暂行条例》

《中华人民共和国契税暂行条例》(国务院令〔1997〕224号),《契税暂行条例》

《中华人民共和国房产税暂行条例》(1986年9月15日国务院发布　根据2011年1月8日《国务院关于废止和修改部分行政法规的决定》修订),《房产税暂行条例》

《中华人民共和国土地增值税暂行条例》(1993年12月13日中华人民共和国国务院令第138号发布　根据2011年1月8日《国务院关于废止和修改部分行政法规的决定》修订),《土地增值税暂行条例》

《中华人民共和国城市维护建设税暂行条例》(1985年2月8日国务院发布根据2011年1月8日《国务院关于废止和修改部分行政法规的决定》修订),《城市维护建设税暂行条例》

《征收教育费附加的暂行规定》1986年4月28日国务院发布　根据1990年6月7日《国务院关于修改〈征收教育费附加的暂行规定〉的决定》第一次修订　根据2005年8月20日《国务院关于修改〈征收教育费附加的暂行规定〉的决定》第二次修订　根据2011年1月8日《国务院关于废止和修改部分行政法规的决定》第三次修订),《征收教育费附加的暂行规定》

《中华人民共和国车船税法》(2011年2月25日第十一届全国人民代表大会常务委员会第十九次会议通过),《车船税法》

目　录
CONTENTS

第一编　绪　论

第二编　融资租赁合同

第三编　融资租赁物

第四编　融资租赁合同的担保

第五编　融资租赁公司法律制度

第六编　融资租赁的税收（费）

第一编　绪　论

第一章　融资租赁的识别与交易模式

第一节　融资租赁的识别

众所周知,融资租赁其实不是租赁,而是一种以租赁为外在手段、借以实现融资目的的金融工具和融资手段。就此而言,融资租赁与现有一些交易形态,如银行信贷(抵押借款)、所有权保留、让与担保、租售(hire-purchase),并无任何实质性差别。然而,这种功能上的重叠,并没有成为融资租赁在世界范围内发生、发展、壮大、成熟的障碍。20世纪50年代初,融资租赁交易在美国诞生,迄今仅有60多年的时间。在这不长的时间里,融资租赁在国外、国际资本市场上取得与银行信贷、证券投资并驾齐驱、三足鼎立的地位。

这种局面的出现,肯定不是融资租赁的融资功能所能完全解释的。融资租赁除了具有融资功能之外,还具有其他融资交易形态不具有的独特功能。比如,开展融资租赁交易,可以获得税收优惠;可以优化融资企业财务报表,改善融资企业的现金流;还可以规避银行信贷监管,而不像银行信贷那样动辄无效。因此,如何识别融资租赁,即如何认定一项交易就是融资租赁而不是其他交易形态,就显得至关重要。

一、合同法上的融资租赁

在合同法上识别融资租赁,主要根据《合同法》第237条和法释〔2014〕3号解释第1条和第2条。

《合同法》第237条规定:"融资租赁合同是出租人根据承租人对出卖人、租赁物的选择,向出卖人购买租赁物,提供给承租人使用,承租人支付租金的合同。"本条是关于融资租赁合同的定义性规范,法学界在给融资租赁下定义时也大都直接援用该条规定。

法释〔2014〕3号解释第1条规定:"人民法院应当根据合同法第237条的规定,结合标的物的性质、价值、租金的构成以及当事人的合同权利和义务,对是否构成融资租赁法律关系做出认定。(第1款)对名为融资租赁合同,但实际不构成融资租赁法律关系的,人民法院应按照其实际构成的法律关系处理。(第2款)"第2

条规定:"承租人将其自有物出卖给出租人,再通过融资租赁合同将租赁物从出租人处租回的,人民法院不应仅以承租人和出卖人系同一人为由认定不构成融资租赁法律关系。"这两条在《合同法》第 237 条基础上为融资租赁的识别进一步列举了若干具体标准。

根据以上规定,在合同法上识别融资租赁,其主要构成要件如下:

(一)三方当事人

《合同法》第 237 条表明,融资租赁是由三方当事人,即出租人、承租人与出卖人构成的交易形态。这三方当事人由法律一体调整,这是融资租赁最大的一个特点。

由于融资租赁在本质上为融资,而融资又要通过融物(货币之外的)来实现,完整的融资租赁交易必然要由出租人按照承租人的要求与出卖人签订买卖合同,获得租赁物,实现融资载体从货币到"物"的转换。在这里,出租人向出卖人支付价金,实为向承租人的融资,融资租赁合同的"融资"功能已然实现。然后再由出租人与承租人签订融资租赁合同,由承租人取得按照其要求、为其购买之物的占有、使用和收益的权利,并按照约定向出租人支付租金。在这里,租金的支付很大程度上并非占有、使用租赁物的对价,而是融资的对价。经过出租人支付价金、承租人偿付租金这一系列安排,最终实现了资金由出租人向承租人再向出租人的流动。因此,一个融资租赁交易是由出租人、承租人与出卖人三方当事人共同完成的,这一三人关系,盘根错节,相互影响,核心在于实现融资目的。

1. 三方当事人分别为不同的法律主体

从《合同法》第 237 条的文义来看,出租人、承租人与出卖人是融资租赁这种交易形态各不相同的三方当事人。出租人"向出卖人购买租赁物",这意味着出租人与出卖人不能是同一主体。承租人选择出卖人,这意味着承租人与出卖人原则也不是同一主体,否则本条所谓选择即无从谈起,但实务中非常流行的售后回租则是例外,此点在下文中将有详述。出租人与承租人更不能是同一主体。唯如此,出租人"向出卖人购买租赁物,提供给承租人使用,承租人支付租金"才可成立。

(1)出租人

在融资租赁三方当事人中,出租人是资金的提供者。如上所述,融资租赁是以物的租赁为手段,以融资为目的的交易形态。出租人按照承租人的需求,为承租人出资购买租赁物并使承租人获得对租赁物占有、使用和收益的过程,就是向承租人融通资金的过程。

出租人在融资租赁发展过程中占有举足轻重的地位。在融资租赁发生史上,专门从事融资租赁的出租人的出现是融资租赁行业诞生的标志。租赁(rent)在公元前 2000 年就已为苏美尔人所使用。至于现代融资租赁(leasing,financial leasing),人们则通常以美国人 Henry Schoenfeld 为满足 P. D. Booth 的融资需求而创立美国国际租赁公司(the United States Leasing International Corporation)为其产生标志(详见本章第二节)。

以从事融资租赁为业的专业出租人的出现,赋予租赁以融资的内涵,改变了租赁数千年来固有的模式和含义。一方面,与传统的出租人不同,专事融资租赁的出租人在与承租人签订融资租赁合同之前,往往没有任何物件可以出租给承租人。他有的只是资金。在与承租人签订融资租赁合同后,他以自有资金,根据承租人的需求从出卖人处专门为承租人购买相应的物件。因此,出租人向承租人租赁物件并逐步收回租金的过程就是向承租人融通资金的过程。而在普通租赁中,出租人往往在与承租人签订租赁合同之前就已拥有或者至少占有了租赁物。他出租的是自己的财产,而不是专门为承租人购买的财产。另一方面,在普通租赁中,承租人租赁的是出租人本来就拥有的财产,并不打算永远占有和使用租赁物;而在融资租赁中,承租人取得的租赁物完全是自己要求的物件,是新制造出来的,且往往具有永久占有并使用的目的。[①]

专业融资租赁的出租人是融资租赁交易开展必不可少的前提。然而,融资租赁出租人专业化与国家对其实行严格的行业准入并不具有必然的联系。在对融资租赁出租人是否实行严格行业准入这个问题上,各国做法并不相同。我国对出租人实施严格的行业准入,即融资租赁出租人必须获得从事融资租赁业务、开展融资租赁交易的资质。尽管《合同法》第237条只是抽象和中性地使用了"出租人"的表述,尽管在现实中也有未获准入之人实际从事融资租赁活动的现象(详见本书第四编),但法律仍然要求从事融资租赁业务的出租人必须取得法律许可的经营资质。这种态度在《融资租赁法(草案)》(第二次征求意见稿)、(第三次征求意见稿)第2条第2款也得到了反映,该条规定:出租人限于依法取得融资租赁经营资格的企业。由此可见,我国对于融资租赁的出租人采取了最为严格的管制态度,其主要原因还是在于融资租赁所特有的"融资"属性。因融资活动事关国家金融秩序和市场交易安全,凡具有融资功能的从业者均应受到法律的严格规制。

对于取得法定资质的出租人,根据其在交易链条中所处的位置不同,又可有不同的分类。在国际上,出租人通常分为银行系出租人(bank lessor)、厂商系出租人(captive lessor)与独立系出租人(independent lessor)。这个分类对于融资租赁交易业务开展和监管实践具有十分重要的意义。不过,出租人属于何种类型,并不会影响到融资租赁的认定。

(2)承租人

承租人是融资租赁必不可少的另一方当事人。在融资租赁交易中,出租人是资金提供方,承租人是资金承受方。如无承租人,则融资租赁所要实现的融资功能

---

① 参见史树林,乐沸涛.融资租赁制度总论.北京:中国金融出版社,2011:5.

就难以实现。由于融入资金的载体是物,承租人融入并使用资金的方式自然也就是对作为融资载体的租赁物进行占有、使用和收益。但是,这并不意味着承租人对于承载融资功能的租赁物是被动接受的。相反,租赁物、租赁物提供者(出卖人)的选择和决定均由承租人做出。《合同法》第 237 条所谓"出租人根据承租人对出卖人、租赁物的选择",就表明了这一点。

从某种意义上说,对于租赁物的确定,出租人往往是被动的,造成这一特点是由出租人在融资租赁中的地位决定的。在融资租赁中,出租人的角色更像是信用提供者而非普通的出租人,因而出租人只是作为纯粹的融资渠道为承租人从供货人处获得租赁物提供便利。[①] 这也是融资租赁与普通租赁的一个重大区别。在普通租赁中,其交易模式为出租人有什么,承租人就租什么;而在融资租赁中,其交易模式为承租人想租什么,出租人就出资买来租给承租人。

承租人对租赁物、出卖人的选择,可以是单纯的指定,甚至也可以体现为承租人直接向出卖人对租赁物的订购(purchase order)或者承租人直接与出卖人达成租赁物买卖合同或租赁合同。[②] 由承租人直接向出卖人订购租赁物不仅不改变融资租赁交易的基本法律关系,恰恰深刻地反映了融资租赁的特性:为满足承租人实际需要,由承租人确定出卖人以及租赁物。

不过,承租人在融资租赁中对租赁物和租赁物提供者(出卖人)的选择和决定拥有的主导权也不是绝对的。即使租赁物或租赁物出卖人不是由承租人选择,也不影响对融资租赁的认定。《合同法》第 244 条规定:"租赁物不符合约定或者不符合使用目的的,出租人不承担责任,但承租人依赖出租人的技能确定租赁物或者出租人干预选择租赁物的除外。"上述规定就是对以上说法的印证。换言之,由承租人选择租赁物或者租赁物出卖人只是融资租赁的通常做法,不排除由出租人选择或者辅助、干预选择租赁物、租赁物出卖人的可能性,也不影响融资租赁的认定。

此外,承租人的身份对融资租赁的认定也无影响。承租人可以是经营者,也可以是消费者;可以是法人,也可以是自然人(个体工商户、农村承包经营户),还可以是个人独资企业、合伙企业;可以是国有企业、集体企业,也可以是乡镇企业,还可以是三资企业、民营企业。不过需要注意的是,有些主体如机关法人、地方政府投融资平台,作为承租人参与融资租赁交易的,在法律或政策上受到诸多限制,交易的效力可能因此受到影响。

---

① 〔美〕威廉·H.劳伦斯,威廉·H.亨宁.美国货物买卖和租赁精解.周晓松,译.北京:北京大学出版社,2009:12.

② Uniform Commercial Code § 2A-102 Official Comment (g),ALA、NCCUSL,Uniform Commercial Code: Official Text and Comments,2013—2014 ed.,Thomson Reuters,2013,p.186.

（3）出卖人

参照《国际融资租赁公约》《租赁示范法》，出卖人多称为供货人（supplier），是融资租赁融资载体（租赁物）的提供者。如前所述，融资租赁的融资功能是通过融物体现的。可是，作为融资载体的物从何而来呢？由于出租人不提供物，因此，作为融资租赁载体提供者的出卖人便是必不可少的。

既然出租人要以租赁物为融资载体，而出租人又无租赁物可提供，那么谁争取到向出租人提供租赁物的机会，谁就会把大量产品销售出去。因此，出卖人对融资租赁交易的促成有着很高的积极性。对于出卖人而言，每促成一笔融资租赁交易，就意味着销售额的增长。不过，关于出卖人在融资租赁交易中的法律作用，我们也必须承认，尽管出卖人的市场作用是积极的，但是在法律上它的作用是消极的。[①]这一点从《合同法》第 237 条承租人"选择"出卖人、出租人"向出卖人购买租赁物，提供给承租人使用""承租人支付租金"的措辞中也可以看出来。出卖人可能是租赁物的生产商或制造商（manufacturer），也可能是租赁物的销售商（dealer），但都不影响对融资租赁的认定。

2. 承租人与出卖人的重合

在《合同法》第 237 条的框架下，融资租赁的三方当事人不可能重合。但是，在融资租赁交易实践中，有一种承租人与出卖人重合的交易形态广泛存在，这就是所谓售后回租（sale and lease-back）（详情参见本章第二节）。在这种情况下，承租人与出卖人的重合是否会影响将一项交易识别为融资租赁，就成为问题的关键。

从表面上看，售后回租没有否认融资租赁应具备三方当事人的基本结构，它同样是由出租人、承租人与出卖人三方当事人构成的。但是，由于承租人与出卖人的重合，售后回租实际上只有承租人（出卖人）、出租人（买受人）两个实际交易主体构成。正是因为售后回租的这一特点，关于其是否能够被认定为融资租赁在理论和实务上长期存在争议。不过，随着法释〔2014〕3 号解释的施行，上述争议已得到解决。根据该解释前引第 2 条，承租人与出卖人重合并不违反《合同法》第 237 条关于融资租赁是三方当事人交易产物的规定，不构成融资租赁识别上的障碍。

3. 出租人与出卖人重合

融资租赁当事人的重合，除了承租人与出卖人重合，还可能发生出租人与出卖人的重合。那么，出租人与出卖人的重合是否构成融资租赁识别上的障碍呢？

对于这个问题，人们给出的答案是肯定的。融资租赁的出租人尽管名为出租人，但是实际上应无物可租。出租人不能自己充当租赁物的提供者，而只能获得"与租赁相关"（in connection with the lease）的租赁物，也不可以从供货人处获得

---

① Rafael Castillo-Triana. Legal Aspects of Equipment Leasing in Latin America，Kluwer Law International，2001，p. 162.

租赁物后再决定租赁。这是由出租人在融资租赁中的地位决定的。这种交易形态在形式上最大的一个特点就是出租人与出卖人的重合。德国理论界与实务界的主流意见认为,对于直接厂商租赁不应按照融资租赁,而应按照租赁的规则来处理。① 不过,以上看法在德国联邦最高法院审理厂商直接租赁的案件时遭到了否定。在德国法上,作为厂商租赁(Hersteller-order Händlerleasing)的一种形态(厂商租赁,详见本章第二节),直接厂商租赁(direktes Hersteller-und Händlerleasing)是指由供货人(厂商)直接与承租人签订"融资租赁合同"的交易形态。② 德国联邦最高法院于 1998 年 11 月 3 日、2002 年 10 月 30 日做出的两个判决认为,在直接厂商租赁中,租赁物的提供人与出租人重合并不影响将其认定为融资租赁。可见,在德国法上,对融资租赁的认定采取了非常灵活而务实的态度,以期最大限度发挥融资租赁交易的作用。

在我国现行法上,对于出租人与出卖人重合,恐怕还难以做出与德国联邦最高法院上述判决同样的处理。其主要的原因在于,根据现行法,出租人只能是从事融资租赁业务的租赁企业,而不能是一般的自然人、法人或其他组织。这是我国融资租赁在主体上的特征。③ 而这也把租赁物提供人(不论是生产商或制造商,还是销售商)排除在融资租赁出租人之外。但是,从融资租赁行业发展的角度来看,出租人与出卖人的重合在实践中难以完全避免,出卖人为达到促进销售的目的,而同时兼营融资租赁业务也是现实的选择。主要的法律障碍表现在出卖人能否同时为出租人这一点上。如出卖人另行出资设立融资租赁公司,作为关联企业加入融资租赁交易,则上述法律障碍便不复存在。

(二)交易结构

根据《合同法》第 237 条,融资租赁三方当事人的法律关系:出租人将租赁物提供给承租人使用,承租人支付租金的租赁合同关系,出租人与出卖人因其"向出卖人购买租赁物"而形成买卖合同关系。融资租赁据此在交易结构上就是由租赁与买卖两个合同或者两个环节构成的一组复合法律关系。④ 因此,一项交易如果只有买卖而无租赁,或者只有租赁而无买卖,就难以将其识别为融资租赁。

融资租赁在交易结构上具有上述特征,即使售后回租也不例外。在售后回租中,尽管承租人与出卖人是重合的,但是买卖与租赁这两个合同在其中也同样是存在的。这也是最高人民法院在法释〔2014〕3 号解释第 2 条中把承租人与出卖人重

---

① Münchener Kommentar zum BGB 7. Auflage 2016,Finanzierungsleasing,Rn 8,注释 39.

② 郭晓媛.中德融资租赁法律制度比较研究.北京:中国法制出版社,2011:5.

③ 崔建远.合同法.2 版.北京:北京大学出版社,2013.524. 王轶.租赁合同融资租赁合同.北京:法律出版社,1999:134—135.

④ 主流学说认为,融资租赁是由两个合同组成的;少数学说认为,融资租赁是由买卖与租赁两个环节构成的一个合同。参见谢鸿飞.合同法学的新发展.北京:中国社会科学出版社,2014:595—596.

合也认定为融资租赁的主要原因。而在出租人与出卖人重合的情形,则只有租赁这个合同关系,而无买卖合同关系。

众所周知,融资租赁的融资功能是通过物的租赁来实现的。因此,融资租赁至少应符合普通租赁的一般交易特征,把租赁物所有权配置给出租人,把租赁物的占有、使用和收益等方面的权利配置给承租人。这构成融资租赁在交易结构上的另一重要特征。毕竟融资租赁不仅仅要体现"融资"的属性,还要体现"租赁"的属性。租赁为表,融资为里,表里相依,缺一不可。

以上特征在美国法上也有体现。按照美国《统一商法典》确立的融资租赁识别标准,一项交易欲定性为融资租赁,必须首先可以被定性为一项租赁(For a transaction to qualify as a finance lease it must first qualify as a lease)。① 而该法典所说的"租赁"是在一定期限内移转对货物的占用和使用权益以获取对价的法律关系,此外,买卖包括试销、销售或退货(a sale, including a sale on approval or a sale or return)则不在租赁之列。②

虽然《合同法》第 237 条对融资租赁的这一特征未予明示,但《合同法》第 242 条所谓"出租人享有租赁物的所有权",却是对融资租赁交易结构这一特征再明显不过的规定了。

（三）租赁物或"标的物"

对于是否要将租赁物(详见第三编)作为识别融资租赁的一个要素,《合同法》第 237 条的表述并不清楚。与此相反,法释〔2014〕3 号解释第 1 条明确规定租赁物,是人民法院在司法裁判上识别融资租赁的重要因素之一。

1. 租赁物的存在

众所周知,在社会经济生活中,融资的手段丰富多样,比如银行信贷等。就融资功能而言,银行信贷与融资租赁并无不同。融资租赁区别于银行信贷的一个很重要的方面就在于二者的融资载体是不同的。银行信贷以货币为融资载体。银行从发放贷款到收回贷款,都是以货币为载体。货币实行占有与所有一致的原则。银行一旦把货币借给借款人,货币所有权即发生转移。它直至银行收回贷款,才又回到银行那里。融资租赁以物(不包括货币)为载体。融资租赁公司在向承租人融资时采取的方式是融物,收回投资采取的形式是货币("租金")。这改变了银行信贷中的资金运动规律。与货币在银行信贷中实行占有与所有一致的原则不同,作为融资载体的物的所有权并不随着交付给承租人占有而发生移转,在融资租赁期

---

① Uniform Commercial Code § 2A-102 Official Comment (g), ALA, NCCUSL, Uniform Commercial Code: Official Text and Comments, 2013-2014 ed., Thomson Reuters, 2013, p. 185.

② Uniform Commercial Code § 2A-102(j).

间始终属于出租人。① 正是通过物的租赁,融资租赁的融资功能方得以显现。正所谓融资租赁是融物与融资的结合。也正因如此,以物为融资载体,即租赁物在交易中的存在,是认定一项交易是否构成融资租赁的一个关键因素。有的合同虽然名为融资租赁合同,但实际上并无实际的租赁物,从当事人的权利义务约定上看,仅有资金的借贷,而无租赁物的占用、使用,该合同自然也就不能被认定为融资租赁。②

2. 租赁物的性质

根据法释〔2014〕3 号解释第 1 条的规定,对于以租赁物识别融资租赁关系而言,不仅租赁物的存在是必要的,而且租赁物具有何种性质同样需要探究。

(1)有体物与财产权利(无体物)

最高人民法院以租赁物性质作为识别融资租赁的一个因素,旨在解决商品房、保障房、城市地下管网、市区公路、地铁、高速公路、商标权、专利权、特许经营权、软件能否够成为租赁物的实际问题。③ 这个问题的实质是不动产和财产权利能否成为租赁物。我们先来分析财产权利能否成为融资租赁物的问题。

解释《合同法》第 237 条,租赁物首先应当是有体物。不论是《合同法》第 237 条所谓"租赁物",还是法释〔2014〕3 号解释第 1 条所谓"标的物",其落脚点都是物。根据体系解释规则,物应该符合《物权法》对物的界定和分类,自然应该是有体物。无体物,即财产权利应被排除在租赁物之外。当然,这不意味着当事人以财产权利作为租赁载体实现融资目的而缔结的合同就是无效的。换言之,这一交易不是一项真正意义上的融资租赁,但只要当事人双方意思表示真实、自愿,根据合同自由原则和鼓励交易原则,法律不应简单否定此项交易的效力,如果发生纠纷,在法律适用上也完全可以参照适用(类推适用)《合同法》和法释〔2014〕3 号解释的有关规定。

(2)动产与不动产

同样根据体系解释的规则,《合同法》第 227 条所谓"租赁物",在外延上,应按照《物权法》第 2 条第 2 款前段的规定来确定,即租赁物包括动产与不动产。换言之,从《合同法》第 237 条的规定中得不出租赁物不包括不动产的结论。

关于不动产能否作为融资租赁的租赁物,比较法上有不同做法。美国《统一商法典》《国际融资租赁公约》均把不动产排除在租赁物之外。美国《统一商法典》将融资租赁的标的物表述为"货物"(goods)[Uniform Commercial Code § 2A-102

---

① 参见史燕平.融资租赁及其宏观经济效应.北京:对外经济贸易大学出版社,2004:64—66.

② 为融资租赁业健康发展提供有力司法保障——最高人民法院民二庭负责人就《最高人民法院关于审理融资租赁合同纠纷案件适用法律问题的解释》答记者问.人民法院报,2014-02-28(2).

③ 最高人民法院民事审判第二庭.最高人民法院关于融资租赁合同司法解释理解与适用.北京:人民法院出版社,2013:33,45—53.

(g)〕。它包括一切于租赁合同签订时特定的动产或附属物,但不包括金钱、单据、票据、应收账款、动产契据、普通无体物、矿物或类似物质(含尚未开采的石油和天然气)〔Uniform Commercial Code §2A-102(h)〕。《国际融资租赁公约》第 1 条第 1 款 a 项规定,融资租赁标的物统称设备,包括成套设备、资本货物或其他设备(plant,capital goods or other equipment)。这些租赁物均为动产,不包括不动产。不过,上述这些规定并不足以否认不动产作为融资租赁物的可能性。美国《统一商法典》没有规定不动产可以成为融资租赁物,是由该法典在总体上是一部动产财产法所决定的。《国际融资租赁公约》没有将不动产作为该公约调整的对象,其原因在于,第一,在国际融资租赁交易中,不动产租赁十分少见;第二,公约把不动产法与动产法的原理统一在同一个文本里,会带来巨大的困难。[①] 而在德国法上,识别融资租赁原则上就不受租赁物是动产还是不动产影响。[②] 国际统一私法协会《租赁示范法》第 2 条对租赁物的定义为,指所有承租人用于生产、贸易及经营活动的财产,包括不动产、资本资产、设备、未来资产、特制资产、植物和活动的以及未出生的动物。在我国,法律并未将融资租赁物限定在动产之上,不动产完全可以成为融资租赁的客体。当然,不可否认的是,实践中的融资租赁物主要为动产,以不动产作为融资租赁物确实较为少见。其主要原因在于,不动产作为良好的财产形态完全可以通过设定抵押权的形式向银行等直接融资,而没有必要采取融资租赁这种交易模式。

(3)消费物与非消费物

租赁物是消费物还是非消费物,会影响融资租赁的识别。所谓消费物,又称为消耗物,指同一人不能再以同一目的而使用的物,[③]即经一次使用即在法律上归于灭失的物,如生产资料或生活资料。如以消费物作为融资租赁的客体,则该物一经消费而消灭,则融资租赁物即不存在,融资租赁关系亦归于消灭。正因为如此,自融资租赁兴起以来,租赁物只能局限于生产设备、办公设备等非消费物,而生产原料等消费物则无法成为融资租赁客体。《融资租赁法(草案)》(第三次征求意见稿)第 2 条第 3 款也将租赁物界定为机器设备等非消耗性动产,且进一步明确为个人、家庭消费目的使用租赁物的,不构成融资租赁。但随着融资租赁行业的发展,为个人或者家庭生活消费而使用的物,只要在性质上不属于消费物的也越来越多地成为融资租赁的客体。面对新的形势,《国务院办公厅关于加快融资租赁业发展的指导意见》(国办发〔2015〕68 号)就提出:"积极稳妥发展居民家庭消费品租赁市场,

---

[①]　UNIDROIT 1987-Study LIX-Doc. 48,http://www.unidroit.org/english/documents/1987/study59/s-59-48-e.pdf,para.55.

[②]　Münchener Kommentar zum BGB 7. Auflage 2016,Finanzierungsleasing,Rn 12.

[③]　郑玉波.民法总则.北京:中国政法大学出版社,2003:268.

发展家用轿车、家用信息设备、耐用消费品等融资租赁,扩大国内消费。"在这里,家用轿车、家用信息设备、耐用消费品等虽为生活消费目的而使用,但毕竟都属于耐用消费品,可反复使用,且价值较大,完全符合担当融资租赁物的要求。

3. 租赁物的价值

法释〔2014〕3 号解释第 1 条要求人民法院在识别融资租赁时,要衡量租赁物的价值。关于这个要求,我们可以从两个方面来把握:

第一,租赁物要有必要的财产价值。租赁物没有财产价值,或者租赁物财产价值极低,如一台报废的机器、一块普通的砖头等,以其为标的物的交易自然就不能认定为融资租赁。这样的物无法承载融资租赁的融资功能。

第二,当事人约定的租赁物价值与租赁物的实际价值的差价不可过分悬殊。如将价值 1000 元的设备估为 1000 万元,并进而作为租赁物便仅为融资之实,而不具有融物的属性,也难以认定为融资租赁。这种价值上的差异往往表现为,标的物本身具有一定的经济价值,但其与当事人约定的租金总额的摊比,脱离了出租人正常租金构成的范围。① 融资租赁虽以"融资"为核心,但不能忽略"融物"的形式特征,两者缺一不可,缺一即不构成融资租赁。

案例分析一

【案情】

甲租赁公司与乙置业公司签订融资租赁合同,约定乙公司将"大地锐成"项目的 137 套商品房(下称涉案租赁物)所有权转让给甲公司,然后向甲回租涉案租赁物,融资金额 1 亿元,租赁年利率 20%,租金总额为 105,001,000 元(含 1,000 元名义价款),租赁期限自 2011 年 7 月 12 日至 2011 年 10 月 12 日止。合同签订当天,甲公司即将 1 亿元人民币通过网银打入乙公司账户。

涉案租赁物为大地锐城小区的 2、4、6 号楼盘中的 137 套商品房,共计 19,582.58 平方米。大地锐城小区的原规划楼层数应为 19 层,而实际建筑层数均为 33 层,超过了规划部门的建设要求。据此,城管部门向乙公司发出《责令停止违法建设决定书》,依法认定 2、4、6 号楼属于超规划建设的违章建筑,责令乙立即停止违法建设。涉案租赁物至今未取得预售许可证。

---

① 最高人民法院民事审判第二庭.最高人民法院关于融资租赁合同司法解释理解与适用.北京:人民法院出版社,2013:53—54,55.

【解析】

根据《合同法》第 237 条的规定,融资租赁合同与其他类似合同相比具有以下特征:一是通常涉及三方合同主体(即出租人、承租人、出卖人)并由两个合同构成(即出租人与承租人之间的融资租赁合同以及出租人与出卖人就租赁物签订的买卖合同);二是出租人根据承租人对出卖人和租赁物的选择购买租赁物;三是租赁物的所有权在租赁期间归出租人享有,租赁物起到物权担保作用;四是租金的构成不仅包括租赁物的购买价格,还包括出租人的资金成本、必要费用和合理利润;五是租赁期满后租赁物的所有权由当事人约定。从以上特征可以看出,融资租赁交易具有融资和融物的双重属性,缺一不可。如无实际租赁物或者租赁物所有权未从出卖人处转移至出租人或者租赁物的价值明显偏低无法起到对租赁债权的担保作用,应认定该融资租赁合同欠缺融物属性,仅有资金空转,系以融资租赁之名行借贷之实,应属借款合同。

本案所涉融资租赁合同系房地产售后回租业务,出卖人和承租人均为乙公司,租赁物系乙公司在建的 137 套商品房。在合同订立前,该租赁物已被有关部门认定为超规划建设的违章建筑;在租赁期间,该项目亦未取得商品房预售许可,故案涉租赁物的所有权无法从出卖人乙公司移转至出租人甲公司。由此产生的实际法律关系是,甲公司作为名义上的商品房买受人和出租人,并不享有租赁物的所有权。作为专业的融资租赁公司,其对案涉租赁物所有权无法过户亦应明知,故其真实意思表示并非融资租赁,而是出借款项;乙公司作为租赁物的所有权人,虽名为"承租人",但实际上不可能与自己所有的房产发生租赁关系,其仅是以出卖人之名从甲公司获得 1 亿元借款,并按合同约定支付利息,其真实意思表示也并非售后回租,而是借款。由此可见,案涉融资租赁交易只有融资,没有融物,双方之间的真实意思表示名为融资租赁,实为借款法律关系。依照《最高人民法院关于审理融资租赁合同纠纷案件适用法律问题的解释》第 1 条之规定,案涉合同应认定为借款合同。[①]

案例分析二

【案情】

2009 年 12 月 15 日,造船公司与国电公司签订定作合同,由国电公司为造船公司建造门式起重机一台,总费用为 3080 万元。该合同因造船

[①]　参见最高人民法院民事判决书〔2014〕民二终字第 109 号。

公司未按约定支付预付款而未实际履行。2010 年 5 月 17 日,金融租赁公司与造船公司签订融资租赁合同,租赁物为门式起重机,对应的买卖合同编号为苏租〔2010〕买卖字第 209 号,供应商为国电公司。同日,金融租赁公司与造船公司签订租赁设备委托购买协议,编号为苏租〔2010〕买卖字第 209 号,约定该委托系依据融资租赁合同而订立。前述合同签订后,造船公司并未按约定购买门式起重机。因造船公司逾期支付租金,金融租赁公司起诉至法院。法院查明,造船公司先支付 1080 万元给金融租赁公司,之后金融租赁公司向造船公司指定账户内划款 3080 万元,而造船公司并未向金融租赁公司提供购买案涉租赁物的发票原件或复印件及租赁物件验收证明。

【解析】

《合同法》第 237 条规定,融资租赁合同是出租人根据承租人对出卖人、租赁物的选择,向出卖人购买租赁物,提供给承租人使用,承租人支付租金的合同。据此,融资租赁涉及出租人、承租人、出卖人三方主体,包含买卖和租赁两个合同关系。在承租人通过融物而实现融资租赁的过程中,租赁物的买卖是不可缺少的环节。而根据查明事实,本案并无租赁物的买卖。虽然在 2010 年 5 月 17 日融资租赁合同签订前,造船公司曾于 2009 年 12 月 15 日与国电公司订立了租赁物定作合同,但因造船公司未按约支付定金,该合同并未实际履行,融资租赁合同订立时没有追认上述定作合同,亦未将其列为附件。因此,尽管上述两份合同约定的设备价款均为 3080 万元,但仅凭两份合同不能认定金融租赁公司、造船公司之间就购买设备、完成融资租赁达成了真实合意。

租赁设备委托购买协议第 5 条第 5 项、第 7 项约定,造船公司在购买租赁物后,应当将买卖合同项下发票和提单(如有)等整套交易单据交付金融租赁公司,租赁设备装配完毕后 3 个工作日内,造船公司应当向金融租赁公司出具租赁物件验收证明。但是上述发票、证明等并未实际产生和交付。造船公司在接受金融租赁公司支付的 3080 万元设备款的当日向金融租赁公司支付 1080 万元,剩余 2000 万元不足以购买合同约定的设备。造船公司法定代表人张某等均明确表示向金融租赁公司融资 2000 万元,造船公司账册将该 2000 万元记载为"长期借款",在生产周转中使用。同时,在融资租赁合同附表"租赁保证金"栏中注明"无",故该 1080 万元亦不属于造船公司为履行融资租赁合同而提供的保证金。金融租赁公司对此明知并接受了造船公司的还款,应当认定双方的真实意思仅为资金的融通及分期偿还,而非融资租赁;订立委托购买租赁物的协议,系为金融租赁公司直接将融资款交付造船公司而设计。故 2010 年 5 月 17 日的融资租赁合同实际为企业间借贷合同。①

（四）租金

租金是识别融资租赁最重要的一个因素。融资租赁是一种通过"融物"达到"融资"的交易，出租人扮演着资金提供者的角色。而出租人在融资租赁交易中最重要的利益自然也就是收回融出的资金。出租人从承租人处收回资金的途径是收取"租金"，即"租金"是出租人通过融物实现的融资的对价。

因此，租金的构成应表征其作为出租人融资对价的特性。根据法释〔2014〕3号解释的规定，人民法院欲将某项交易识别为融资租赁，必须分析租金的构成。

关于租金的构成，我们应诉诸《合同法》第 243 条。该条规定："融资租赁合同的租金，除当事人另有约定的以外，应当根据购买租赁物的大部分或者全部成本以及出租人的合理利润确定。"本条首先允许当事人就租金做出约定，这是合同自由的体现。只有在当事人没有约定的情况下，租金才应该"根据购买租赁物的大部分或者全部成本以及出租人的合理利润确定"。不过，即使当事人约定了租金的构成，其约定的自由也不是无限的，仍然要受到"根据购买租赁物的大部分或者全部成本以及出租人的合理利润确定"租金的限制。在交易实践中，当事人约定的租金有时高于出租人"购买租赁物的大部分或者全部成本以及出租人的合理利润"数倍，甚至数十倍。此时，当事人从事的融资租赁交易实际上是以融资租赁合同之名行金钱借贷之实，对此不宜将其认定为融资租赁法律关系。② 由此可见，融资租赁的租金构成的核心要素是"购买成本＋合理利润"，其性质并非租赁物的使用对价，而是资金融通的对价。但这一资金对价不能过分背离租赁物购买成本，否则就丧失了"融物"的属性，而滑向单纯的"融资"，"租金"也就变成了单纯的"利息"。

（五）当事人的合同权利和义务

关于融资租赁的识别，法释〔2014〕3号解释第 1 条还列举了一个因素，即"当事人的合同权利和义务"。融资租赁是融资与融物的结合。所谓"当事人的合同权利和义务"自然就聚焦于融资与租赁物这两个方面。

1. 资金的投放与收回

出租人根据承租人对出卖人、租赁物的选择，向出卖人购买租赁物，提供给承租人使用，这实际上是一个资金投放的过程。承租人向出租人支付租金，则是资金的收回。在这方面可以用来识别融资租赁的权利和义务不外乎在于资金的提供以物（即租赁物）为载体，租金的确定要考虑"购买租赁物的大部分或者全部成本以及

---

① 参见江苏省高级人民法院民事判决书(2013)苏商终字第 0191 号。
② 最高人民法院民事审判第二庭.最高人民法院关于融资租赁合同司法解释理解与适用.北京：人民法院出版社,2014:55.

出租人的合理利润"。关于这两个问题,上文已有探讨,不再赘述。

2. 租赁物的权益配置

在现行法框架下,作为融资载体的租赁物归出租人所有。尽管如此,出租人对租赁物只享有十分有限的权益。于出租人而言,保有租赁物所有权最主要的作用就是担保租金收回。而租赁物的全部实质经济利益或者绝大部分使用利益都归承租人享有。这主要体现在租赁合同的存续期间长短,及其与租赁物的经济寿命的匹配关系上。易言之,租赁合同期限越是接近租赁物的经济寿命,则承租人获得租赁物的使用利益的程度也就越高。因此,承租人在某项交易中能否从交易本身获得对物全部或者绝大部分使用利益,是识别融资租赁的一个重要因素。这个因素被称为融资租赁识别的实质因素。

与租赁物的利益关联程度的不同,决定着出租人与承租人围绕着租赁物的义务承担也不一样。一方面,出租人针对租赁物没有太多的义务可履行,这也是出租人被排除在租赁物选择、制造与供货之外的自然结果。另一方面,围绕着租赁物产生的风险、责任和义务,均由承租人承担或履行。不过,这并不禁止出租人占有、维护或运营租赁物(possession,maintenance or operation of the goods),政策上也并不要求做出这样的禁止性规定。① 如果当事人约定由出租人占有、维护或运营租赁物,则融资租赁的"融资"色彩就更为强烈。

案例分析三

【案情】

自然人甲与汽运公司乙签订汽车融资租赁合同约定:乙公司为甲融资购买丙厂生产的东风牌某型号汽车一辆并租赁给甲;租期为2年;租金总额为318000元;租赁期间,租赁汽车的所有权归乙公司所有。甲在上述合同附表《汽车融资租赁租金给付表》上签字,但该附表中内容为空白。

在上述合同签订后次日,甲与乙公司签订一份融资租赁借款合同。合同第1条约定:购车户向本公司借款318000元。用该车作担保。第2条约定:借款期限为22个月内本息如数还清。分期每个月不得少于15000元,如有特殊情况可向后月推迟,月息定为1分5厘。第4条约定:借款未按时归还,8000元保证金作罚金不予退回,未归还欠款自购车之日起按月息1分5厘计收。合同上注明车号:赣CK73**。同日,甲向乙公司出具了一份借条,借条上载明"今借到乙汽车融资租赁318000

---

① Uniform Commercial Code § 2A-102 Official Comment (g), ALA、NCCUSL, Uniform Commercial Code: Official Text and Comments, 2013-2014 ed., Thomson Reuters, 2013, p.186.

元,月息 1 分,限 22 个月内还清。如未按期还清,按月息 1 分 5 厘计息。"并注明车号:赣 CK73＊＊/赣 C01＊＊挂(该车在签订合同之前所有人即为乙公司)。当日甲支付 160600 元作为预付购车款。后甲陆续支付多笔款项。

【解析】

对于甲与乙之间的法律关系,法院认为其不构成融资租赁法律关系,而应为分期付款保留所有权的买卖关系。

根据《合同法》第 237 条、第 243 条,融资租赁合同是出租人根据承租人对出卖人、租赁物的选择,向出卖人购买租赁物,提供给承租人使用,承租人支付租金的合同。融资租赁合同的租金,除当事人另有约定的以外,应当根据购买租赁物的大部分或者全部成本以及出租人的合理利润确定。在本案中,甲与乙公司虽然就赣 CK73＊＊号车签订了汽车融资租赁合同,并约定租金总金额为 318000 元。但随后甲又与乙公司签订了一份借款合同,约定甲向乙公司借款 318000 元购车,并约定了利息、分期付款期限及分期付款金额。赣 CK73＊＊号/赣 C01＊＊挂车在签订合同之前所有人即为乙公司,甲在签订合同之前亦首付了 160600 元,所以双方实际并不构成融资租赁法律关系,而应为分期付款保留所有权的买卖关系。[①] 在这一案例中,融资租赁合同并非双方当事人的真实意思表示,而代表双方真实法律关系的是借款合同。当然借款合同所反映的也并非是真实的借款关系,而是以借款合同作为表现形式的货款债务关系。

案例分析四

【案情】

2009 年 2 月 19 日,甲医院与乙医疗设备公司签订《美国氩氦刀医疗科研合作协议书》一份,就氩氦刀肿瘤治疗项目的科研技术合作达成协议,合同约定:双方共同设立氩氦刀科研协作管理中心,双方共同参与中心管理,乙公司提供氩氦刀设备,收取甲医院 30 万元设备保证金,协议签订之日起 5 日内,由甲医院交给乙公司。在本协议期内,从每一例氩氦刀手术收入中先扣除 3000 元用于归还甲医院的保证金,即当完成手术达100 例时,甲收回全部合作保证金 30 万元。合同第 2 条第 2 项合作期限约定:本项目租赁时间为 5 年 3 个月,其中启动期为 3 个月,租赁期自2009 年 2 月 19 日起至 2014 年 5 月 19 日止。合同第 3 条成本和利润的

---

① 参见江西省高安市人民法院民事判决书〔2014〕高民二初字第 738 号。

分配、支付约定：每例氩氦刀手术的收费暂按 15000 元标准执行；乙公司按照氩氦刀的收费（15000 元）从每例手术费中提取 80％（12000 元）作为该项目的运营费及合作费，甲医院从每例氩氦刀手术的收费中收取 20％；双方账务一月一清，甲医院于次月 10 日前将甲方合作费支付到位，每逾期支付 5 天，乙公司向甲医院收取应付款额千分之五的滞纳金。乙公司负责设备的安装调试及中心医务人员的操作培训等等，甲医院提供中心所需用房等等。

上述合同签订后，甲医院向乙公司支付保证金 30 万元。后双方因合作发生纠纷，甲医院曾将乙公司诉至法院，双方于 2012 年 4 月 16 日自行达成和解并签订"《美国氩氦刀医疗科研合作》补充协议"，第 1 条约定：乙公司承诺将保证金余款于 2012 年 12 月 31 日前全部返还甲医院，如逾期返还，应按未退还保证金每日万分之三向甲医院支付违约金。第 2 条约定：双方于 2009 年 2 月 19 日签订的《美国氩氦刀医疗科研合作协议书》继续履行，双方账目一月一清，甲医院于次月 10 日将乙公司费用（手术利润分配）支付到乙公司指定账号。该协议签订后，甲医院向法院申请撤诉。乙公司对保证金的返还义务未予履行。

【解析】

《合同法》第 237 条规定："融资租赁合同是出租人根据承租人对出卖人、租赁物的选择，向出卖人购买租赁物，提供给承租人使用，承租人支付租金的合同。"第 238 条规定："融资租赁合同的内容包括租赁物名称、数量、规格、技术性能、检验方法、租赁期限、租金构成及其支付期限和方式、币种、租赁期间届满租赁物的归属等条款。"在本案中，乙公司证明双方存在融资租赁关系的依据是双方当事人签订的《美国氩氦刀医疗科研合作协议书》，以及乙公司提交的 2009 年 6 月 20 日发票复印件。合作协议中没有符合合同法关于融资租赁规定的上述特征的任何内容，乙公司并不向甲医院交付设备，合同也没有约定租金的金额，而仅约定在甲交纳 30 万元保证金后，双方当事人对手术利润按比例分成，设备始终由乙公司控制管理。因此，双方当事人系合作关系，并非融资租赁关系。[①]

二、行业监管法上的融资租赁

在现行法上，融资租赁监管的主要依据是《金融租赁公司管理办法》《融资租赁企业监督管理办法》《外商投资租赁业管理办法》。这三个管理办法也是我们讨论

---

① 参见山东省青岛市中级人民法院民事判决书〔2014〕青民二商终字第 455 号。

在行业监管法上识别融资租赁的核心文本。

（一）《金融租赁公司管理办法》（2014 年 3 月 13 日中国银监会令〔2014〕第 3 号）

在《金融租赁公司管理办法》中，与融资租赁识别有关的条文主要是第 3 条、第 4 条与第 5 条。其中，最值得关注的是第 4 条。第 3 条是关于融资租赁的定义性规范，其内容与《合同法》第 237 条的内容相差无几。这条是我国重复立法的一个缩影。第 5 条是对承租人与出卖人重合的售后回租情形的认可。可见，售后回租在监管法上是一直得到认可的，先前人民银行制定的《金融租赁公司管理办法》（中国人民银行令〔2000〕第 4 号）也有类似的规定。

第 4 条规定："适用于融资租赁交易的租赁物为固定资产，银监会另有规定的除外。"这一有关租赁物的条文，为监管机构识别金融租赁公司是否从事融资租赁提供了一个标准。根据现行法和相关会计准则，固定资产具有以下特征：

（1）固定资产是非货币资产（《企业所得税法实施条例》第 57 条）。

（2）固定资产是承租人为生产产品（商品）、提供劳务、出租或者经营管理而持有的。（《企业所得税法实施条例》第 57 条、《企业会计准则第 4 号——固定资产》（财会〔2006〕3 号）第 3 条、《小企业会计准则》（财会〔2011〕17 号）第 27 条）

（3）固定资产的使用时间或寿命超过 12 个月。（《企业所得税法实施条例》第 57 条、《企业会计准则第 4 号——固定资产》（财会〔2006〕3 号）第 3 条、《事业单位会计制度》（财会〔2012〕22 号）、《小企业会计准则》（财会〔2011〕17 号）第 27 条）。

在外延上，固定资产包括房屋、建筑物、机器、机械、运输工具以及其他与生产经营活动有关的设备、器具、工具。（《企业所得税法实施条例》第 57 条、《小企业会计准则》（财会〔2011〕17 号）第 27 条）

《金融租赁公司管理办法》将租赁物限定为固定资产，因而流动资产与消费物不能成为金融租赁公司融资租赁的标的物，除非银监会另有规定。流动资产是与固定资产相对应的一种资产形态，而消费物则不被认定为资产。

（二）《外商投资租赁业管理办法》（商务部令〔2005〕第 5 号）

在《外商投资租赁业管理办法》中，融资租赁的识别要特别注意第 6 条。本条规定："本办法所称租赁财产包括：（一）生产设备、通信设备、医疗设备、科研设备、检验检测设备、工程机械设备、办公设备等各类动产；（二）飞机、汽车、船舶等各类交通工具；（三）本条（一）、（二）项所述动产和交通工具附带的软件、技术等无形资产，但附带的无形资产价值不得超过租赁财产价值的二分之一。"

根据本条，对于外商投资融资租赁公司而言，作为融资租赁载体的首先是动产，其次是动产附带的不超过其价值二分之一的软件、技术等无形资产。值得注意的是，商务部打算将融资租赁物的范围扩大到"通信设备""工业厂房、仓储用房、商用地产、附着于不动产的其他设备（如电梯、空调系统等）"等其他用于生产经营的资产"，并将可用作租赁物的附带无资产与其依附的物的比例提高到三分之二〔参见商务部2015年3月公布的《外商投资租赁业管理办法》的补充规定（征求意见稿）〕。

（三）《融资租赁企业监督管理办法》（商流通发〔2013〕337号）

在《融资租赁企业监督管理办法》中，与融资租赁识别有关的法条，主要包括第2条第2款、第8条。不过，对于它们无须特别关注，它们与合同法上的融资租赁识别规则并无二致。

三、税法上的融资租赁

在我国现行法上，融资租赁涉及或者曾经涉及多个税种，如营业税、营业税改征增值税、印花税、企业所得税、关税。由于税种不同，现行税收法制与政策对如何将一个交易识别为融资租赁并予以课税的规则也不完全相同。我们在这里先关注在营业税改征增值税法上如何识别融资租赁。

《营业税改征增值税试点实施办法》（财税〔2016〕36号）所附的《销售服务、无形资产、不动产注释》在"销售服务"—"现代服务"—"租赁服务"项目下规定："融资租赁服务，是指具有融资性质和所有权转移特点的租赁活动。即出租人根据承租人所要求的规格、型号、性能等条件购入有形动产或者不动产租赁给承租人，合同期内租赁物所有权属于出租人，承租人只拥有使用权，合同期满付清租金后，承租人有权按照残值购入租赁物，以拥有其所有权。不论出租人是否将租赁物销售给承租人，均属于融资租赁。按照标的物的不同，融资租赁服务可分为有形动产融资租赁服务和不动产融资租赁服务。"该注释在"销售服务"—"金融服务"—"贷款服务"项目下规定："融资性售后回租，是指承租方以融资为目的，将资产出售给从事融资性售后回租业务的企业后，从事融资性售后回租业务的企业将该资产出租给承租方的业务活动。"

根据上述规定，在税法上，识别融资租赁，应着眼于以下几点：

第一，融资租赁要有三方当事人，且互不重合（至少就营业税改征增值税而言）。"出租人根据承租人所要求的规格、型号、性能等条件购入有形动产或者不动产租赁给承租人"的表述足以证明此点。该注释将售后回租作为贷款服务课征增值税，则表明不承认其具有融资租赁的实质。

第二，租赁物为有体（"有形"）物，包括动产与不动产。

第三，在当事人权利和义务上，租赁物所有权在租赁期内属于出租人，在租赁期届满租金付清后，承租人对租赁物有选购权。

此外，在出租人身份上，《营业税改征增值税试点有关事项的规定》（财税〔2016〕36号）规定，由经中国人民银行、银监会或者商务部批准从事融资租赁业务的企业，以及经商务部授权的省级商务主管部门和国家经济技术开发区批准的从事融资租赁业务,才有资格按照现行政策缴纳增值税。

四、会计准则上的融资租赁

关于融资租赁的识别,我们最后还要关注《企业会计准则第 21 号——租赁》(财会〔2006〕3 号)。在会计准则上,融资租赁的识别决定着融资企业"租赁"来的资产作为谁的资产、在谁的资产负债表里体现并提取折旧。

《企业会计准则第 21 号——租赁》(财会〔2006〕3 号)第 5 条和第 6 条分别给融资租赁下了定义和列举了识别的具体标准。第 5 条规定:"融资租赁,是指实质上转移了与资产所有权有关的全部风险和报酬的租赁。其所有权最终可能转移,也可能不转移。"第 6 条规定:"符合下列一项或数项标准的,应当认定为融资租赁:(一)在租赁期届满时,租赁资产的所有权转移给承租人。(二)承租人有购买租赁资产的选择权,所订立的购买价款预计将远低于行使选择权时租赁资产的公允价值,因而在租赁开始日就可以合理确定承租人将会行使这种选择权。(三)即使资产的所有权不转移,但租赁期占租赁资产使用寿命的大部分。(四)承租人在租赁开始日的最低租赁付款额现值,几乎相当于租赁开始日租赁资产公允价值;出租人在租赁开始日的最低租赁收款额现值,几乎相当于租赁开始日租赁资产公允价值。(五)租赁资产性质特殊,如果不作较大改造,只有承租人才能使用。"第 6 条列举的五项标准是第 5 条所谓出租人向承租人"实质上转移了与资产所有权有关的全部风险和报酬"的具体表现。

《企业会计准则第 21 号——租赁》为融资租赁识别确立的标准只取决于租赁物权益在出租人与承租人之间的配置情况。按照这样一个标准,一项交易也可以被认定为融资租赁,即使它没有三方当事人,或者买卖与租赁这两个合同或环节缺少一个,如承租人与出卖人重合,或者出租人与出卖人重合。

第二节　融资租赁的交易模式

《合同法》第 237 条为融资租赁识别提供的标准,换一个角度来看,就是为融资租赁设定了一种交易模式。不过,在交易实践中,融资租赁模式不限于《合同法》第 237 条规定的情形。据《2014—2015 年上海市黄浦区人民法院融资租赁案件审判白皮书》披露的信息,"从受理的案件情况来看,所涉及的交易形式主要有三种:(一般)融资租赁、售后回租、厂商租赁。其中涉(一般)融资租赁案件 151 件,占 43.77%;涉售后回租案件 82 件,占 23.77%;涉厂商租赁案件 112 件,占 32.46%"。

本节主要介绍融资租赁的主要交易模式。当然,理论研究无法穷尽融资租赁的全部交易模式,更不妨碍将来有新的交易模式出现。

一、融资租赁基本交易模式

《合同法》第 237 条为融资租赁交易设定的模式,就是我们在这里说的融资租赁交易的基本模式,亦称直接租赁、经典融资租赁(classical finance leases)。本书中以这种模式的融资租赁为主要讨论对象。

融资租赁基本交易模式,最大特点在于它是互不重合的三方当事人通过买卖、租赁两个合同或环节进行交易的产物(参见本章第一节)。具有此种特点的融资租赁在国外法以及国际公约上都被当作融资租赁的基本交易模式。比如,《国际融资租赁公约》第 1 条第 1 款就规定:"一方(出租人)(1)根据另一方(承租人)提供的规格,与第三方(供应商)订立一项协议(供应协议)。根据此协议,出租人按照承租人在与其利益有关的范围内所同意的条款取得成套设备、资本货物或其他设备(设备),且(2)与承租人订立一项协议(租赁协议),以承租人支付租金为条件授予承租人使用设备的权利。"

现行法和国外法、国际公约的上述规定标准并非偶然。融资租赁不单单是资金的流动,而且还是一个产品销售的过程。对于出租人、承租人之外的出卖人来说,每达成一笔融资租赁交易,它的产品就被销售出去了。此即所谓融资租赁的产品销售功能。融资租赁自产生以来,就大受厂商和企业的欢迎。他们认识到,融资租赁是具有远大前途的销售方式:既然出租人要以租赁物为融资载体,而出租人又无租赁物可提供,那么谁争取到向出租人提供租赁物的机会,谁就会把大量产品销售出去。[1] 因此,融资租赁在产品与其最终用户之间搭起了一座桥梁。它既实现了产品销售,又实现了资金流动,让产品销售与资金流通无缝对接。

此外,就像我们一再重申的那样,融资租赁实现资金流动的载体不是货币,而是物,这有助于避免以货币为融资载体所可能带来的风险。比如,约定资金需求方拿到货币后,可能不按照约定用途使用资金。这个风险恰好是融资租赁在很大程度上能够避免的。凡此种种,自然导致各国在法律上和实践中把基于三方关系(triangular relationship)创设的融资租赁视为融资租赁的基本交易模式。

除了由三方当事人和两个合同或环节构成之外,融资租赁的基本交易模式还具有以下法律上或经济上的特点:

第一,融资"租赁交易的动因来自承租人。正是他选定设备与供货人,金融机构直到很晚的阶段——有时甚至在客户已经向供货人订货之后,才出现的。"[2]

---

[1]　参见刘敬东.国际融资租赁交易中的法律问题.北京:中国人民公安大学出版社,2002:6—11.

[2]　Ewan McKendrick, Goode on Commercial Law, 4th. ed., Lexis Nexis, London, 2009, p.769.

第二，这种模式是单一投资租赁。"出租人根据承租人对出卖人、租赁物的选择，向出卖人购买租赁物"的资金由出租人独立承担。即使出租人购买租赁物的资金来自其他渠道，出资人对该资金也是以自身信用或相关财产为担保，与用这笔资金开展的融资租赁本身无关。

第三，这种模式采用购进租出的方式。租赁物是出租人根据承租人的要求从第三人处购买来的，因而出租人是租赁物的所有权人，出租人通过租赁将其对租赁物的使用、收益的权利移转承租人。

但是，上述特点并非是一成不变的。也正是在某个或某几个特点上发生变异，才促使融资租赁新的交易模式的产生。比如，厂商租赁是租赁物的提供者主导融资租赁交易的产物。杠杆租赁是在出租人提供部分资金之外引入其他信贷资金购买租赁物的产物。转租赁不再是购进租出，而租进再租出。此时，出租人之所以能够向承租人移转对租赁物的使用、收益权利，不是因为其对租赁物享有所有权，而是在这些特殊租赁制度中允许出租人这样做而已。

二、售后回租

与融资租赁的基本交易模式相比，售后回租最大的特点自然就是承租人与出卖人的重合，租赁物不是来自出租人与承租人以外的第三人，而是来自承租人。相对于售后回租而言，普通融资租赁又被称为直接租赁（directive leases）。

售后回租与直接租赁，由于在租赁物来源上的不同，导致其功能不尽相同。直接融资租赁的租赁物来自出租人与承租人之外的第三人，因而其兼有融资功能与产品销售功能。而售后回租的租赁物来自承租人，其不再具有产品销售功能，而只剩下融资功能。

有鉴于此，在国外融资租赁市场中，融资租赁交易模式以直接租赁为主，以售后回租为辅。而我国融资租赁市场则呈现出另一番景象：售后回租占比很大，有的年份远超过直接租赁。这突出表现在银行系出租人的业务类型上。有一组数据显示，2010 年银行系融资租赁企业的直租项目投放金额占比 35.1%；2011 年，直租占比保持 34.7%；2013 年上半年，直租业务占比只有 16.3%。而回租业务在 2012 年底在银行系融资租赁企业中的占比高达 84%（在内资和外资租赁中占比也超过 60%）。按照租赁行业近 2 万亿元的合同额估算，全国回租业务规模超过 1 万亿元。

由于售后回租在交易模式上与普通融资租赁存在一定差别，且在功能偏重于融资，其能否可以被识别为融资租赁是一个有争议的问题。如前所述，根据法释〔2014〕3 号解释第 2 条的规定，对一项售后回租交易是否是融资租赁，不能仅凭承租人与出卖人重合就给出否定回答，而是要回到法释〔2014〕3 号解释第 1 条，即"结合标的物的性质、价值、租金的构成以及当事人的合同权利和义务，对是否构成融资租赁法律关系做出认定"。也就是说,要结合交易的全部条款探求双方当事人的真实意图,以正确界定双方的法律关系。

在售后回租中,租赁物可以是不动产,也可以是动产。租赁物形态不论如何,所有权都要基于买卖关系由承租人转移给出租人。这也是法院判断各类名义上的售后回租交易是否属于融资租赁的一个重要因素。就不动产售后回租而言,不动产所有权的移转以登记为标准。就动产售后回租而言,动产所有权的移转通常以交付为标准,如果租赁物是船舶、航空器、机动车等特殊动产的,未经登记不得对抗善意第三人。在售后回租中,不论是特殊动产还是普通动产,在所有权转移上均适用《物权法》第 27 条关于占有改定的规则,即动产所有权自出租人与承租人之间的租赁合同生效时由出租人取得。但此时,必须要明确出租人与承租人之间具有买卖和租赁两个意思表示,即在买卖合同生效的同时,租赁合同亦生效,因此承租人只是抽象地将租赁物所有权转移给出租人,而自己仍可继续保持对租赁物的占有。此时,承租人占有租赁物的根据不再是所有权,而是租赁合同。

不过,以占有改定作为租赁物的所有权的转移方式,对出租人来说可能会面临两方面的风险。一方面,承租人将动产所有权转给出租人若属于无权处分,即承租人将属于他人所有的租赁物转让给出租人,出租人很难根据《物权法》第 106 条第1 款的规定主张对租赁物善意取得其所有权。根据该款第 3 项和《最高人民法院关于适用〈中华人民共和国物权法〉若干问题的解释(一)》第 20 条的规定,交付动产是动产所有权善意取得不可或缺的一个要件。而《最高人民法院关于适用〈中华人民共和国物权法〉若干问题的解释(一)》第 18 条第 2 款规定,这里的交付不包括占有改定。另一方面,出租人在因占有改定而成为租赁物所有权人之后,其所有权可能会因第三人善意取得租赁物所有权或其他物权而消灭或受到限制。出租人通过占有改定虽然可以取得租赁物所有权,但是毕竟仍由承租人直接占有租赁物。一旦承租人无权处分租赁物,第三人又符合《物权法》第 106 条规定的善意取得的条件,则出租人对租赁物的所有权及其所担保的融资租赁债权难免不会受到损害。

从后一个方面来说,出租人仅通过占有改定取得租赁物所有权还是不够的。出租人若从承租人处取得船舶、航空器、机动车等特殊动产的所有权,还应根据《物权法》第 24 条及相关规定办理所有权移转登记,否则即使取得所有权,也无法对抗善意第三人。出租人若从承租人那里取得普通动产的所有权,则要根据法释〔2014〕3 号解释第 9 条但书的规定,采取相应措施维护自己的权利,如在租赁物的显著位置做出标识、授权承租人将租赁物抵押给出租人并办理抵押权登记、对融资租赁交易进行登记等。

案例分析五

【案情】

2012 年 3 月,租赁公司与中森集团签订一份融资租赁合同。合同约定:中森集团将其自有设备及生产线(市场价值 5100 万元)作价 2100 万元卖给租赁公司。租赁公司支付 2100 万元设备款后,再由中森公司将设备租回使用。双方不进行设备的验收和交付,签订合同即视为全面履行了租赁物交付义务。中森公司租金本金 2100 万元,年利率 13%,每月支付利息 22.75 万元,共计 12 个月,手续费为融资额的 5%(直接从租金本金中扣划),中森公司在支付最后一期租金时支付租金本金 2100 万元。同时,双方约定,中森集团履行完毕本合同项下所有义务前,租赁物的所有权归租赁公司,中森集团只享有占有、使用和收益权。租赁合同履行完毕,租赁物归中森集团所有。合同签订后,中森公司收到 2100 万元融资款,并按月支付了部分利息。

但在合同到期时中森公司不能足额付款。租赁公司诉至法院,要求中森公司支付租金及剩余利息。而中森公司认为,双方名为租赁实为借贷,系以合法形式掩盖非法目的,融资租赁合同应认定无效。另外,租赁公司在借款时直接扣划 5% 的手续费,应以实际出借款项确认借款额。而且,双方约定的利息计算标准过高,法院应按中国人民银行同期贷款利率予以调整。

【解析】

法释〔2014〕3 号第 2 条规定:承租人将其自有物出卖给出租人,再通过融资租赁合同将租赁物从出租人处租回的,人民法院不应仅以承租人和出卖人系同一人为由认定不构成融资租赁法律关系。因此,本案的关键不在于承租人与出卖人身份的重合,而在于它们之间的法律关系是否符合《合同法》第 237 条和法释〔2014〕3 号解释的融资租赁识别标准。

在本案中,中森公司将价值 5100 万元的自有设备及生产线作价 2100 万元卖给租赁公司,获得融资款 2100 万元。尽管融资款低于设备的价值,但是这不构成对租赁公司利益的损害,相反会使租赁公司出资款的偿还更有保障。因此,中森公司与租赁公司之间的法律关系可以认定为融资租赁法律关系。[①]

[①]　参见咸海荣.高值低卖售后回租交易应认定为融资租赁.人民法院报,2015-07-22(7).

三、转租赁

在融资租赁的基本交易模式中只有一个租赁关系。与此相对,转租赁(sub-leasing)有两个或两个以上租赁合同或环节,是以同一租赁物为标的的多次融资租赁交易形态。

在转租赁中,出租人与承租人都至少会有两个,因而当事人不再限于三方。第一个租赁合同(亦称主租赁)中的出租人是第一出租人(head lessor)。第一出租人也是整个交易过程中租赁物的买受人。最后一个租赁合同中的承租人,即次承租人(sublessee),是租赁物的最终使用者(end-user)。与他相对应的出租人是上一个租赁合同中的承租人,故又称转租人(sublessor)(在转租人有多个的情况下,则为最后一个转租人)。由租赁物最终使用者占有、使用、收益的租赁物是转租人从其他出租人(可能是第一出租人,也可能是其他转租人)处租入,经其他出租人授权再转租给租赁物最终使用者。在转租赁这个交易形态中,租赁物品的所有权归第一出租人。

在交易实践中,转租赁又有多种交易形态。比如,第一出租人可以将租赁物租给承租人,由承租人作为出租人(转租人)将租赁物转租给最终使用人。再如,转租人根据承租人的选择作为租赁物的买受人与出卖人达成买卖合同,然后把买卖合同项下的权利和义务一并转让给第一出租人,由其作为买受人履行买卖合同,并由其作为出租人,将租赁物租给转租人,由转租人转租给租赁物的最终使用者。[①]

转租赁这种交易形态的存在,主要是出于融资或税收上的原因。出租人在向租赁物最终使用人提供融资时,可能会引入第三方的资金。此时,转租赁虽然环节较多,但不失为出租人与租赁物最终使用人之间的交易提供融资的一种方式。此外,在一些西方国家,融资租赁作为一种投资行为享受国家为鼓励投资而给予的税收优惠政策。这一优惠通过转租可以为转租人所分享。[②]

尽管转租赁多了几个租赁关系,但是这并不影响对其属于融资租赁的认定。在转租赁中,租赁物及其提供者仍然是由承租人(即租赁物最终使用者)选择的;租赁物也仍然是由出租人按照承租人的选择购买的。因此,"除了在一项交易中包括两个租赁关系外,转租赁交易与直接融资租赁在交易实质上是相同的,在某种程度上,我们可以把转租赁理解为两个直接融资租赁的叠加"[③]。

不过,转租赁也有其特殊性。第一,与直接租赁相比,整个交易信用风险的直接承担者不是第一出租人,而是与作为租赁物最终使用者的承租人相应的转租人。

---

①　谢怀栻,等.合同法原理.北京:法律出版社,2000:422—423.

②　史燕平,徐晓兰主编.中国融资(金融)租赁行业发展报告.北京:中国经济出版社,2013:301—302.

③　史燕平.融资租赁原理与实务.北京:对外经济贸易大学出版社,2005:74.

即使租赁物最终使用者不能向转租人支付租金,转租人也要向(第一)出租人支付租金。[1] 第二,转租关系中的转租人、作为租赁物最终使用者的承租人和租赁物的提供人之间的法律关系,分别按照融资租赁基本交易模式中的出租人、承租人与出卖人决定其权利和义务关系。《国际融资租赁公约》第 2 条规定,在涉及同一设备的一次或多次转租交易的情况下,本公约适用于每笔是融资租赁交易因而本应受本公约管辖的交易,如同向第一出租人提供设备的是供货人和据以取得设备的协议时供货协议那样。

此外,转租赁有时可以转换成融资租赁的基本交易模式。比如,在由两个租赁合同组成的转租赁中,第一出租人行使权利终止第一个租赁合同,或者第一个合同自动终止,如果在转租人与作为租赁物最终使用者的承租人缔结转租赁时,转租人严格按照第一出租人的授权转租,且它们之间转租赁未明示以第一个租赁合同的存在为前提,那么转租赁将会继续约束第一出租人与作为租赁物最终使用者的承租人。此时,租赁物最终使用者就不再是次承租人,而是按照转租赁的条件成为与第一出租人相对应的承租人。[2]

四、厂商租赁

厂商租赁,又称卖主租赁(vendor leasing),是由租赁物制造商或生产商发起和主导,由其选定承租人(潜在客户),并向出租人推荐的交易形态。

与融资租赁基本交易模式相比,厂商租赁侧重于产品销售功能。厂商租赁因此又被称为促销租赁(sales-aid leasing)。厂商租赁为产品制造商提供了一个"接近"于销售的替代手段,尤其是在客户因资金问题不愿意购买产品之时。

此外,对于租赁物生产商或制造商而言,厂商租赁除了促进产品销售之外,还具有降低销售成本、降低买方决策门槛,由有能力做出信贷决策的出租人开展信贷决策、迅速结算销售金额从而改善现金流等诸多优点。

在厂商租赁中,厂商与出租人往往达成业务合作协议,约定出租人按照厂商对承租人的选定和推荐,购买厂商的产品,并使承租人获得产品的占有、使用和收益权。在这样一种模式下,出租人的组织成了特定产品销售组织的翻版,并融为一体。出租人作为资金提供者,也担当了产品促销者的角色。

不过,承租人既然是由厂商选定和推荐的,出租人对承租人的资信状况就不一定有透彻的了解,因而有可能拒绝与承租人开展融资租赁交易。这是厂商租赁的主要缺点。此时,为达成产品销售目的,厂商往往会与出租人做出如下安排:出租

---

[1]　史燕平.融资租赁原理与实务.北京:对外经济贸易大学出版社.2005:75.
[2]　Ewan McKendrick, Goode on Commercial Law, 4th. ed., Lexis Nexis, London, 2009, p. 777, note 45.

人与厂商约定,一旦发生承租人未按照融资租赁合同约定支付租金等情形,出租人向厂商发出租赁物回购通知,由厂商无条件向出租人按约定支付回购款(即所谓厂商的回购担保责任),同时出租人向厂商转让租赁物所有权和租金债权。这种安排在实务上被称为回购担保。

在厂商租赁中,出租人可以是银行系出租人、独立系出租人,也可以是厂商系出租人,比如厂商为销售产品而设立的开展融资租赁业务的子公司。

以上我们介绍的厂商租赁又被称为间接厂商租赁。与间接厂商租赁相对的,是上文提到的直接厂商租赁,即由厂商直接作为出租人将产品租赁给承租人。从经济实质上来看,不论是间接厂商租赁,还是直接厂商租赁,最大的特点就是出租人与租赁物生产商重合。即使间接厂商租赁在本质上也是如此。"当出租人是第三方租赁公司时,二者之间是两个独立的企业,但却在产品的租赁销售方面结有战略联盟。"①因此,一旦直接厂商租赁具备融资租赁当事人的权利义务,也应该可以被认定为融资租赁。不过,在我国现行法体系下,直接厂商租赁能否被认定为融资租赁,尚难下定论。

五、杠杆租赁②

杠杆租赁(leveraged leasing)是指出租人以较低比例的自有资金加上较高比例(通常为 $60\% \sim 80\%$)的贷款购买租赁物,以租赁物作为出租人偿还借款的担保物,再将租赁物出租给承租人的交易形态。这种交易模式多用于资金密集的大型项目租赁,如飞机、船舶、输油管道、工厂、石油钻井平台、卫星系统、成套设备等。③

杠杆租赁是出租人融资方式创新的产物。融资租赁在本质上是出租人向承租人融资的一种方式。不过,出租人本身也有一个从外部融资的问题。出租人的融资方式多样,可以是银行信贷、发行债券、信托筹集、证券募资。不论是以哪种方式融资,出租人在购买租赁物时都是以自己的名义缴纳租金。因而,对于承租人而言,在法律关系上出租人是融资租赁交易的唯一出资人。但出租人以自有资金作为杠杆带动其他主体的资金介入,与其他常规融资方式是有很大不同的。在杠杆租赁场合,出租人不再是租赁物唯一的出资人,出资人的阵容因此而扩大。

在融资租赁基本交易模式中,履行出资人职能的只有出租人。在杠杆租赁中,至少是通过杠杆融资,即以少数资金撬动多数资金共同参与对同一融资租赁交易的融资,出租人的投资职能被分割为由出租人与贷款人共同承担。因此,整个杠杆租赁除了承租人、出卖人之外,至少还有出租人、贷款人参与。

---

① 史燕平.融资租赁原理与实务.北京:对外经济贸易大学出版社,2005:85.
② 本部分内容主要参考了史树林,乐沸涛.融资租赁制度总论.北京:中国金融出版社,2011:第三章.
③ 查松.融资租赁法.北京:人民法院出版社,1999:25—27.

　　杠杆租赁滥觞于美国,是美国融资租赁交易实践的一项创新。我们谈论杠杆租赁往往就是谈论美国的杠杆租赁。美国为杠杆租赁设计的制度根植于美国法之中,比如美国法利用信托制度,把出租人的职能分由物主受托人(owner trustee)与契约受托人(indenture trustee)承担。

　　杠杆租赁除了在美国,在日本、德国等国家也得到广泛应用。在这个过程中,它们根据本国法对美国式杠杆租赁做了改造,分别形成了日式杠杆租赁与德式杠杆租赁。①

　　从法律关系角度来看,杠杆租赁涉及一些特别法律问题。如出租人与贷款人通过合同对融资租赁基本交易模式中出租人的权利和义务予以分割,并在投资风险分担、利益分配等方面做出安排。这一分割关系主要局限于出租人与其他投资人的内部,并不影响出租人与承租人之间的交易被识别为融资租赁,承租人也不会因杠杆租赁而承担额外义务或责任。不过,杠杆租赁在出租人与贷款人之间的交易安排会通过租赁传导给承租人。比如,与承租人打交道可能不是真正的出租人,而是出租人为从事特定杠杆租赁交易而设立的项目公司或特殊目的公司,这会影响到承租人租金支付义务的履行。总之,杠杆租赁的核心是为出租人融资提供了管道,为此,出租人应与贷款人分享融资租赁合同项下出租人的若干权利或者利益,但这一分享仅在出租人和贷款人之间发生法律效力,原则上并不影响融资租赁合同的效力和履行。

案例分析六

【案情】

　　2009 年 1 月 14 日,中航租赁公司与安庆比雷福公司签订《融资租赁合同》约定,中航租赁公司同意为安庆比雷福公司提供高速线材生产线设备融资租赁服务,中航租赁公司为此根据安庆比雷福公司的选择向西安航空机电公司购买租赁设备,租赁设备概算价款为人民币 7,500 万元,租赁期限 5 年(60 期)。合同还约定,经中航租赁公司、安庆比雷福公司签章并经公证后,于相关抵押担保合同项下土地、房产抵押登记手续办理完毕之日同时生效。合同还就中航租赁公司的管理职责、租赁设备的交付方式、租赁设备的毁损、租赁设备的使用和维修等进行了约定。

　　在签订《融资租赁合同》同日,中航租赁公司、西安航空机电公司与安庆比雷福公司签订《买卖合同》〔合同号 YHZL(09)03ZL001-GM001〕,中

---

　　①　国内关于它们的一个介绍,参见史树林,乐沸涛. 融资租赁制度总论. 北京:中国金融出版社,2011:第三章.

航租赁公司根据安庆比雷福公司的选择向西安航空机电公司购买高速线材生产线一套,总价款 7,500 万元;合同由各方当事人签章,并在《融资租赁合同》签章后生效。

2009 年 6 月 18 日,中航租赁公司与西安航空机电公司、安庆比雷福公司签订《三方补充协议》〔合同号 YHZL(09)03ZL001-SA001〕,对《融资租赁合同》中租赁设备的购买主体和方式进行变更。协议约定,三方终止已签订的《买卖合同》〔合同号 YHZL(09)03ZL001-GM001〕,由中航租赁公司与安庆比雷福公司签订《委托购买合同》〔合同号 YHZL(09)03ZL001-WM001〕,委托安庆比雷福公司向西安航空机电公司购买租赁设备,安庆比雷福公司和西安航空机电公司重新签订买卖合同;付款方式为中航租赁公司委托安庆比雷福公司向西安航空机电公司转付,发票由西安航空机电公司直接向安庆比雷福公司开具,但租赁设备所有权仍属于中航租赁公司。在签订《三方补充协议》同日,中航租赁公司与安庆比雷福公司签订《补充协议 SA002》〔合同号 YHZL(09)03ZL001-SA002〕,以落实《三方补充协议》的相关约定。

2009 年 6 月 1 日,安庆比雷福公司与西安航空机电公司签订《7,500万买卖合同》约定,安庆比雷福公司向西安航空机电公司购买租赁设备(高速线材生产线),价款 7,500 万元,价款分三期支付,第一、二期各支付 2,250 万元,第三期支付 3,000 万元。合同还对租赁设备的安装、调试以及违约责任等进行了约定。

2010 年 7 月 13 日,中航租赁公司与安庆比雷福公司签订《补充合同 SA003》〔合同号 YHZL(09)03ZL001-SA003〕,中航租赁公司同意安庆比雷福公司支付第二租赁年度管理费 125 万元的时间迟延至 2010 年 11 月 13 日,但应支付相应的迟延履行金;租赁宽限期由 12 个月延长为 16 个月,并相应调整了各期租金的支付金额。

【解析】

在本案中,融资租赁法律关系是否构成是当事人争议的焦点。

融资租赁法律关系的认定,应当依据《合同法》第 237 条的规定,结合标的物性质、价值、租金的构成以及当事人权利义务等约定予以综合审查。首先,出租人与承租人签订的融资租赁合同是认定融资租赁合同法律关系的主要依据。中航租赁公司作为出租人,与作为承租人的安庆比雷福公司签订了《融资租赁合同》以及 SA002、SA003、SA004 系列补充协议,对租赁物的选择、购买、所有权归属、租金支付、租赁物风险承担等进行了约定,上述约定符合融资租赁合同关系的法律特征。其次,出租人向出卖人购买租赁物是履行融资租赁合同的重要表现。虽然中航租赁公司与安庆比雷福公司签订委托购买合同的时间晚于安庆比雷福公司与西安航空机电公司签订的《7,500万买卖合同》,但是《三方补充协议》也于《7,500万买卖合同》之后签订,该协议中约定终止中航租赁公司与西安航空机电公司签订的原买卖合同,采取中航租赁公司委托安庆比雷福公司向西安航空机电公司购买租赁设备的方式,购买价格为7,500万元,设备所有权归中航租赁所有。前后两份买卖合同的标的物为同一设备。可见,西安航空机电公司对委托购买予以了追认。故可以认定《7,500万元买卖合同》确系由中航租赁公司委托安庆比雷福公司与西安航空机电公司所签订,为诉争融资租赁合同项下的买卖合同。第三,合同是否生效应结合合同约定以及合同当事人的履行情况予以认定。《融资租赁合同》第87条约定了合同的生效条件,但对抵押登记的具体对象未予明确。事实上,安庆比雷福公司已经办理了土地使用权抵押登记,且中航租赁公司已经支付了购买租赁设备的价款,安庆比雷福公司也已签收了租赁设备并支付了零期租金、保证金以及部分租金。即出租人中航租赁公司与承租人安庆比雷福公司均已经开始按照融资租赁合同的约定履行合同。且双方对融资租赁合同的效力均无异议。故应当认定中航租赁公司与安庆比雷福公司签订的融资租赁合同成立并生效。此外,对于《7,500万元买卖合同》签订当日,安庆比雷福公司还与西安航空机电公司就同一标的设备签订8,600万元的买卖合同,虽然西安航空机电公司以8,600万元买卖合同为依据通过另案诉讼向安庆比雷福公司主张了货款,但该合同并非中航租赁委托安庆比雷福公司所签订,效力不及于中航租赁公司,不能以此否定《7,500万元买卖合同》的效力。综上分析,中航租赁公司、安庆比雷福公司、西安航空机电公司之间构成融资租赁交易关系。[1]

---

① 参见上海市第二中级人民法院民事判决书〔2015〕沪二中民六(商)终字第131号。

第二章　融资租赁的历史

与已有数千年历史的租赁相比,融资租赁的历史短得可怜。然而,放眼国内外,融资租赁时至今日已成为一个庞大的产业却也是一个不争的事实。为了解这种局面是如何逐步形成的,我们需要对融资租赁的历史作简要回顾。

第一节　融资租赁的起源、发展与现状

一、融资租赁的起源

关于融资租赁的起源,理论界和实务界有"英国说"和"美国说"两种不同看法。

"英国说"认为,现代性融资租赁并非都起源于美国。融资性租赁并不是像一般所说的在美国经过 20 世纪 40—50 年代逐步发展,直到 1960 年首先传入英国。远在 1877 年前,设备租赁已经在英国流行了几十年。那时,融资性租赁作为资金融通的新方法在伦敦工商业崛起。这些早期交易实际上就是资本型租赁或融资性租赁,只是没叫这个名称而已。① "美国说"则认为,融资租赁起源于美国,由美国输入英国、德国、法国、日本,并风靡全世界。

不过,"美国说"就融资租赁在美国产生的具体时间,又存在意见分歧。一种看法认为,融资租赁产生于美国南北战争时期(1861—1865 年)。当时,联合缝纫公司为操控市场,首次出租公司的制鞋设备。② 另一种看法认为,1877 年贝尔电话公司(the Bell Telephone Co.)出租电话机,标志着融资租赁在美国的诞生。第三种看法以 1952 年为美国融资租赁业的开端。是年 5 月,亨利·B.叙恩菲尔德(Henry B. Schoenfled)(1916—1976)创立世界第一家现代设备租赁公司,即美国租赁公司(United States Leasing Corporation, 后 改 名 United States Leasing International)。

---

① 〔英〕T. M. 克拉克. 租赁. 罗真尚,等,译. 北京:物资出版社,1984:1.
② 〔日〕宫内義彦. 租赁. 刘丽京,译. 北京:中国金融出版社,1990:2—3.

最后一种看法是目前关于融资租赁起源的主流看法。① 我们也赞同这种看法。美国租赁公司大概是世界上有史以来第一家专门从事融资租赁的企业。而对于融资租赁来说，出租人的专业化与企业化是其独立和存续的最好支撑力量。

叙恩菲尔德在创立美国租赁公司时，可能不会想到这在世界金融（融资）史上是一个具有划时代意义的举动，没有想到随之而来的是一个巨大产业，没有想到给其本人带来巨大收益（美国租赁公司创立时仅有 2 万美元，最终出售给 Ford Motor Credit 时其价值已达 6.5 亿美元）。"当被问及美国租赁公司及其成功时，亨利（叙恩菲尔德）说是运气好。"② 但是，叙恩菲尔德确实巧妙地把握了设备使用方与制造商各自的需求，并充当设备制造商与使用方的中介，通过成立租赁公司提供融资作为连接制造商和使用方之间的桥梁。使用方需要设备，但没有足够资金向制造商购买。制造商希望出售设备，但又不想以赊账或者以租赁形式分批收回。在这种情况下，租赁公司一手托两家。租赁公司出资替设备使用方购买设备，然后租给它，由它以支付租金形式偿还租赁公司的出资。出租方在购买设备时为使用方向制造商全额付款。③

2015 年，鉴于叙恩菲尔德的贡献，在其逝世三十年后他入选美国设备租赁与融资协会（Equipment Leasing and Finance Association）设备融资名人堂（the Equipment Finance Hall of Fame），以表彰其为融资租赁业所做的独特、重要、持久贡献。④

二、融资租赁的发展

由于叙恩菲尔德的做法契合了时代的要求，美国租赁公司的经营获得了成功。这促使融资租赁公司在美国大量出现，美国融资租赁业的发展可谓"一日千里"。不仅如此，发展迅猛的美国融资租赁业开始走出美国，走向世界。1959 年 6 月，United States Leasing International 在加拿大设立分公司 Canada Dominion Leasing Corporation。一年后，英国第一家融资租赁公司 Mercantile Credit Company 在伦敦成立。1961 年，法国和意大利成立租赁公司。1962 年 2 月 15 日，德意志租赁有限责任公司（Deutsche Leasing GmbH），即现在的德意志租赁股份有限公司（Deutsche Leasing AG）前身之一，在杜塞尔多夫成立。该公司是其创立人 Al-

---

① 史树林．乐沸涛．融资租赁制度总论．北京：中国金融出版社，2011：4．李国安．国际融资租赁法律问题研究．陈安主编．国际经济法论丛（第 1 卷）．北京：法律出版社，1998：323．UNIDROIT 1975-Study LIX-Doc. 1 Report on the contract of leasing，http：//www. unidroit. org/english/documents/1975/study59/s-59-01-e. pdf，p1.

② http：//www. elfaonline. org/about/hof/Bios/Schoenfeld. cfm。

③ 史树林．乐沸涛．融资租赁制度总论．北京：中国金融出版社，2011：5.

④ A Lasting Legacy，Equipment Leasing and Finance Magazine，December/November，2015，P. 30.

brecht Dietz 教授(1926—2012)从美国融资租赁理念获得灵感的产物。至 1966
年,融资租赁公司已经遍布全欧洲。1964 年 4 月 17 日,在叙恩菲尔德的直接帮助
下,日本第一家租赁公司东方租赁公司(Orient leasing Company)(Orix Corpora-
tion 的前身)成立。① 20 世纪 60 年代头几年,在美国融资租赁业的带动下,澳大利
亚也有数家金融公司开始从事租赁设备的营销。

经过 60 多年的发展,融资租赁业在全球范围内蒸蒸日上。据《世界租赁年鉴
2016》(*World Leasing Yearbook* 2016)统计,全球融资租赁年交易额排名前 50 的
国家在 2014 年业务总额达 9443.1 亿美元,较 2013 年的 8839.6 亿美元增长了
6.83%。从地区来看,北美(包括美国、加拿大、墨西哥)、欧洲和亚洲三个地区年交
易总额占比超过全球总量的 80%,甚至达到上一年全球业务的总额。从国家来
看,美国是全球最大的单一租赁市场,独占全球设备租赁业务额的 1/3;中国(不含
台湾地区)、英国、德国、日本、澳大利亚、瑞典、意大利分列第二到第十位。②

第二节　中国融资租赁的发展

融资租赁引入中国迄今已有 30 多年的时间,它在中国的发展并非一帆风顺。
中国融资租赁的发展大致可以分为引入起步、快速发展、萎缩调整、复苏猛增四个
阶段。

一、融资租赁的引入、起步

1978 年 12 月十一届三中全会后,中国开始实行对内改革、对外开放的政策。
对外开放的一个基本方面是对外开放并利用外资,引进国外先进技术和设备。为
实现这个目的,1979 年 10 月 4 日中国国际信托投资公司(以下简称"中信公司")
成立,由荣毅仁担任董事长。

中信公司成立第三天(10 月 6 日),荣毅仁即以全国政协副主席、中信公司董
事长兼总经理的身份对美国进行为期一个月的访问。在旧金山参加美国银行总部
举办的午餐会上,荣毅仁第一次了解到,原来国外许多企业的大型设备,比如飞机,
都是从租赁公司租来的。在这种模式下,航空公司利用租来的飞机赚的钱,可以支
付租金和利息,同时还能余下一些钱作为流动资金。当租赁期满后,航空公司只需

---

① Pioneer in Lease Financing in Japan During the Period of High Economic Growth in the 1960s,ht-
tp://www.orix.co.jp/grp/en/company/history/.

② 数据来源:埃德·怀特(怀特克拉克集团董事长兼首席执行官).全球租赁业发展现状.刘开利,袁
帅,译.中国外商投资企业协会租赁业工作委员会主办.融资租赁通讯,2016(4):11—16.怀特克拉克集团
2015 全球租赁业报告.中国外商投资企业协会租赁业工作委员会主办.融资租赁通讯,2016(3):23—24.

要用象征性的花费,就可以获得飞机的所有权,用形象的话来讲就是借鸡下蛋,卖蛋买鸡。访美结束后,荣毅仁又去了日本。他注意到,租赁业务在日本正在快速地发展。看到这些以后,荣毅仁一回到中国,就对自己的员工们详细介绍了这种新型的融资方法。他认为这一模式不仅能解决融资的问题,更难得的是,它能以最小的代价引进海外的先进技术和设备。①

1979年11月初,在日本东方租赁香港分公司担任负责人的神田隆文访问中信公司,中信公司开始与日本东方租赁探讨合资成立融资租赁公司,以期共同发展租赁业务。1980年伊始,中信公司根据荣毅仁的建议,派小组去日本考察现代租赁业,试办了第一批融资租赁业务,并取得了良好的经济效益。其中包括:为河北涿州编织厂引进编织机;为北京首都出租汽车公司引进200辆日产轿车;同时,又为民航引进一架美国波音747-400大型客机穿针引线,同瑞士一家跨国公司通过杠杆租赁达成引进协议等。同年1月12日,中信公司、北京机电设备中心与东方租赁株式会社在东京签订《合作协议书》,拟组建中国东方租赁有限公司,专事融资租赁业务。10月,中信公司邀请国外专家来华举办租赁研讨会,融资租赁作为一种新的业务模式被引入中国。

1981年4月18日,中国东方租赁有限公司取得营业执照,开始营业。我国第一家现代意义的租赁公司宣布诞生。同年7月29日,中国第一家国营融资租赁有限公司即中国租赁有限公司设立。② 这两家融资租赁企业的成立,是中国融资租赁业诞生的标志。中国融资租赁从此开始扬帆起航。

二、融资租赁的快速增长

在此后大约七八年的时间里,我国融资租赁业进入快速成长期。一方面,从事融资租赁的出租人数量大幅增加。1982年11月,浙江租赁有限公司成立。该公司成立后,广东国际租赁公司、中国外贸租赁公司、华阳租赁公司、电子租赁公司等一批以信托投资机构为主的内资租赁公司相继成立。1984年8月,中国银行信托咨询公司颁布《国际租赁业务办法》,随后,工商银行、建设银行、农业银行、交通银行等银行陆续颁布了《融资租赁业务管理办法》。一些银行所属的信托部门以及各省市国际信托投资公司开始兼营融资租赁业务。各省物资机电部门陆续成立的租赁公司也纷纷开展融资租赁业务。1985年,中外合资租赁公司在本年内增加了

① 凤凰卫视.借鸡下蛋卖蛋买鸡:荣毅仁首先促成中国飞机租赁试水. http://phtv.ifeng.com/a/20160721/43529547_0.shtml.

② 中国外商投资企业协会租赁业工作委员会.中国融资租赁大事记(1978—1989年). http://www.clba.org.cn/_d271617002.htm.

9家,总数达到 13 家。① 到 1988 年初,全国共有租赁企业 40 余家。其中国营和地方经营的有 18 家,中外合资经营的有 18 家,全国性专业银行和中国信托投资公司附设的租赁机构有 8 家。另外,附属于银行的租赁部门有几百个。② 另一方面,融资租赁业务量大增。1985 年,中外合资租赁公司年度新签租赁合同额共计超过 4 亿美元。金融机构系统的租赁业务额也得到迅速发展,仅工商银行系统租赁业务额就高达 20 亿元,占信托资金运用的 27.5%。1987 年 12 月,中信公司租赁部第一次成功地采用杠杆租赁方式为民航安排引进洛克希德大型货机一架。从而开创了我国国内金融机构组织安排飞机租赁的先河。中国东方租赁有限公司与日本东方租赁株式会社合作,把我国广州黄埔船厂制造的一艘 18000 吨散装货船首次租到了北欧,标的金额是 750 万元人民币。这开创了我国融资租赁服务出口的先例。1988 年 8 月至 12 月,中信公司以杠杆租赁方式分别为厦门民航和广州民航安排引进波音 737 客机和波音 757 客机。从此,我国民航业开始采取国际上通行的融资租赁方式,利用外资大规模地引进飞机,实现了我国民航业跨越式的发展。③

在这一时期,我国融资租赁业发展呈现以下四个特点:

第一,兼营租赁业务的出租人与专营租赁业务的出租人并存。一方面,银行、信托公司可以从事融资租赁业。另一方面,专业租赁企业,包括中外合资租赁企业、内资金融租赁公司渐次成立。

第二,承租人的主要形态为国营(有)企业。对于国营(有)企业利用外资,引进外国先进技术和装备,实现产业升级改造做出了重要贡献。

第三,融资租赁业分为"融资租赁"与"金融租赁"并分别接受监管的格局基本成型。中外合资租赁企业作为我国引进外资的重要窗口,归入中外合资企业,由当时的外商投资主管机构对外经济贸易部管理。1985 年 6 月 28 日,对外经济贸易部、国家计委、国家经委《关于设立中外合营租赁公司审批问题的通知》(〔1985〕外经贸资字第 94 号)对此予以明确规定:"凡新成立中外合营的租赁公司或外商独资租赁公司,不论其投资额大小,其项目建议书,可行性研究报告和合同、章程均报对外经济贸易部审批并发给批准证书。"金融机构(银行及其他金融机构)从事融资租赁业务由当时的金融监管机构中国人民银行审批。中国人民银行《关于金融机构设置或撤并管理的暂行规定》(〔84〕银发字第 196 号)、《银行管理暂行条例》(1986年 1 月 7 日)对此有明确规定。

第四,融资租赁项目的担保几乎全是以政府信用为基础。这在出租人为中外

---

① 中国外商投资企业协会租赁业工作委员会. 中国融资租赁大事记(1978—1989 年). http://www.clba.org.cn/_d271617002.htm.
② 王淑敏. 我国金融租赁的兴起及作用. 天津金融月刊,1988(3).
③ 中国外商投资企业协会租赁业工作委员会. 中国融资租赁大事记(1978—1989 年). http://www.clba.org.cn/_d271617002.htm.

合资租赁企业的场合尤为突出。由于承租人90％以上为国营（有）企业,由政府或其组成部门为承租人支付租金提供保证的情形在当时十分常见。①

三、融资租赁的萎缩调整

20世纪80年代我国融资租赁业快速发展,但好景不长,1988年是一个分界点。此后,我国融资租赁业发展走下坡路。这背后的原因是多方面的。

随着作为承租人主体的国有企业的改革逐步深入,以及外汇管理体制改革带来汇价剧烈变动,结合当时国内治理整顿、国外环境变化,租赁公司面临信用环境恶化,欠租不断发生,政府保证无效规则出台(《最高人民法院关于贯彻执行〈中华人民共和国民法通则〉若干问题的意见(试行)》第106条、《担保法》第8条)以及融资租赁公司的内部管理等问题,导致整个行业面临困境。

此外,对于金融租赁来说,1993年开始实行的金融分业经营无异于"釜底抽薪"。1992年春天邓小平同志南方谈话后,各地经济发展和改革热情高涨,但随后也出现了经济过热的现象。与以往不同的是,此轮经济过热不仅出现了两位数的通胀率和高达近40％的固定资产投资增长,还第一次出现资产价格泡沫,股市和沿海地区的房地产市场价格出现爆发性增长,通过各类金融机构最终进入股市和楼市的信贷资金规模惊人。与此同时,乱集资、乱拆借的严重后果开始显现,大量资金体外循环,部分银行出现支付困难,甚至影响银行体系安全稳定。党中央、国务院意识到金融乱象背后隐藏的巨大风险,果断采取了整顿金融秩序的行动。中共中央、国务院1993年6月24日发布《关于当前经济情况和加强宏观调控的意见》(中发〔1993〕6号),提出整顿金融秩序的系列要求。在这次整顿中,明确要求严控信贷总规模,规范银行对非银行金融机构资金拆出,严肃治理金融"三乱",第一次提出"人民银行、专业银行和商业银行要与其所办的非银行金融机构及其他经济实体彻底脱钩,首先在人事、财务和资金方面完全脱钩"。1993年11月,党的十四届三中全会召开,提出下一步金融体制改革要对"银行业和证券业实行分业管理"。1993年12月25日,国务院发布《关于金融体制改革的决定》(国发〔1993〕91号),进一步要求"国有商业银行不得对非金融机构投资,在人财物等方面要与保险业、信托业和证券业脱钩,实行分业经营"。分业经营的规则最终在1995年5月10日通过的《商业银行法》中以立法形式得到确认。该法第43条规定:"商业银行在中华人民共和国境内不得从事信托投资和股票业务,不得投资于非自用不动产。(第1款)商业银行在中华人民共和国境内不得向非银行金融机构和企业投资。(第2款)本法施行前,商业银行已向非银行金融机构和企业投资的,由国务院另行

---

① 闵一民,屈延凯.从崎岖到坦途还要不懈努力——中外合资租赁业的回顾与展望.经济导刊,1998(5).

规定实施办法。(第3款)"①按照分业经营的要求,到1995年底,各银行陆续从各类租赁公司撤股,信托公司也停止了融资租赁的兼营业务,金融租赁几近于停顿。

其实,上述对于我国融资租赁业来说几近腰斩的局面的出现绝非偶然。融资租赁本来是市场经济的产物。出租人是否要与某承租人开展融资租赁交易,以及如何开展融资租赁交易,均由其自主决定。可是,在融资租赁引入中国后的一段时间内,中国仍实行计划经济。这导致融资租赁业务的开展在计划经济的路子上进行。②这必然导致融资租赁交易的开展无法建立在对租赁项目的收益与风险予以充分考量的基础上。此前快速发展的融资租赁业很大程度上是政策推动的结果。一旦政策发生变化,融资租赁业萎缩并陷入低谷便是不可避免的改革阵痛。

四、融资租赁的复苏猛增

融资租赁在低谷徘徊沉寂的局面一直持续到21世纪最初几年。此后,我国融资租赁业开始复苏。这其中有几个标志性事件。第一,按照中国在《加入世界贸易组织议定书》中的承诺,中国人民银行于2001年12月发布的《加入WTO后中国金融业对外开放的内容与时间》中提出"允许设立外资非银行金融机构提供汽车消费信贷业务,享受中资同类金融机构的同等待遇;外资银行可在加入后5年内向中国居民个人提供汽车信贷业务","允许外资金融租赁公司按照与中资金融租赁公司相同的条件,提供金融租赁服务"。第二,《全国人民代表大会常务委员会关于修改〈中华人民共和国商业银行法〉的决定》(2003年12月27日第十届全国人民代表大会常务委员会第六次会议通过)第13条为1995年《商业银行法》第43条第2款"商业银行在中华人民共和国境内不得向非银行金融机构和企业投资"的规定增加但书,将其修改为"商业银行在中华人民共和国境内不得从事信托投资和证券经营业务,不得向非自用不动产投资或者向非银行金融机构和企业投资,但国家另有规定的除外"。第三,2004年12月22日,商务部、国家税务总局发布《关于从事融资租赁业务有关问题的通知》,允许从事各种先进或适用的生产、通信、医疗、环保、科研等设备,工程机械及交通运输工具(包括飞机、轮船、汽车等)租赁业务的内资企业设立"内资融资租赁试点企业"。第四,2005年2月3日,商务部公布《外商投资租赁业管理办法》,以"促进外商投资租赁业的健康发展,规范外商投资租赁业的经营行为,防范经营风险"。

进入新世纪以来,我国融资租赁发展的重大转机是银监会以2007年第1号令公布《金融租赁公司管理办法》,允许中国境内外注册的具有独立法人资格的商业

---

① 王兆星.金融综合经营与分业监管变革——银行监管改革探索之五.中国金融,2014(23).

② 闵一民,屈延凯.从崎岖到坦途还要不懈努力——中外合资租赁业的回顾与展望.经济导刊,1998(5).

银行控股设立金融租赁公司。此后,由于金融租赁公司资金雄厚,我国融资租赁业驶入几何级数式的快速发展轨道。

据壹零融资租赁研究中心统计,截至 2014 年底,全国在册运营的各类融资租赁公司 2134 家(其中金融租赁公司 30 家,外商投资融资租赁公司 1952 家,内资试点融资租赁企业 152 家),融资租赁合同余额约 32000 亿元人民币。而在 2007 年,全国各类融资租赁公司的数量与融资租赁合同余额分别为 93 家、240 亿元人民币。

第三章　融资租赁法

第一节　融资租赁法的含义

一、形式意义上的融资租赁法与实质意义上的融资租赁法

正如讨论其他部门法如民法、刑法的含义时,要区分形式与实质两个层面一样,关于融资租赁法的含义也要区分它在形式层面与实质层面的含义。

（一）形式意义上的融资租赁法

形式意义上的融资租赁法,是指以"融资租赁法"命名的制定法。这种意义上的"融资租赁法"应该是按照一定的逻辑和体系,把涉及融资租赁的主要规范和基本制度有机地编纂在一起的立法文件。它必然是制定法,而不可能是判例法或者习惯法。不过,并不是有融资租赁交易就必然存在形式意义上的融资租赁法,也不是凡是存在融资租赁制度或现象的国家或地区都有形式意义上的融资租赁法。相反,制定形式意义上的融资租赁法的国家或地区是极少的。目前只有塞尔维亚、塞舌尔、俄罗斯、哈萨克斯坦、乌兹别克斯坦等几个国家制定了"融资租赁法"。

我国尚未制定一部形式意义上的融资租赁法。不过,制定融资租赁法的呼声一直没有中断过。作为回应,2003 年 12 月 18 日通过的十届全国人大常委会立法规划在"研究起草、成熟时安排审议的法律草案"这部分列入《融资租赁法》,并将其交给全国人大财经委负责起草。2004 年 3 月,全国人大财经委成立融资租赁法起草组。2004 年 10 月,起草组完成了融资租赁法纲要。2005 年 4 月,起草组形成了《融资租赁法（草案）》（征求意见稿）。2006 年 4 月完成《融资租赁法（草案）》（第二次征求意见稿）。同年 11 月完成《融资租赁法（草案）》（第三次征求意见稿）。

从总体上来看,《融资租赁法（草案）》准备把我国形式意义上的融资租赁法设计成一部专题法。它主要包括三个方面的主要内容:融资租赁交易法、融资租赁监管法与融资租赁促进法。融资租赁交易法是关于融资租赁的私法规则,它主要调整出租人、承租人与出卖人之间的民事权利义务关系。融资租赁监管法主要围绕对融资租赁企业的设立、经营的监管而展开。它以融资租赁企业组织法为主,兼顾融资租赁企业行为法。融资租赁促进法涉及融资租赁税收、国家政策扶持。其中,

融资租赁交易法是草案的重点内容,它的条文数量在融资租赁法纲要、草案(第二次征求意见稿)和草案(第三次征求意见稿)中分别为 30 条、31 条和 29 条。相比之下,草案关于融资租赁监管与融资租赁促进的条文则少得多。

《融资租赁法(草案)》迄今尚未进入立法程序,其中原因是多方面的。一方面,草案关于融资租赁监管的内容涉及不同行政部门,各部门的意见难以协调。另一方面,草案涉及融资租赁交易法的内容与现行法(尤其是合同法关于融资租赁合同的规定)有重合,应当如何处理也是一个难题。

(二)实质意义上的融资租赁法

实质意义上的融资租赁法是指一切调整融资租赁的法律规范的总称。一个存在融资租赁的国家或地区,不管有没有形式意义上的融资租赁法,或多或少都存在实质意义上的融资租赁法。它可能体现为制定法,也可以体现为不成文法或者习惯法;既包括私法规则,也包括公法规则。对于实质意义上的融资租赁法,我们从动态视角出发,持开放立场。

二、作为融资租赁四大支柱之一的法律

关于融资租赁,我国融资租赁业界有一个源自国际著名租赁专家阿曼波(Sudhir P. Amembal)的权威论断,说法律、监管、财务(会计准则)和税收是它的四大支柱。这里所谓"法律"指的是融资租赁交易法,即融资租赁的私法规则,不包括融资租赁监管与促进方面的规则,而关于监管和促进的规则应分属监管与税收这两大支柱。

三、融资租赁法与融资租赁法学

对于融资租赁法,人们有时不是在调整融资租赁的法律规范总和这个意义上,而是将其作为一门学科来使用。所谓学科意义上的融资租赁法,即融资租赁法学,是一门以融资租赁法为主要研究对象的学科或者法学分支。

融资租赁法与融资租赁法学既有联系,也有区别。融资租赁法学主要围绕融资租赁法展开,而理解融资租赁法也离不开融资租赁法学。但是,二者有着不同的内容与体系。比如融资租赁法学会讨论融资租赁的历史,而这是融资租赁法所不会涉及的。融资租赁法学也会比较和借鉴外国法或者国际公约,而融资租赁法本身则不会直接体现比较法的内容。

第二节　国内融资租赁法

一、法律渊源

我国没有形式意义上的融资租赁法,而只有实质意义上的融资租赁法。我国对融资租赁进行调整的法律规范分布在数量众多、位阶不同的法律规范中,包括法律、法规、规章、司法解释、地方性司法指导文件,以及其他规范性文件。

（一）法律

我国涉及融资租赁的法律主要有《合同法》《物权法》《海商法》《民用航空法》《担保法》《企业破产法》《企业所得税法》《银行业监督管理法》。

1.《合同法》

《合同法》对融资租赁的调整,主要表现为两个方面:一是分则把融资租赁作为一种有名合同予以专章规定,二是总则适用于作为合同的融资租赁。《合同法》关于融资租赁合同的专门规定共有 14 个条文。它们涉及以下事项:1.融资租赁合同的定义(第 237 条);2.融资租赁合同内容与形式(第 238 条);3.出卖人负有义务按约定向承租人交付租赁物、承租人有义务受领租赁物并取得相关权利(第 239 条);4.承租人就出卖人履行其与出租人签订的租赁物买卖合同取得向出卖人直接行使索赔的权利(第 240 条);5.出租人负有不得擅自变更租赁物买卖合同的义务(第 241 条);6.出租人是租赁物所有权人,享有破产取回权(第 242 条);7.租金的确定(第 243 条);8.出租人不承担租赁物瑕疵担保责任(第 244 条);9.出租人对承租人负有租赁物平静占有担保义务(第 245 条);10.承租人占有租赁物期间,出租人对租赁物给第三人造成的人身伤害或者财产损害不承担责任(第 246 条);11.承租人负有妥善保管、使用并维修租赁物义务(第 247 条);12.承租人支付租金及其违反该义务的法律后果(第 248 条);13.出租人解除融资租赁合同与租金返还(第 249 条);14.租赁期间租赁物的归属(第 250 条)。

总的来说,1999 年 3 月 15 日通过的《合同法》在我国融资租赁法制史上是值得大书一笔。一方面,《合同法》在分则部分将融资租赁定位为一种独立的有名合同,使得在我国现行法框架下讨论融资租赁是什么性质不再必要。另一方面,《合同法》前述规定为融资租赁确立了比较详尽的交易规则。

2.《物权法》

对于融资租赁来说,《物权法》主要有以下适用空间:

第一,在融资租赁交易过程中,租赁物的物权发生变动如出租人取得租赁物所有权、出租人转让租赁物所有权、出租人在租赁物上取得抵押权(法释〔2014〕3

号）、第三人善意取得租赁物所有权或他物权等,均要适用《物权法》的有关规定。

第二,《物权法》第117条关于在动产可以设立用益物权的规定为租赁物权益在出租人与承租人之间的配置提供了另外一个路径。在我国现行法框架下,租赁物所有权归出租人,租赁物的（直接）占有、使用、收益权归承租人。可是,如何构建承租人（直接）占有、使用、收益租赁物的权利结构呢？一个路径是"所有权＋租赁权"模式,而另一条路径是"所有权＋用益物权"模式。后者在现行法上的依据就是《物权法》第117条。①

第三,《物权法》还涉及为租金支付提供物的担保（在实践中主要是权利质押）的法律适用。其中涉及的具体问题,我们将在第三编予以论述。

案例分析一

【案情】

2002年8月6日,甲租赁公司与乙公司签订《融资租赁合同》,约定由甲租赁公司向乙公司指定的供应商支付货款购买乙公司选定的两辆轿车租赁给乙公司使用,并约定在租赁期内租赁物的所有权属于甲租赁公司,乙公司对租赁物只有使用权,乙公司不得于租赁期内对租赁物进行销售、抵债、转让、转租、分租、抵押、投资或采取其他任何侵犯租赁物所有权的行为。甲租赁公司按约委托乙公司与供应商签订《车辆订购合同》,购买奥迪A6和别克GS轿车各一辆,为便于车辆的日常使用、维修、保养及验车等事项,同时考虑到租赁车辆在租赁期满后乙公司将认购租赁车辆的所有权,故双方约定将租赁车辆的名义车主登记为乙公司。后因乙公司经营发生重大问题,导致上述租赁车辆被冻结办理过户手续。甲租赁公司为保障其所有权,提起诉讼,请求确认奥迪A6和别克GS轿车所有权在租赁期内归其所有。

【解析】

上海市黄浦区人民法院经审理认为,甲租赁公司根据乙公司对出卖人、租赁物的选择,向出卖人购买租赁物,提供给承租人乙公司使用,并由乙公司支付租金。甲租赁公司与乙公司之间建立了融资租赁关系。依照《融资租赁合同》的约定,作为出租人的甲租赁公司享有租赁物的所有权。当事人对租赁物所有权的约定符合融资租赁相关法律的规定。在融资租赁交易中,租赁物所有权的占有、使用、收益和处分等四项权能存在着分离的现象。本案租赁物两辆租赁轿车虽然登记在乙公司名下,但出租人

---

① 高圣平・王思源.论融资租赁交易的法律构造.法律科学,2013(1).

作为《车辆订购合同》的买受人,在支付合同规定的价款后即取得了两辆租赁车辆的所有权。甲租赁公司对租赁物享有的物权可以对抗包括承租人在内的所有人。在《融资租赁合同》存续期间,在乙公司认购租赁物之前,两辆租赁车辆的所有权始终属于出租人。据此,法院判决确认登记在乙公司名下的别克 GS 轿车和奥迪 A6 轿车所有权在融资租赁期内属甲租赁公司所有。

当租赁物根据法律规定需登记的情况下,《融资租赁合同》约定租赁物为出租人所有,但登记于承租人名下,该登记行为不能改变双方约定的物权归属效力。因车辆登记本身并不具有设权效力,仅发生对抗第三人的公示效力,即车辆登记其本质是私法自治意义上的公示方法,而并非确定物权归属的依据。本案中车辆的权属争议发生于出租人和承租人之间,并不涉及第三人,双方对于租赁期内车辆所有权的归属以及对于租赁期满后车辆所有权的归属都是达成合意的,因此车辆在租赁期间内属于出租人甲租赁公司所有并无疑问。①

3.《海商法》

在以船舶充当融资租赁标的物时,《海商法》就有用武之地。比如,在融资租赁交易过程中,船舶所有权的变动、船舶抵押权的设立均需遵守《海商法》的有关规定。

4.《民用航空法》

对于融资租赁来说,《民用航空法》最大的贡献在于该法在第三章专节规定了民用航空器融资租赁的有关规则。《民用航空法》第 27 条是关于民用航空器融资租赁的定义性规范。第 28 条调整作为租赁物的民用航空器在出租人与承租人之间的权益配置。第 29 条是关于出租人保证承租人平静占有民用航空器义务和承租人适当保管民用航空器义务的规定。第 30 条是关于融资租赁期民用航空器返还的规定。第 31 条是关于供货方义务承担的规定。第 32 条是关于承租人转租的规定。第 33 条规定,承租人因融资租赁对民用航空器取得的权利不经登记不得对抗第三人。

5.《担保法》

《担保法》涉及融资租赁的地方,主要是第三人为承租人支付租金提供保证。本书将在第三编予以论述。

6.《企业破产法》

对于融资租赁来说,在作为出租人的融资租赁企业或者作为承租人的企业破

---

① 《租赁期内租赁物完成物权登记不能对抗所有权约定》,上海市黄浦区人民法院:《融资租赁合同纠纷案例》(2015 年 10 月),上海市高级人民法院网 http://www. hshfy. sh. cn/css/2015/10/16/20151016090509978. doc,第 21-22 页。

产时,《企业破产法》用来解决融资租赁合同是否因出租人或承租人破产而解除、融资租赁合同解除后租赁物如何取回或返还、未支付租金如何处理等问题。

案例分析二

【案情】

2010 年 5 月 15 日,甲租赁公司与乙公司签订《融资租赁合同》,约定乙公司以融资租赁形式租赁甲公司所有的钻孔机五台,乙公司须每月向甲租赁公司支付租金。后因乙公司多次拖欠租金,甲租赁公司遂于 2012 年 9 月 14 日诉至法院,主张依据合同约定的违约条款,要求判令乙公司支付全部未付租金及逾期利息。2012 年 9 月 19 日,乙公司向浙江省某市中级人民法院申请破产并获受理。甲租赁公司遂变更诉讼请求,要求判令合同于 2012 年 11 月 19 日(破产申请受理后两个月)解除,要求乙公司返还诉争租赁物,并确认甲租赁公司对乙公司享有截至合同解除之日止逾期未付租金及逾期利息的债权。

乙公司辩称,依据《企业破产法》第 46 条的规定,诉争《融资租赁合同》应于 2012 年 9 月 19 日(即破产申请受理之日)解除,因此甲租赁公司主张的逾期未付租金和逾期利息都应当计算至该日止。

【解析】

上海市黄浦区人民法院经审理认为,关于《融资租赁合同》的解除日期,虽然乙公司在甲租赁公司起诉之前已欠付租金,符合合同约定解除权的行使条件,但根据《企业破产法》第 18 条第 1 款之规定,管理人对破产申请受理前成立而双方当事人均未履行完毕的合同有权决定解除或者继续履行,但管理人自破产申请受理之日起二个月内未通知对方当事人,视为解除合同。乙公司破产申请被受理后,其与甲租赁公司均未通知对方解除或履行合同,因此诉争《融资租赁合同》的解除日期应为破产申请受理日后的二个月,即 2012 年 11 月 19 日,相应地,法院确认甲租赁公司对乙公司享有计算至该日的逾期未付租金和逾期利息的债权。但在计算逾期利息具体数额的问题上,依据《企业破产法》第 46 条第 2 款"附利息的债权自破产申请受理时起停止计息"的规定,法院确定逾期利息应计算至破产申请受理之时(2012 年 9 月 19 日)止。①

---

① 《租赁期内租赁物完成物权登记不能对抗所有权约定》,上海市黄浦区人民法院:《融资租赁合同纠纷案例》(2015 年 10 月),上海市高级人民法院网 http://www.hshfy.sh.cn/css/2015/10/16/20151016090509978.doc,第 3-4 页。

案例分析三

【案情】

2012年12月11日,中信富通公司与隆亨公司、众意公司签订《融资租赁合同》,约定隆亨公司、众意公司以筹措资金为目的,以回租方式向中信富通公司转让租赁物,中信富通公司将受让租赁物出租给隆亨公司、众意公司使用,约定租赁本金5800万元,利率10.1205%,前端费407.16万元,保证金290万元,名义货价1.17万元。

2014年9月15日,浙江省富阳市人民法院做出(2014)杭富破(预)字5—2号民事裁定书,裁定受理众意公司因不能清偿到期债务,且资不抵债而向法院提出的重整申请,并指定了众意公司的重整管理人。众意公司破产管理人依照《企业破产法》第18条的规定,主张解除诉争《融资租赁合同》。而此前中信富通公司已起诉要求众意公司、隆亨公司支付全部租金。

【解析】

天津市高级人民法院认定,众意公司依据《企业破产法》第18条就融资租赁合同行使解除权是不适当的。天津市高级人民法院认为,《企业破产法》第18条规定破产管理人享有的法定解除仅适用于受理破产申请后,管理人对破产申请受理前成立而债务人和对方当事人均未履行完毕的合同有权决定解除。在融资租赁合同中,出租人负有支付租赁物购买价款、将租赁物交付承租人使用的积极义务并承担保证承租人在租赁期间对租赁物占有、使用的消极义务。出租人就其中的积极义务履行完毕,即实现了签订融资租赁合同的实质性目的,应认定出租人就融资租赁合同已履行完毕。另外,是否支持承租人管理人行使合同解除权,除需要考量是否有利于破产财产价值最大化和恢复其偿债能力之外,还应兼顾融资租赁合同中出租人的利益。本案中,中信富通公司与隆亨公司、众意公司签订的是售后回租式融资租赁合同,租赁物原本就归隆亨公司所有,中信富通公司签订融资租赁合同的主要目的是收取租金,并非收回租赁物。中信富通公司依约支付完转让价款即视为将租赁物交付给隆亨公司、众意公司使用,中信富通公司就融资租赁合同的主要义务已经履行完毕。在隆亨公司、众意公司未按期支付租金,中信富通公司在先提起诉讼要求隆亨公司、众意公司支付全部租金的情况下,众意公司再依据《企业破产法》第18条就融资租赁合同行使解除权缺乏依据。此外,对众意公司管理人行使解除权的主张不予支持,不会导致破产财产绝对价值的减少,并且有利于平衡中信富通公司与众意公司其他债权人的利益。①

7.《企业所得税法》

《企业破产法》涉及融资租赁所得税政策。对此本书将在第五编予以探讨。

8.《银行业监督管理法》

本法是把金融租赁公司定性为非银行业金融机构，并由银监会对其实施监管的基本法律依据。

（二）法规

在现行法上，法规包括行政法规与地方性法规。涉及融资租赁的法规主要散见于少数行政法规之中。

（1）《民用航空器国籍登记条例》（国务院令第 232 号）

作为租赁物的民用航空器的国籍登记，适用本条例。

（2）《民用航空器权利登记条例》（国务院令第 233 号）

承租人因融资租赁对民用航空器取得的权利，按照本条例办理登记。

（3）《船舶登记条例》

作为租赁物的船舶的国籍，以及融资租赁交易过程中船舶所有权的变动、船舶抵押权的设立，按照本条例办理登记。

（4）《企业所得税法实施条例》

本条例涉及融资租赁所得税课征问题。

（5）《印花税暂行条例》

本条例在现行法框架下是对融资租赁课征印花税的最高法律依据。

（三）规章

在现行法上，规章包括部门规章与地方政府规章。涉及融资租赁的法规主要散见于部门规章中。

（1）涉及融资租赁监管的部门规章，包括《金融租赁公司管理办法》《汽车金融公司管理办法》《企业集团财务公司管理办法》《中国银监会非银行金融机构行政许可事项实施办法》《外商投资租赁业管理办法》《融资租赁企业监督管理办法》。

（2）涉及融资租赁税收的部门规章，包括《融资租赁船舶出口退税管理办法》（国税发〔2010〕52 号）、《融资租赁货物出口退税管理办法》（国家税务总局公告2014 年第 56 号）。

（3）涉及融资租赁物权益登记的部门规章，包括《民用航空器权利登记条例实施办法》《渔业船舶登记办法》《机动车登记规定》《动产抵押登记办法》（国家工商行政管理总局令第 88 号修订）。

---

① 　参见天津市高级人民法院民事判决书(2015)津高民二终字第 0070 号。

（四）司法解释

当前,我国关于融资租赁的有效司法解释只有一部,即法释〔2014〕3 号解释。在本解释颁布前,调整融资租赁的司法解释还有两部:《最高人民法院关于中国东方租赁公司诉河南登封少林出租旅游汽车公司等融资租赁合同纠纷一案的复函》（〔1990〕法经函字第 61 号）与《最高人民法院关于审理融资租赁合同纠纷案件若干问题的规定》（法发〔1996〕19 号）。它们随着法释〔2014〕3 号解释的施行而不再适用。

1. 法释〔2014〕3 号解释概貌

法释〔2014〕3 号解释由融资租赁合同的认定及效力、合同的履行和租赁物的公示、合同的解除、违约责任和其他规定五部分组成,总计 26 条。（见下表）

条文顺序	条文主旨	对应的法律条文
一、融资租赁合同的认定及其效力		
1	融资租赁法律关系的识别	合同法第 237 条
2	售后回租与融资租赁法律关系的识别	
3	租赁物经营许可与融资租赁合同的效力	
4	融资租赁合同无效情况下租赁物的归属	合同法第 58 条
二、合同的履行和租赁物的公示		
5	承租人拒绝受领租赁物的正当事由及法律后果	
6	承租人对出卖人直接行使索赔权与其租金支付义务的关系	合同法第 240 条、第 244 条
7	融资租赁合同的风险负担	
8	出租人转让其在融资租赁合同项下的部分或者全部权利,受让方不得以此为由解除或者变更融资租赁合同	合同法第 229 条、第 241 条、第 245 条
9	租赁物所有权或他物权的善意取得及其排除	物权法第 106 条
10	租赁期间届满承租人不能向出租人返还租赁物的法律后果	
三、合同的解除		
11	出租人或承租人均解除融资租赁合同的事由	合同法第 248 条,第 94 条
12	出租人解除融资租赁合同的事由	合同法第 248 条
13	承租人解除融资租赁合同的事由	合同法第 245 条
14	法院对融资租赁合同解除法律后果的阐明权	
15	融资租赁合同因不可归责于出租人和承租人的原因而解除的法律后果	合同法第 94 条、第 97 条
16	融资租赁合同因买卖合同解除、无效或被撤销而解除的法律后果	

续表

条文顺序	条文主旨	对应的法律条文
四、违约责任		
17	出租人妨碍承租人占有、使用租赁物的法律后果	合同法第 245 条
18	出租人妨碍承租人对出卖人行使索赔权的责任承担	合同法第 240 条、第 244 条
19	出租人的租赁物瑕疵担保责任	合同法第 244 条
20	承租人逾期支付租金的责任承担	合同法第 248 条、第 249 条，第 107 条
21	承租人逾期支付租金时出租人的权利行使	合同法第 248 条
22	出租人解除融资租赁合同的法律后果	合同法第 97 条
23	租赁物价值的确定	
五、其他规定		
24	融资租赁交易纠纷当事人的确定	
25	租金债权的诉讼时效	民法通则第 135 条、最高人民法院关于审理民事案件适用诉讼时效制度若干问题的规定第 5 条
26	本解释的时间效力	

2. 法释〔2014〕3 号第 7 条与第 11 条第 2 项、第 15 条的关系

法释〔2014〕3 号解释第 7 条与第 11 条第 2 项、第 15 条的关系关于本解释需要特别说明的问题。第 7 条规定："承租人占有租赁物期间，租赁物毁损、灭失的风险由承租人承担，出租人要求承租人继续支付租金的，人民法院应予支持。但当事人另有约定或者法律另有规定的除外"。第 11 条第 2 项规定，"租赁物因不可归责于双方的原因意外毁损、灭失，且不能修复或者确定替代物的"，"出租人或者承租人请求解除融资租赁合同的，人民法院应予支持"。第 15 条规定："融资租赁合同因租赁物交付承租人后意外毁损、灭失等不可归责于当事人的原因而解除，出租人要求承租人按照租赁物折旧情况给予补偿的，人民法院应予支持。"根据这些规定，租赁物因不可归责于出租人和承租人的事由而毁损、灭失这样一个法律事实，同时符合第 7 条和第 11 条第（2）项、第 15 条的构成要件，而第 7 条和第 11 条第（2）项、第 15 条的法律效果并不相同。这就导致在租赁物因不可归责于出租人和承租人的事由而毁损、灭失时，出现了风险负担与合同解除的规范冲突。此时，承租人可以选择适用第 7 条或第 11 条第（2）项和第 15 条。如出租人或承租人不依据第 11 条第（2）项解除融资租赁合同，则按照第 7 条关于风险负担的规定，承租人应继续支付租金。此时，租金的风险由承租人承担，承租人因此可以避免在合同解除后一次性补偿出租人的资金压力，从而获得分期支付的期限利益。如出租人或承租人

依据第 11 条第(2)项解除融资租赁合同,则第 7 条不再适用,而代之以融资租赁合同解除。此时,承租人应承担返还租赁物的义务,在返还不能的情况下承担金钱补偿义务,即根据第 15 条对出租人给予一次性补偿。①

（五）地方性司法指导文件

尽管地方司法机关没有司法解释制定权,无权制定司法解释性质文件,但是这并不妨碍地方司法机关颁行各类地方性司法指导文件。在融资租赁方面,比较典型的是《天津市高级人民法院关于审理融资租赁物权属争议案件的指导意见(试行)》(2011 年 11 月 11 日)(简称《天津高院意见》)。

《天津高院意见》共三条,确立了如下规则:

(1)从事融资租赁交易的出租人,应当依照天津市人民政府金融服务办公室、中国人民银行天津分行、天津市商务委员会、中国银行业监督管理委员会天津监管局《关于做好融资租赁登记和查询工作的通知》(津金融办〔2011〕87 号)的规定,在"中国人民银行征信中心融资租赁登记公示系统"将融资租赁合同中载明的融资租赁物权属状况,予以登记公示。

(2)出租人未按照《关于做好融资租赁登记和查询工作的通知》的规定办理登记公示的,出租人对租赁物的所有权不得对抗银行、金融资产管理公司、信托公司、财务公司、汽车金融公司、消费金融公司、金融租赁公司、外商投资融资租赁公司、内资融资租赁试点企业、典当行、小额贷款公司、融资性担保公司中的善意第三人。

(3)银行、金融资产管理公司、信托公司、财务公司、汽车金融公司、消费金融公司、金融租赁公司、外商投资融资租赁公司、内资融资租赁试点企业、典当行、小额贷款公司、融资性担保公司在办理动产抵押、质押、受让等业务时应当依照《关于做好融资租赁登记和查询工作的通知》中所规定的必要程序,登录"中国人民银行征信中心融资租赁登记公示系统"对所涉标的物的权属状况进行查询。未按照规定查询的,在该标的物的出租人主张权利时,银行、金融资产管理公司、信托公司、财务公司、汽车金融公司、消费金融公司、金融租赁公司、外商投资融资租赁公司、内资融资租赁试点企业、典当行、小额贷款公司、融资性担保公司作为第三人以未查询、不知标的物为租赁物为由抗辩,应当推定该第三人在受让该租赁物或以该租赁物设定抵押权、质权等权利时,未尽到审慎注意义务,因而不构成善意。

天津市高级人民法院设计这些规则的目的在于保护出租人对动产租赁物的所有权,防止其因第三人善意取得租赁物所有权或他物权而受影响。在融资租赁中,出租人对租赁物享有所有权,但是租赁物是由承租人直接占有的。这种情形在租

---

① 参见奚晓明主编.最高人民法院关于融资租赁合同司法解释理解与适用.北京:人民法院出版社,2014:234—235;郝晋琪,李志刚.融资租赁合同中的租赁物风险负担规则与司法救济.人民法院报,2015-02-11(7).

赁物为动产的场合,对出租人非常不利。一旦承租人无权处分作为租赁物的动产,出租人就有可能因为第三人善意取得租赁物所有权或他物权而丧失所有权或其所有权受到限制。造成这种局面的原因在于现行物权法采取的动产物权公示制度。在《物权法》上,除了船舶、航空器、机动车等特殊动产之外,其他动产所有权的取得与享有只能以交付与占有来表现。但是,这种方法并不能完全适应出租人在融资租赁交易中作为租赁物的动产取得与享有所有权的情况。如何完善动产所有权公示制度,从而保护出租人对作为动产的租赁物的所有权,就成为在我国融资租赁法制建设过程中要加以解决的一个问题。

天津市近年来大力发展融资租赁产业,天津市高级人民法院要为天津市融资租赁业发展保驾护航。在这种背景下,上面的问题就引起了天津市高级人民法院的重视。《天津高院意见》就是对这个问题给出的一个解决方案。

该方案在《物权法》没有做出修改的情况下,"以登记平台为载体,以公示融资租赁法律关系所涉租赁物权属状况为前提,以明确特定主体从事特定法律行为负有查询相关标的物的权属义务为核心",尝试着探索出租人动产所有权保护新路径。[①]

《天津高院意见》的出台,有效预防了因承租人擅自处分租赁物而导致当事人就租赁物权属产生的纠纷。据天津市高级人民法院提供的信息,天津市在融资租赁业大发展的同时,因融资租赁交易引发的民事纠纷案件却大幅下降。作为地方司法经验,《天津高院意见》确立的规则也为法释〔2014〕3 号解释第 9 条但书第 3 项所借鉴。

（六）其他规范性文件

涉及融资租赁的其他规范性文件的数量比较多。这些文件,从内容上看,可以归为三类:

（1）融资租赁公示（租赁物登记）类,[②]包括但不限于《中国人民银行关于使用融资租赁登记公示系统进行融资租赁交易查询的通知》（银发〔2014〕93 号）、《商务部办公厅关于全国融资租赁企业管理信息系统试运行的通知》（商办流通函〔2014〕720 号）、《商务部关于利用全国融资租赁企业管理信息系统进行租赁物登记查询等有关问题的公告》（商务部公告 2014 年第 84 号）,天津市人民政府金融服务办公室、中国人民银行天津分行、天津市商务委员会、中国银行业监督管理委员会天津监管局《关于做好融资租赁登记和查询工作的通知》《天津市动产权属登记公示查询办法（试行）》（津政办发〔2013〕21 号）。

---

①　田浩为.出租人动产物权保护新路径:天津地方经验.中国融资（金融）租赁行业发展报告（2013）.北京:中国经济出版社.2013.

②　详见第十五章融资租赁物的公示。

（2）融资租赁监管类，包括但不限于《国务院关于加强地方政府融资平台公司管理有关问题的通知》（国发〔2010〕19号）、中国银监会《关于金融租赁公司在境内保税地区设立项目公司开展融资租赁业务有关问题的通知》（银监发〔2010〕2号）、《商务部、国家税务总局关于从事融资租赁业务有关问题的通知》（商建发〔2004〕560号）、《商务部办公厅关于加强和改善外商投资融资租赁公司审批与管理工作的通知》（2013年7月11日）、《金融租赁公司专业子公司管理暂行规定》（银监办发〔2014〕198号）、《商务部税务总局关于天津等四个自由贸易试验区内资租赁企业从事融资租赁业务有关问题的通知》（商流通函〔2016〕90号）。

（3）融资租赁促进（税收）类，包括但不限于《财政部国家税务总局关于全面推开营业税改征增值税试点的通知》（财税〔2016〕36号）、《财政部国家税务总局关于融资租赁合同有关印花税政策的通知》（财税〔2015〕144号），天津市人民政府《关于促进我市租赁业发展的意见》（津政发〔2010〕39号）。

二、法律适用

由于我国涉及融资租赁的法律法规数量众多、位阶层次丰富，内容重复甚至冲突的地方也不鲜见，因而在适用它们解决融资租赁纠纷、设计融资租赁交易时，需要留心每部法律规范的对人效力、对事效力、时间效力与空间效力，需要坚持上位法优于下位法、特别法优先于一般法、新法优于旧法等法律适用原则。

第三节　国际融资租赁法

一、《国际融资租赁公约》

公约于1988年5月28日通过，1995年5月1日生效，目前有10个国家批准该公约。

（一）制定目的

公约的制定旨在"保持国际融资租赁交易各当事人利益公正平衡"、"消除设备国际融资租赁的法律障碍"、"使国际融资租交易更便捷"。

（二）制定过程

1974年2月，国际统一私法协会理事会（the Governing Council）第55次会议收到该协会秘书处关于为融资租赁制定统一规则的提议。该提议引起理事会极大兴趣。理事会接受该提议，在国际统一私法协会1975—1977三年工作规划中优先考虑，并授权协会主席召集一个工作组对此进行研究。

1975年4月21日，理事会的一个工作小组审议了秘书处的预备报告，并对制定租赁合同国际统一规则的可行性进行了分析。工作小组对这项工作提出不动产租赁、船舶租赁、航空器租赁，以及经营租赁（operating lease）不在统一规则考虑之列。[①]

此后，经过工作小组数次调查和征询意见，比较一致的看法认为确有必要制定一套调整融资租赁的国际统一规则，并提请国际统一私法协会理事会同意后正式成立了专家研究组。专家组在 1977 年至 1984 年间主持召开了四次会议和两次实务界专家座谈会，制定了《国际融资租赁统一规则初步草案》。该草案于 1985 年 4 月、1986 年 4 月和 1987 年 4 月三次由政府专家委员会讨论、修改，并形成了公约的"最后草案"。1988 年 5 月，"最后草案"于国际统一私法协会在加拿大渥太华召开的外交会议上，经过讨论修改后正式获得通过，并形成了现在的公约文本。[②]

（三）主要内容

公约由序言和正文三章组成，共计 25 条。对于我们而言，需要注意公约的以下内容：

1. 融资租赁的含义

公约在界定融资租赁时，首先坚持认为融资租赁在交易结构上是三方法律关系（triangular relationship）的产物。公约第 1 条第 1 款规定：在本公约调整的融资租赁中，一方当事人（出租人）根据另一方当事人（承租人）的要求与第三人（供货人）达成协议（供货协议），按照承租人在涉及其利益范围内认可的条件从第三人处获得成套设备、资本货物或其他设备（设备），并与承租人达成协议（租赁协议），将使用设备的权利授予承租人，承租人支付租金。

在此基础上，公约为融资租赁的识别进一步列出了三个标准。第一，承租人主要不依赖出租人的技能和判断选定设备和选择供货人。第二，出租人取得的设备与在出租人和承租人已订立或要订立的租赁协议相关（in connection with a leasing agreement），且供货人知悉（to the knowledge of the supplier）出租人和承租人已订立或要订立租赁协议。第三，计算根据租赁协议应支付的租金尤其要考虑到对设备全部或大部分成本的摊提（amortisation）。

2. 租赁物

公约第 1 条第 1 款把租赁物称为设备（the equipment），包括成套设备（plant）、资本货物（capital goods）和其他设备（other equipment），但不包括主要供承租人个人、家人或家庭使用的设备（公约第 1 条第 4 款）。

设备自然是动产。但是，这并不意味着设备一旦成为土地附着物，仅凭这一点就认为公约的规定不再适用。公约第 4 条第 1 款规定：本公约的规定不应仅因设

[①]　http://www.unidroit.org/leasing-conv-overview-e。

[②]　Draft Final Provision with Explanatory Note，Study LIX，UNIDROIT 1987，paras. 98-99。

备成为土地的附着物或者融入土地而不再适用。对于出租人来说，本款的最大意义体现在承租人破产时。一旦承租人破产，出租人还对设备拥有所有权，故可以取回已经附着或融入土地的设备。这一规则沿用了美国《统一商法典》9-313(5)和加拿大安大略省《1967年动产担保法》第36条第4款的产物规定。不过，它在大陆法系却很难被接受。按照民法的规则，设备一旦成为土地附着物或者融入土地，出租人对它的所有权即告消灭。为调和英美法系与大陆法系在这个问题上的不同规则，公约第4条第2款规定：一切关于设备是否已成为土地附着物或已融入土地的问题，以及如果设备已成为土地附着物或已融入土地其对出租人和土地物权人之间权利的影响，应由土地所在国法律确定。

3. 出租人的权利与义务

(1)出租人对租赁设备的物权和破产取回权

公约第7条规定，出租人对设备的物权根据准据法(applicabe law)相关规则已公示的(public notice)，可以有效对抗承租人的破产受托人(包括清算人、管理人或被指定为债权人全体的利益而管理承租人财产的其他人)和债权人(含扣押债权人)(第1款至第3款)。

(2)出租人对设备(租赁物)瑕疵担保责任的免除

公约第8条第1款a项规定，出租人不对承租人承担与设备有关的(in respect of the equipment)任何责任。该项确立了免除出租人对设备(物的)瑕疵担保责任的规则。这样一个规则是与出租人在融资租赁交易中的地位相符的。

关于这个规则，还需要注意以下三点：

第一，如果承租人因设备遭受的损失是由承租人信赖出租人的技能和判断与出租人干预选择供货人和选定设备造成的，以上规定便不适用。公约第8条第1款a项做出免除出租人对设备(物的)瑕疵担保责任的规定，是基于承租人依靠自己的技能与判断选定设备与供货人这样一个事实。如果这样的事实不存在，该项免责规定自然也就不成立。

第二，公约第8条第1款a项的规定不是强制性的，出租人与承租人可以对此另作安排。这种安排可以是明示的，也可以是默示的。①

第三，公约第8条第1款a项在本公约另有规定(otherwise provided by this Convention)的情况下，也是不适用的。公约第12条就是公约另有规定不适用该项规定的一种情形。

第四，公约第8条第1款a项免除的是相对于承租人而言的出租人的设备瑕疵担保责任。如果"出租人"在以其他身份出现，如以设备所有人面目示人，则不适用该项规定。

---

① Draft Final Provision with Explanatory Note，Study LIX，UNIDROIT 1987，para. 102.

（3）出租人对第三人责任的免除

公约第 8 条第 1 款 b 项规定，对于设备给第三人造成的死亡、人身伤害或者财产损害，出租人不应因其为出租人（in its capacity of lessor）而承担责任。这同样是考虑出租人在融资租赁交易中所处地位的结果。不过，该项规定并不免除"出租人"在以其他身份出现，如以设备所有人面目示人时（in any other capacity，for example as owner），而应承担的责任。

（4）出租人有义务确保承租人平静占有设备

公约第 8 条第 2 款规定，出租人应确保承租人平静地占有（quiet possession）设备，不受拥有优先所有权或其他优先性权利（a superior title or right）之人，或者要求优先所有权（title）或优先性权利（right）并根据法院授权行事之人的干扰；但是，如果优先所有权、其他优先性权利或要求是承租人的作为或不作为（an act or omission）造成的，出租人不承担上述义务。

关于出租人确保承租人平静占有设备，还需要强调以下三点：

第一，出租人的这个义务并不是强制性的。出租人与承租人可以减轻或改变公约第 8 条第 2 款的效力（根据公约第 8 条第 3 款）。

第二，如果优先所有权、其他优先性权利或要求是由出租人的作为或不作为造成的，即使当事人协议约定免除出租人确保承租人平静占有设备的义务，免除也是无效的（公约第 8 条第 3 款）。

第三，依国际私法规则适用的法律可以强制出租人对承租人承担更广泛的平静占有确保义务（公约第 8 条第 4 款）。

从公约第 8 条第 2 款的内容来看，出租人所谓确保承租人平静占有设备的义务，其实是一种权利瑕疵担保责任。从公约第 8 条第 2 款的内容来看，出租人承担这种责任的情形还是很宽泛的。这对于出租人来说未免过于苛刻。就像我们一再重申的那样，出租人对于设备（租赁物）和供货人并无选择的自由，设备终究是由承租人与供货人商定的。因此，公约规定出租人对承租人的"平静占有"义务，严格要求出租人承担权利瑕疵担保义务似有不当，承租人对此应当承担大部分的风险。

据说，公约写入第 8 条第 2 款主要是出于法国的坚持。法国国内法认为在出租人对承租人所负的所有义务中，平静占有义务是最为重要的。在国际融资租赁实务中，有经验的出租人为确保自身的融资地位不受日后可能发生的产品供货纠纷侵扰，一般要么根据公约第 8 条第 3 款的规定在租赁协议中排除公约第 8 条第 2 款的适用，要么向供货商和承租人施加压力而完全排除公约的适用，所以这一款款的实际作用是很有限的。[①]

[①]　姜茹娇.从《国际统一私法协会国际融资租赁公约》论国际融资租赁若干法律问题.比较法研究，1998（2）.

(5)出租人可以处分设备所有权或租金债权

公约第 14 条第 1 款规定:出租人可以转让或以其他方式处置其对设备或在租赁协议中的全部或部分权利。但是,此种转让并不解除出租人根据租赁协议所承担的一切义务,或者改变租赁协议的性质或本公约规定给予出租人的法定待遇。

4. 承租人的权利与义务

(1)承租人负有管理设备的义务

公约第 9 条第 1 款规定,承租人应妥善保管设备,合理使用设备,并使其处于交付时的状态,设备发生合理损耗或当事人同意改变设备的除外。

(2)承租人返还租赁物的义务及其限制

公约第 9 条第 1 款第 2 款规定,租赁协议终止的,承租人应将处于第 1 款规定状态的设备返还给出租人,承租人行使设备购买权或者因租赁期延长而持有设备的除外。

(3)承租人对供货人的权利

公约第 10 条第 1 款规定,承租人有权行使出租人作为买受人根据供货协议取得权利,即承租人得要求供货人向其承担供货协议中的义务,就如同承租人是供货协议当事人、设备是直接供应给承租人的一样。本款主要解决承租人要求供货人承担设备瑕疵担保责任问题,因而它是对公约第 8 条第 1 款 a 项的呼应。

对于融资租赁交易来说,本款设计的规则是再自然不过的。"既然通常是由承租人与供货人主动就选定设备展开协商,既然承租人在这种语境下如果要依赖另一方当事人的知识与陈述,就得依赖供货人的知识与陈述,那么一旦供货人违反供货协议,供货人就是承租人寻求救济的最佳当事人。"①

承租人根据本公约从供货协议中获得的权利不因供货协议任何经其同意的条款被改变而受影响,其同意改变的除外(公约第 11 条)。

承租人根据公约第 10 条第 1 款取得的权利,不包括终止或取消供货协议的权利。该权利仍归出租人所有(公约第 10 条第 2 款)。

尽管承租人可以对供货人根据供货协议行使权利,但是这并不意味着出租人就失掉了其作为买受人在供货协议中的权利。在这种情况下,不能要求供货人就同一损害同时向承租人与出租人负责(公约第 10 条第 1 款但书)。至于出租人与承租人谁可以先对供货商就同一损害主张请求权,公约没有做出规定。

(4)承租人转让对设备的使用权或者根据租赁协议取得的一切其他权利

公约第 14 条第 2 款规定,经出租人同意,在不损害第三人权利的情况下,承租人可以转让其对设备的使用权(the right to the use of the equipment)或者根据租赁协议取得一切其他权利。

---

① Draft Final Provision with Explanatory Note,Study LIX,UNIDROIT 1987,para.118.

5. 出租人获得的违约救济

出租人获得违约救济自然是在发生在承租人违约时。根据公约第 13 条的规定,出租人的救济方式视承租人的违约情况而定,包括:要求支付到期未支付的租金及利息和损害赔偿金(accrued unpaid rentals, together with interest and damages)、要求加速支付未到期租金(accelerated payment of the value of the future rentals)、终止租赁协议。

(1)到期未支付租金及利息和损害赔偿金的支付

公约第 13 条第 1 款规定,在承租人违约(default)时,出租人可以收取未付的到期租金以及利息和损害赔偿。关于什么算是承租人违约,公约没有做出规定,而是交由出租人与承租人在租赁协议中约定。

(2)未到期租金的加速支付

在公约中,出租人要求承租人加速支付未到期租金,需要满足以下条件:

第一,承租人违约是根本性的(substantial)。但公约对承租人根本违约并没有做出规定;

第二,租赁协议对加速支付未到期租金有约定,此即所谓期限利益丧失条款;

第三,违约若可补救,出租人必须先要向承租人发出通知(by notice),给予承租人一个对违约做出补救的机会(公约第 13 条第 5 款)。

第四,没有与该要求相反的请求。公约第 13 条第 4 款规定,出租人如果已经终止租赁协议,则无权要求执行租赁协议关于加速支付未到期租金的条款。但是,在出租人终止租赁协议、取回设备并要求支付相当于使出租人处于承租人如约履行租赁协议状态的损害赔偿金时,可以把未到期租金价值计入。本款的效力不得减损或改变。

(3)终止协议

在承租人违约时,出租人终止租赁协议的权利,通常被称做出租人的中途解约权。不可解约性是融资租赁合同的一个重要特点。但是,这并不完全禁止出租人行使解除权。公约第 13 条第 2 款规定,如果承租人违约是根本性的,出租人在根据本条第 5 款给予承租人合理机会补救违约的情况下,可以终止租赁协议,并取回设备、要求赔偿损害。

关于出租人终止租赁合同后的损害赔偿,我们要注意以下几个方面:

第一,损害赔偿不是无限的。对出租人进行损害赔偿的目的是使其处于承租人按照租赁协议内容履行协议后所应处的状态,而不是让其获得更多利益(公约第 13 条第 2 款 b 项)。

第二,损害赔偿的计算方法可以由当事人在租赁协议中做出约定。该约定在当事人之间具有法律效力。但是,当事人约定的损害赔偿不得超过公约第 13 条第 2 款 b 项对损害赔偿的限制。

公约通过对出租人在解除租赁协议后取得的损害赔偿设置限制,似乎在暗示出租人在收回设备的同时,还应承担清算的义务,将设备收回实际具有的价值,与本来租赁期间届满时设备应当具有残值的差额,抵偿应付之损害赔偿。①

第三,在计算损害赔偿时,可以把未到期租金价值计入(公约第 13 条第 4 款)。

6. 承租人获得的违约救济

关于承租人获得违约救济,公约第 12 条有如下规定:

(1)设备未交付、交付迟延或者不符合供货协议的,

a. 承租人即有权针对出租人拒收设备或者终止租赁协议;以及

b. 出租人有权提交符合供货协议的设备作为违约补救,就相当于承租人已经同意根据供货协议的相同内容从出租人那里购买设备。

(2)前款赋予的权利应按照与承租人同意根据供货协议的相同内容从出租人那里购买设备相同的方式行使,并在相同情形下丧失。

(3)在出租人提交符合供货协议的设备对违约做出补救或者承租人丧失设备拒收权利之前,承租人有权提留(withhold)根据租赁协议应支付的租金。

(4)承租人行使权利终止租赁协议的,其有权收回预付的一切租金和其他款项,但要扣除其相当于从设备中获得的一切利益的合理款项。

(5)承租人不得因设备未交付、迟延交付或交付的设备不合格而对出租人提出其他要求,设备未交付、迟延交付或交付的设备不合格由出租人的作为或不作为造成的除外。

(6)承租人根据第 10 条对供货人的权利不因本条而受影响。

本条调整出租人与承租人之间因供货人没有按照供货协议的约定向承租人交付设备而产生的权利义务关系。但是,本条将承租人对出租人的救济手段等同于一般买卖合同,这对出租人要求过于苛刻,与融资租赁的本质有所脱离。这也导致代表出租人利益的大多数发达国家抵制公约。②

(四)公约的影响

公约是融资租赁领域最重要的法律文件之一。一方面,它是国际融资租赁交易开展的重要指南。另一方面,它为国内融资租赁法的制定提供了蓝本。比如,《合同法》第 237 条、第 239 条和第 240 条、第 241 条、第 242 条、第 243 条、第 244 条、第 245 条、第 246 条、第 247 条、第 248 条、第 249 条、第 250 条可以分别在公约第 1 条、第 10 条第 1 款、第 11 条、第 7 条、第 8 条第 1 款 a 项、第 8 条第 2 款、第 8

---

① 姜茹娇.从《国际统一私法协会国际融资租赁公约》论国际融资租赁若干法律问题.比较法研究,1998(2).

② 张稚萍.融资租赁司法解释评析.北京仲裁.第 88 辑.第 4 页;姜茹娇.从《国际统一私法协会国际融资租赁公约》论国际融资租赁若干法律问题.比较法研究,1998(2).

条第 1 款 b 项、第 9 条第 1 款、第 13 条、第 12 条第 4 款、第 9 条第 2 款中找到相应的内容。

二、《租赁示范法》

示范法于 2008 年 11 月 13 日获得通过。它是继《国际融资租赁公约》之后，国际融资租赁法制上的又一份重要文件。

（一）制定目的

示范法的目的是为各国立法者制定租赁规则（法）提供范本，以"达到协调全球范围内租赁法律法规以便利资本货物贸易的目的"。

（二）制定过程

2005 年 4 月，国际统一私法协会理事会第 84 次会议收到协会秘书处关于协会制定租赁示范法使租赁尤其是在发展中国家与转型经济体更容易利用融资租赁的提议。此前，秘书处收到大量关于根据《国际融资租赁公约》为个别政府拟定国内融资租赁法或者起草租赁示范法的建议。理事会授权秘书处拟定租赁示范法草案。秘书处在着手准备示范法之前，向世界银行、国际金融公司、美国设备租赁与融资协会欧洲租赁联合会等机构做了大量咨询工作。

国际统一私法协会为此组织了一个咨询委员会。咨询委员会在分别于 2005 年 10 月 17 日、2006 年 4 月 3—5 日、2006 年 5 月 6—7 日召开三次会议以后，向 2006 年 5 月在罗马举行的国际统一私法协会理事会第 85 次会议提交了示范法草案初稿。理事会决定将示范法草案初稿散发给各国政府，以便定稿。

2007 年 5 月 7—10 日、2008 年 4 月 6—9 日，国际统一私法协会政府专家委员会为示范法草案的定稿与通过先后召开两次会议。经过政府专业委员会审议的示范法草案初稿提交于 2008 年 4 月 21—23 日召开的理事会第 87 次会议。在对示范法草案初稿做出很多修改后，理事会决定将示范法草案散发各国政府，以便在国际统一私法协会全体代表大会与政府专家委员会联席会议上定稿并获得通过。联席会议于 2008 年 11 月 10—13 日在罗马召开。会议于 11 月 13 日通过租赁示范法草案。[①]

（三）主要内容

示范法分四章，共 24 条。示范法所谓"租赁"，是指一人将占有和使用租赁财产的权利在一定期间内授予另一人收取租金的交易。它包括融资租赁与融资租赁以外的租赁（a lease other than a financial lease）。示范法不适用于发挥担保功能的租赁和大型航空器设备租赁或供货合同（除非出租人、承租人、供货人另有书面约定）（示范法第 3 条）。

---

① Official commentary on unidroit model law on leasing，unidroit 2010，pp. 1-4.

关于融资租赁,示范法有以下内容值得关注:

1. 融资租赁的含义

示范法第 2 条规定:融资租赁,是指具有以下特征的租赁,不论是否包含全部或部分租赁物的购买选择权:

(1)承租人指定租赁物并选择供货人;

(2)出租人取得与租赁相关联的租赁物,且供货人知道该事实;

(3)租赁项下租金或其他应付费用的构成,不论是否考虑了出租人全部或大部分投资的摊销。

根据这个定义,融资租赁的显著特征是由承租人选择、出租人根据独立的供货协议从其处获得租赁物的供货人的存在。示范法对租金构成与租赁物购买选择权不作要求。这意味着融资租赁包括了经营租赁。

2. 租赁财产

示范法把租赁的标的物称作"租赁财产"(asset)。租赁财产是用于承租人生产、交易与经营的一切财产,包括不动产、资本资产、设备、未来资产、特制资产、植物和活的以及未出生的动物。金钱、有价证券不能成为租赁物。动产不应仅因其附着或融入不动产而不再是租赁物。

因示范法把租赁财产限定为用于承租人生产、交易与经营的财产,因而租赁财产用于承租人个人、家人或家庭的不受示范法调整。承租人获得租赁财产如果同时用于经营与个人用途,但经营用途是主要的,也符合示范法关于租赁财产的定义。[①]

示范法关于租赁财产的定义非常宽泛,可以把知识产权,尤其是软件(software)包括在内。不过,将知识产权当作租赁财产,一个需要解决的问题是它是否契合租赁的定义。租赁是一人将占有(possession)和使用租赁财产的权利在一定期间内授予另一人并收取租金的交易。按照这个定义,哪些财产可以成为租赁财产,很重要的一个因素是其是否适于占有。这个问题在软件附着于一个有体财产(a tangible asset)(如汽车等)并且在功能上与有体财产成为一体时没有意义。此时租赁的标的物不再是软件,而是有体财产本身。但是,在软件未附着于有体财产时,这个问题就凸显出来了。示范法对占有没有下定义,而是把定义占有的问题交由各个国家的法律来解决。因而,知识产权可否用于租赁,取决于其在内国法上可否占有。[②]

---

① Official commentary on unidroit model law on leasing,unidroit 2010,pp. 1-4.

② Official commentary on unidroit model law on leasing,unidroit 2010,pp. 16-18.

3. 融资租赁的效力(effects of a lease)(示范法第二章)

(1)融资租赁的对内效力与对外效力

示范法第 6 条规定,除本法另有规定外:

租赁依当事人之间的约定具有法律效力并且可执行;当事人之间的权利和救济措施可以对抗租赁物的买受人,也可以对抗当事人的债权人,包括破产管理人。

(2)融资租赁在承租人与供货人之间的效力

示范法第 7 条第 1 款前段规定,在融资租赁中,供货人根据供货协议承担的义务亦得向承租人履行,就如同承租人是该协议的当事人,如同租赁财产是直接提供给承租人的一样。这一规定与《国际融资租赁公约》第 10 条第 1 款的规定是一致的。它旨在突破合同相对性,直接赋予承租人对供货人直接索赔的权利。不过,这并未使出租人丧失根据供货合同对供货人的权利。一旦出租人行使该权利,供货人就不再对承租人承担责任。本款后段规定:"供货人就同一损害不能同时向出租人和承租人承担责任。"因此,如何协调出租人与承租人对供货人行使权利,对承租人来说意义很大。

为解决这个问题,示范法第 7 条第 2 款规定:"根据承租人的要求,出租人应将其要求履行供货合同的权利转让给承租人。否则,出租人被视为承担供货人的义务。"本款是《国际融资租赁公约》所没有的。

示范法第 7 条第 3 款规定,承租人根据第 1 款和第 2 款取得的权利,不因出租人与供货人变更供货协议而受影响,除非承租人同意变更。本款与《国际融资租赁公约》第 11 条在内容上保持一致。

示范法第 7 条第 4 款规定:当事人不得减损或变更本条第 1、2、3 款规定的效力。

承租人不论是根据本条第 1 款对供货人直接取得权利,还是根据第 2 款取得出租人对供货人的权利,都不享有未经出租人同意变更、终止或取消供货合同的权利(示范法第 7 条第 5 款)。

(3)出租人或承租人的权利对就租赁财产获得优先权(liens)或类似权利之出租人或承租人的债权人的效力

示范法第 8 条赋予出租人或承租人的权利针对根据制定租赁法之国家的其他法律(如强制执行法或破产法)对租赁财产取得优先权或类似权利之出租人或承租人的债权人的延伸效力(the continued effectiveness)。[①] 本条规定:除非本国法律另有规定:(a)承租人的债权人和对租赁财产所附着的土地或动产拥有任何利益之人都受租赁当事人权利与救济约束,且不得损害租赁产生的任何利益;(b)出租人的债权人受租赁当事人权利与救济约束。这一规定进一步强化了出租人和承租人

[①] Official commentary on unidroit model law on leasing,unidroit 2010,p. 48.

权利的对抗效力,也进一步强化了租赁财产的独立性。这也是融资租赁特殊的物权和占有关系的必然要求,否则可能会因出租人、承租人权利得不到充分保障而影响融资租赁行业的发展。

(4)出租人的免责

示范法第 9 条规定,在融资租赁中,出租人在根据供货协议与租赁合同载明的交易范围以出租人身份和租赁财产所有人身份(in its capacity of lessor and as owner)行事时,对租赁财产或使用租赁物给承租人或第三人造成的死亡、人身伤害或财产损害,不承担责任。

本条的内容与《国际融资租赁公约》第 8 条第 1 款基本一致。不过,出租人在以租赁财产所有人身份行事时也不负责的规定,在公约第 8 条第 1 款中是不存在的。本条之所以有这样的规定,是因为"尽管出租人在融资租赁中在形式上是租赁财产的所有人,但是,从本质上来说,出租人(只)是供货人与承租人之间的通道;出租人受保护,因为其功能只是在为承租人根据租赁合同取得占有和使用租赁财产的权利融资"。[①]

4. 履行(示范法第三章)

(1)融资租赁合同的不可撤销性(irrevocability)、独立性(independence)与禁止解约性

示范法第 10 条第 1 款第 1 项规定,在融资租赁中,租赁财产一经交付给承租人并由承租人接受,承租人与出租人的义务即不得撤销,而且具有独立性。第 2 款规定,除本法第 23 条第 1 款第 3 项另有规定外,不得撤销的独立义务必须得到履行,不论另一方当事人是否履行义务,接受义务履行的当事人终止租赁的除外。

(2)风险负担

示范法第 11 条第 1 款规定,在融资租赁中,(a)租赁财产灭失的风险自租赁开始时转移给承租人;(b)租赁财产未交付、部分交付、迟延交付或交付不符合租赁合同约定,承租人根据本法第 14 条主张救济的,只要承租人根据本法第 18 条第 1 款对租赁物财产进行保管与维修,租赁财产灭失的风险就仍由供货人承担。

(3)对租赁财产的损害

示范法第 12 条第 1 款规定,在融资租赁中,租赁财产在交付给承租人之前非因出租人或承租人的过错受损害的,承租人可以要求进行检验,可以在供货人就租赁财产的价值损害给予适当赔偿时认可租赁财产,或者依法采取其他救济措施。

关于本款,有以下两点要注意:

第一,按照合同自由原则,承租人在供货人就租赁财产的价值损害给予适当赔

---

① Official commentary on unidroit model law on leasing, unidroit 2010, pp. 53.

偿时接受租赁财产的，承租人与出租人可以约定将该赔偿交给出租人，用来抵扣租金。①

第二，一旦租赁财产交付并被认可，即使租赁财产因遭受损害而不能使用，承租人也不得解除租赁合同。此时，承租人只能要求损害赔偿。②

（4）对租赁财产的认可（acceptance）

示范法第13条第1款规定，出现下列情形之一的，即认为承租人认可租赁财产：承租人向出租人或供货人表示租赁财产符合相关协议的，承租人在合理检验期限内没有不认可租赁财产的，承租人使用租赁财产的。承租人认可租赁财产，租赁财产不符合供货协议的，承租人可要求供货人赔偿损害（示范法第13条第2款第1项）。承租人与出租人可以约定将其获得赔偿交给出租人，用来抵扣租金。③

（5）救济措施

示范法第14条第1款规定，在融资租赁中，租赁财产未交付、部分交付、迟延交付或交付不符合租赁约定的，承租人可以要求供货人交付合乎要求的租赁物，并依法采取其他救济措施。

我们在分析本款时，应将其与示范法第7条结合起来。第7条是本款的基础。

（6）权利与义务的移转

示范法第15条第1款和第3款规定，出租人可以不经承租人同意而移转其根据租赁合同享有的权利，出租人在经承租人同意（含事先同意）或在承租人不合理地拒绝同意的情形下可以移转其根据租赁合同负担的义务。出租人移转其权利，承租人对出租人的抗辩或抵消权可以向权利受让人主张。出租人与承租人可以约定，承租人不以其对出租人的抗辩或抵消权对抗权利受让人，但抗辩为承租人无行为能力的除外。

示范法第15条第2款和第3款规定，承租人根据租赁合同享有的权利和负担的义务只有经出租人同意（含事先同意）才能移转，且受第三人权利的约束，但转让不应被不合理地拒绝。

（7）出租人对承租人平静占有租赁财产的担保（warranty of quiet possession）

示范法第16条第1款规定，在融资租赁中，(a)出租人担保承租人对租赁财产的平静占有不受拥有优先地位或权利之人，或者要求优先地位（title）或权利（right）并根据法院授权行事之人的干扰，无论这种地位、权利或要求是由出租人的过失、故意或疏忽造成的；以及(b)向出租人或供货人提供租赁财产规格要求的承租人，应确保出租人和供货人不致因遵循该要求引起的侵权主张而遭受损害。

---

① Official commentary on unidroit model law on leasing，unidroit 2010，pp. 61.

② Official commentary on unidroit model law on leasing，unidroit 2010，pp. 62.

③ Official commentary on unidroit model law on leasing，unidroit 2010，pp. 65.

出租人负担平静占有担保义务,并不意味着影响租赁财产所有人或其他优先权利人去占有租赁财产。示范法科以出租人这种义务的法律后果是,出租人违反该义务的,应向承租人承担损害赔偿责任;或者在满足示范法第23条第1款第3项规定的前提下,由承租人终止租赁合同(示范法第16条第3款)。

(8)供货人对租赁物可接受性与适用性的保证(warranty of acceptability and fitness for purpose)

示范法第17条第1款规定,在融资租赁中,供货人保证租赁财产至少符合根据租赁合同的描述在交易中可以接受的标准,并符合所述租赁物的一般使用目的。根据示范法第7条第2款的规定,该保证义务仅约束供货人,出租人未按照承租人要求将其要求履行供货合同的权利转让给承租人的除外。

(9)承租人维护和返还租赁财产的义务(duties of the lessee to maintain and return the asset)

示范法第18条第1款规定,(a)承租人应当妥善管理租赁财产,按照同类租赁财产的通常使用方式合理使用租赁财产,并使租赁财产处于其交付时的状态,租赁财产发生的合理损耗除外。(b)租赁合同设定租赁财产维护义务,或者租赁财产制造商或供货人为租赁财产的使用提供技术指导的,承租人遵守该协议或指导即为满足前项的要求。

示范法第18条第2款规定,租赁合同届期或终止的,承租人把租赁财产以本条第1款规定的状态返还给出租人,承租人行使租赁财产购买权或者因租赁延期而持有租赁财产的除外。

5. 违约和终止(示范法第四章)

(1)受损方的通知义务

示范法第20条规定,受损方应向违约方发出违约通知、履行通知、终止通知,并给予违约方合理的补救机会。

(2)损害赔偿

示范法第21条规定,违约一旦出现,受损方有权主张损害赔偿,使其处于按照相关协议的内容获得履行所应处的状态。这项赔偿可以独立主张,也可以与本示范法规定或租赁合同约定的其他救济措施一并主张。

示范法第22条规定,第21条规定的损害赔偿可以由当事人约定其数额或计算方法。不过,当事人约定的数额或由当事人约定的方法计算出来的数额不能过分高于违约造成的损害(grossly excessive in relation to the harm resulting from the default)。否则,由当事人决定的损害赔偿数额应减至合理的数额(a reasonable amount)。

(3)融资租赁合同的终止

根据示范法第23条的规定,融资租赁合同的终止发生在以下情形中:

第一,接受义务履行的当事人终止融资租赁合同(示范法第10条第2款)

第二,出租人在履行担保承租人平静占有租赁财产义务方面出现根本违约。若非如此,租赁物一经交付并获得承租人认可,承租人即不得因出租人或供货人的根本违约而终止租赁,而只主张当事人约定的和法律规定的其他救济措施。

第三,出租人与承租人约定终止融资租赁合同。

第四,国内法规定的融资租赁合同终止的其他情形。

三、《移动设备国际利益公约》及其相关议定书①

《移动设备国际利益公约》,以及《移动设备国际利益公约关于航空器设备特定问题的议定书》《移动设备国际利益公约关于铁路车辆设备特定问题的议定书》《移动设备国际利益公约关于空间资产设备特定问题的议定书》,是目前涉及移动设备(即航空器设备、铁路车辆设备、空间资产设备)融资租赁交易的最新国际统一实体法。

(一)融资租赁交易在公约中的定位

融资租赁交易在结构上有一个重要的特点是,租赁物所有权归出租人,占有、使用和收益的权利归承租人。对出租人来说,租赁物所有权最大的作用就是担保功能,即它是一个担保性的所有权。这导致出租人对租赁物的所有权除了可以被定性为一种所有权,还可以按照其功能而重新定性(be recharacterized)为担保权。究竟是哪种定性,不同法域有不同作法。大致说来,美国法、加拿大法认为出租人在融资租赁中对租赁物的所有权与担保权(security interests)在功能上并无二致,从而将其定性为担保权。与此相反,其他绝大多数国家将出租人对租赁物的所有权仍当成有别于担保权的所有权来看待。

在公约中,融资租赁是作为独立于担保交易、所有权保留买卖交易而存在的一种交易形态。然而,这只是一种形式上的差别。在规则设计上,公约将融资租赁与担保交易、所有权保留买卖交易做一体化处理,仅就所有权保留买卖交易和融资租赁交易的特殊之处作了特别规定。

(二)出租人国际利益的构成

在公约中,我们所谓出租人对租赁物的所有权、意定担保物权、所有权保留买卖中出卖人的所有权被分别称为担保协议的担保人赋予的利益、租赁协议的出租人享有的利益。这些利益被统称国际利益(international interest)。国际利益是一种在国际法上获得承认的物权。它以航空器机身、航空器发动机和直升机、铁路车辆、空间资产为客体。

---

① 本部分主要参考了高圣平.中国融资租赁法制:权利再造与制度重塑——以《开普敦公约》及相关议定书为参照.中国人民大学学报,2014:(1).

在融资租赁交易中,出租人欲对移动设备取得公约规定的国际利益,须为出租人设定或规定国际利益的协议(the agreement creating or providing for the interest)(租赁协议),该协议应符合公约第7条的规定,即:1.该协议以书面形式达成;2.该协议涉及的标的物是出租人有权处置的;3.该协议使该标的物按照议定书的规定能够识别。如果这些要件得不到满足,租赁合同产生的权利就不能有效地成为公约框架下的国际利益,即使将其登记于国际登记处,也不产生任何法律效力。

(三)出租人国际利益的国际登记

既然出租人根据公约取得的国际利益是一种物权,那么它就需要进行公示,以取得对抗第三人的效力。在传统上,移动设备物权变动的公示方法是占有与交付。可是,国际利益的取得不以标的物占有移转为要件,传统的公示方式因此不敷使用。

公约为国际利益设计的公示方式是国际登记(international registration)。国际登记制是公约的核心所在。公约和议定书针对航空器设备、铁路车辆设备、空间资产设备分别设立三个国际登记处(International Registry)。公约对国际利益登记采取对抗主义,即登记不是国际利益变动的生效要件,也不是国际利益存在的证据。国际利益是否登记并不影响它的构成或设立。

(四)竞存权利或利益的优先顺位

移动设备由于价值很大,往往有数个权利或利益并存。对于这数个权利或利益的优先顺位,公约按照"已登记的利益优先于在其后登记的任何其他利益和未登记的利益"的规则来确定(第29条第1款)。具体到移动设备融资租赁交易,承租人取得的对标的物的利益或权利不能对抗在出租人持有的国际利益登记之前已登记的利益;不受当时未登记利益的影响,即使实际知道存在该项利益(公约第29条第2款)。

(五)承租人违约时的救济

对于承租人是否违约、出租人因承租人违约取得的权利或采取的具体救济措施,出租人与承租人可以做出书面约定(公约第11条第1款)。没约定的,适用公约第11条第2款和第10条的规定。

公约第11条第2款规定:"不履行"是指实质上剥夺了债权人根据协议有权享有的期望的不履行。

公约第10条规定,所有权保留协议或租赁协议下发生第11条规定的不履行的,附条件的卖方或者出租人可以:(a)在不违反缔约国根据第54条可能做出声明的情况下,终止协议并占有或控制与该协议相关的任何标的物;(b)申请法院令状授权或指令实施上述任一行为。

第四节　融资租赁交易当事人约定的法律规范性

关于融资租赁法,我们最后还要明确的一个问题就是融资租赁交易当事人关于融资租赁交易的约定虽然不是法律,但在当事人之间具有法律规范的性质。当事人的约定如不存在《合同法》规定的无效、效力待定的情形,或者存在可撤销情形但未被撤销的,则对当事人具有法律拘束力(《合同法》第 8 条)。当事人应按照约定全面履行自己的义务(《合同法》第 60 条第 1 款)。如有当事人违反约定的,则应向非违约方承担违约责任(《合同法》第 107 条和第 108 条)。

从法律适用的角度来看,出租人、承租人、出卖人通过约定对融资租赁交易做出的安排,如融资租赁合同,是司法机关首先要加以考察的,这是私法自治的必然要求。其实,融资租赁的诞生及其多种交易模式的形成都是私法自治的产物。

当然,要充分发挥当事人约定在融资租赁交易中的作用,自然离不开当事人约定的高水准。当事人要合理规划和设计好合同,就交易产生的风险作合理分配。运用法律提供的手段和探寻法律设置的空间,做出创新的交易安排。

案例分析四

【案情】

2009 年 8 月 26 日,原告甲融资租赁公司与被告乙公司签订融资租赁合同,约定乙公司以融资租赁形式租赁甲公司所有的某型号太阳能电池生产线二条,租赁期限 3 年,乙公司须每季度向甲融资租赁公司支付租金。其中,合同附件《租赁交易明细表》载明:"承租人未发生违约行为或违约行为已经得以救济的,承租人可以 100 元的名义货价留购租赁物件。"后由于乙公司拖欠最后一期租金未支付,甲融资租赁公司遂诉至法院,主张依据合同约定的违约条款,要求判令乙公司返还诉争租赁物并支付逾期未付租金等。

乙公司辩称,乙公司已支付大部分租金,仅余最后一期未支付,且融资租赁合同虽名义上约定了承租期满后租赁物的 100 元留购价,但该约定实质的意思是租赁期满后租赁物所有权归乙公司所有,故根据《中华人民共和国合同法》第 249 条规定,若甲公司主张返还租赁物,则法院判决乙公司应支付的金额应扣除租赁物目前的价值。

【解析】

上海市黄浦区人民法院经审理认为,融资租赁合同中明确约定租赁期满时,乙公司可以以支付留购款的方式取得货物所有权,并不等同于合同法第249条中规定"租赁期间届满租赁物归承租人所有"的情形,该条不适用于本案。同时,承租人乙公司未按期支付租金已构成违约,且该违约行为至今未得到救济,同时其亦未向甲融资租赁公司支付过100元留购款,因此本案诉争租赁物的所有权仍属于甲融资租赁公司。法院遂支持了甲融资租赁公司主张返还设备及支付剩余租金的诉请。

在本案中,出租人与承租人的上述约定(实务称其为名义留购价制度),为租赁期间届满租赁物归属的确定提供了一条不同于《合同法》第249条的路径。根据第249条,只要"约定租赁期间届满租赁物归承租人所有",则出租人在期满前收回租赁物时应考虑租赁物残值与所欠租金的差额。但是,名义留购价制度适用的条件与《合同法》第249条适用的条件是完全不同:"到期后租赁物直接归承租人所有的约定"属于附期限条款;名义留购价制度中留购的启动需要具备"没有违约且承租人支付对价选择留购"两个前提,该约定属于附条件条款。①

在本案中,当事人的上述约定并不存在无效、效力待定的因素,也未被撤销,故在原被告之间具有相当于法律的效力。被告撇开这个约定的条件,而诉诸《合同法》第249条的规定,自然不会得到法院的认可。

案例分析五

【案情】

万丰公司与金太源公司于2013年4月9日签订融资租赁合同。万丰公司以5,000万元向金太源公司购买中密度板备料工段等设备后再出租给金太源公司使用,租赁期限三年,总租金56,973,198.51元,分36期支付。金太源公司支付了保证金750万元以及第1至第5期租金后,自2013年9月20日起未再按约支付相应租金。金太源公司于2013年12月2日收到万丰公司的《催收函》后仍未支付租金。万丰公司认为金太源公司构成违约,诉请法院判决解除合同,金太源公司按合同约定支付租赁物回购款,回购款包括扣除保证金后的全部应付租金、到期未付租金的逾期利息和租赁物名义价款。金太源公司认为万丰公司只能在解除合同、收回租赁物与要求支付全部租金两项请求中择一主张。

---

① 《名义留购价制度下融资租赁物残值的司法判定》,上海市黄浦区人民法院:《融资租赁合同纠纷案例》(2015年10月),上海市高级人民法院网 http://www.hshfy.sh.cn/css/2015/10/16/20151016090509978.doc,第16-17页。

【解析】

法院认为，金太源公司未按合同约定的期限和金额支付租金，经万丰公司催告后仍不支付，符合涉案融资租赁合同约定的解除条件，万丰公司可以行使合同解除权，并依双方约定要求金太源公司承担违约责任。万丰公司主张解除合同的同时要求金太源公司按约定价款回购租赁物，系依据合同约定主张权利，其所主张的全部应付租金属于解除合同后金太源公司回购租赁物应付价款的构成，性质上不同于继续履行融资租赁合同应付的租金，与我国《合同法》第248条"承租人经催告后在合理期限内仍不支付租金的，出租人可以要求支付全部租金；也可以解除合同，收回租赁物"的规定并不相悖，故判决解除合同，金太源公司向万丰公司支付租赁物回购款，该款支付后租赁物归金太源公司所有。

本案中当事人关于在出租人行使解除权时要求承租人支付全部租金回购租赁物而不要求取回租赁物的约定，在售后回租交易中并不鲜见。该约定是否与《合同法》第248条规定相悖，司法实务中有不同意见。法院的上述判决，尊重了当事人的意思自治，值得赞同。①

案例分析六

【案情】

2010年，兆峰公司与马尼租赁公司签订融资租赁合同，约定由马尼租赁公司出资购买鲁夫重型专项作业车一辆（车牌号：辽BC0722）（以下称涉案车辆）出租给兆峰公司使用，租赁物所有权归马尼租赁公司，兆峰公司须分期向马尼租赁公司支付租金。双方约定以兆峰公司名义办理车辆登记证。马尼公司将上述租赁协议和租赁设备均登记于人民银行征信系统。不过，在机动车登记系统中，涉案车辆登记在兆峰公司名下。

2012年，中信银行与兆峰公司签订最高额抵押合同，约定由兆峰公司以涉案车辆为中信公司设立最高额抵押权。2012年3月17日，双方对上述抵押物在辽宁省大连市公安局交通警察支队办理了抵押登记。

后因兆峰公司借款到期未还，中信银行诉至法院，请求依法判令兆峰公司履行责任，并请求对涉案车辆享有优先受偿权。经审理法院判决：中信银行对涉案车辆享有抵押权，中信银行对涉案车辆折价、拍卖或者变卖后的价款享有优先受偿的权利。

---

① "万丰融资租赁有限公司与宜昌金太源工贸集团有限公司融资租赁合同纠纷案"，浦东法院涉自贸区十大典型案例之一（2015年11月4日发布）。

该判决发生法律效力后,马尼租赁公司根据我国《民事诉讼法》第 56 条第 3 款的规定,请求撤销上述判决中关于中信银行涉案车辆享有抵押权,中信银行对涉案车辆折价、拍卖或者变卖后的价款享有优先受偿的权利的内容。其理由:它是涉案车辆的所有权人,兆峰公司对涉案车辆没有所有权,其为中信公司设定抵押权的行为属于对涉案车辆的无权处分。中信公司只有在善意的情况下,才可取得涉案车辆的抵押权。从 2009 年 7 月 20 日起,对于机动车辆的登记,客观上存在公安部门的车辆登记系统和中国人民银行征信中心中征动产融资统一登记平台(以下简称融资平台)两个登记系统,公安部门的车辆登记为行政管理登记而非所有权登记。中信银行在与兆峰公司就涉案车辆设立抵押权时,只在机动车动机系统查询了涉案车辆的权属,而没有使用融资平台系统对涉案车辆权属进行查询,因而中信银行在办理抵押登记时未履行法定的审查义务,过错明显,不应对涉案车辆取得抵押权。

【解析】

马尼租赁公司的主张,涉及重要的法律适用问题:第一,如何认识现行法设定的两个登记系统各自的定位以及它们之间的关系。这至少关系到中信银行可否信任涉案车辆在机动车登记系统的登记状况,以及能否因在该系统办理涉案车辆抵押权而取得抵押权;第二,中信银行在就涉案车辆取得抵押权时,有无义务在机动车登记系统(机关)之外,运用融资平台查询涉案租赁车辆的权属状况。换言之,中信银行是否违反了法释〔2014〕3 号解释第 9 条但书第 3 项和《中国人民银行关于使用融资租赁登记公示系统进行融资租赁交易查询的通知》(银发〔2014〕93 号)第三点("银行等机构作为资金融出方在办理资产抵押、质押和受让等业务时,应当对抵押物、质物的权属和价值以及实现抵押权、质权的可行性进行严格审查,并登录融资租赁登记公示系统查询相关标的物的权属状况,以避免抵押物、质物为承租人不具有所有权的租赁物而影响金融债权的实现。")关于银行负有查询融资平台的义务的规定。

对于马尼租赁公司的主张,最高人民法院认为是站不住脚的。其主要理由如下:

第一,涉案车辆抵押权已经依法办理了有效登记。人类社会之所以建立物权登记制度,其基本目的有二:一是方便权利人向社会昭示物权,防止他人侵犯;二是减少交易相对人信息搜集的成本,降低交易过程中的不确定性。因此,一个有效的登记系统,其登记的权利应当接近于真实的权利状态,才能达到前述目的。机动车辆属于国家高度管制的动产,《道路交通安全法》第 8 条规定:"国家对机动车实行登记制度。机动车经公安机关交通管理部门登记后,方可上道路行驶。尚未登的机动车,需要临时上道路行驶的,应当取得临时通行牌证。"该规定说明,国家对机动车实行强制登记制度。又依据该法第 9 条:"申请机动车登记,应当提交以下证明、凭证:(一)机动车所有人的身份证明……"说明机动车的现行登记制度,要求机动车登记的所有权人应当与物权法意义上的所有权人相一致。

所以,不管公安部门的车辆登记是不是所有权登记,从该制度所设计的登记程序来看,公安部门登记的机动车所有权人,最接近于物权的真实状态。从社会生活的一般经验来看,车辆的所有权人与公安部门登记的所有权人一致的概率大于二者不一致的概率。其他的动产登记系统,对于机动车的登记并非强制登记,而是实行权利人自愿登记,登记部门也不进行实质审查,无论是在登记标的物的数量上,还是在登记权利人与真实权利人的一致性上,尚不能替代公安部门车辆登记系统所具有的前述功能。所以,在社会交易活动中,平等主体之间的车辆交易均应到公安部门查询车辆权属,办理过户和相关权利登记手续。

正因如此,《担保法》第 42 条规定,以航空器、船舶、车辆抵押的,抵押权的登记部门为运输工具的登记部门。以机动车为标的物的抵押权登记部门即是指公安部门的车辆管理机构。中信银行已经在辽宁省大连市公安局交通警察支队办理了抵押登记,依法应当视为已经履行了相关登记义务。

第二,中信银行是善意的。善意取得之"善意"的内涵,是指无权处分之受让人在取得动产或不动产时,不知让与人无处分权,且受让人无重大过失的主观心态。在出租人与承租人对租赁物的所有权有明确约定的情况下,基于合同的相对性,融资租赁合同关系的当事人与无权处分的受让人之间信息不对称,一般而言,无权处分的受让人并无从知晓融资租赁合同关于租赁物权属的约定。因此,无权处分之受让人对租赁物权属状况的认识,不能以融资租赁合同的约定作为判断基础,而应以租赁物的权利外观作为推定受让人是否"明知"或者"应当知道"的基础事实。本案中,如果以占有作为权利外观,案涉车辆已经交付给兆峰公司实际使用,将兆峰公司当作所有权人应是占有外观的自然判断结果。如果以登记作为判断案涉车辆所有权人的权利外观,案涉车辆也已经登记在兆峰公司名下,不管公安部门的车辆登记是不是所有权登记,由于《担保法》将公安部门规定为车辆抵押权的登记机关,中信银行只能信赖该登记,其因信赖所产生的交易利益应当得到保护。当然,推定出的事实是依据生活经验中的大数法则所得出的结论,该结论可以推翻,但应当由主张和推定事实相反事实的当事人承担举证责任。马尼租赁公司并未举证证明中信银行明知案涉车辆所有权属于马尼租赁公司,仍然与无权处分人兆峰公司进行设定抵押权的交易,所以只能推定中信银行在案涉抵押权交易中的主观心态为善意。

第三,中信银行不存在重大过失。马尼租赁公司称中信银行大连分行应当知道并使用融资平台对案涉抵押物权属进行查询,但未履行法定义务,过错明显,不应善意取得抵押权。民事主体是否知晓某一系统,与其是否有义务通过该系统查询相关信息是两个不同的问题。赋予民事主体一定的义务,应当有法律依据、合同依据,以及基于诚实信用或者公序良俗的要求。法释〔2014〕3 号第 9 条第 3 项确实规定,第三人在与承租人交易时,如果未按照法律、行政法规、行业或者地区主管部门的规定在相应机构进行融资租赁交易查询的,应当视为有重大过失。其后,中国人民银行于 2014 年 3 月 20 日下发了《关于使用融资租赁系统进行融资租赁交易查询的通知》,要求商业银行等机构在办理资产抵押、质押和受让等业务时,登录融资平台查询相关标的物的权属状况。假定该通知确为前述司法解释所称行业主管部门的规定,该通知下发的时间为 2014 年 3 月 20 日,只能约束此后的相关金融交易行为。而案涉抵押合同签订及抵押登记办理的时间为 2012 年 3 月,此时尚无法律、行政法规、行业或者地区主管部门的规定要求办理抵押登记时需要登录融资平台进行查询,更无合同约定或者其他依据。中信银行大连分行没有登录融资平台进行相关查询,不存在过失。①

---

① 参见辽宁省高级人民法院民事判决书(2014)辽民三终字第 212 号、最高人民法院民事裁定书(2015)民申字第 1247 号。

第二编　　融资租赁合同

第四章　融资租赁合同概述

第一节　融资租赁合同的概念和特征

一、融资租赁合同的概念

根据《合同法》第 2 条的规定，合同是当事人之间设立、变更、终止民事权利义务关系的协议。此所谓"协议"就是指"合意"，即当事人意思表示的一致。[①] 融资租赁合同是指融资租赁交易的双方当事人为设立融资租赁关系而订立的协议。我国《合同法》第 237 条规定："融资租赁合同是出租人根据承租人对出卖人、租赁物的选择，向出卖人购买租赁物，提供给承租人使用，承租人支付租金的合同"。基于该法条给出的定义，融资租赁合同应包含以下几方面的含义：（1）融资租赁合同的租赁物是由出租人按照承租人的要求专门准备的。这是融资租赁合同与普通租赁合同最大的区别。普通租赁合同中租赁物往往是出租人在签订合同之前就已拥有的。（2）融资租赁的核心是出租人购买租赁物再交出承租人使用。从合同内容上来看，融资租赁合同仍具有普通租赁合同的特点，即双方交易的是标的物的使用权，而非所有权。出租人将其所有的标的物提供给承租人使用，承租人向出租人支付租金。（3）承租人负有向出租人支付租金的义务。租金是承租人使用租赁物的对价，这进一步体现了融资租赁与普通租赁的共同性。

在界定融资租赁合同的概念时，必须与融资租赁交易作区分。融资租赁交易通常涉及三方当事人，包括为租赁交易提供资金的出租人、选择租赁物并支付租金的承租人以及提供租赁物的出卖人。三方主体间存在两个合同：（1）出卖人与出租人之间的买卖合同。（2）出租人与承租人间的租赁合同。这两个合同紧密联系在一起构成了融资租赁的交易模式。但融资租赁合同本身并不当然具有三方主体的结构，理由如下：

第一，从《合同法》第十四章对融资租赁的规定内容来看，不能得出融资租赁合同包含三方主体的结论。首先，依据《合同法》第 237 条关于"出租人根据承租人对

---

① 韩世远.合同法总论.北京：法律出版社，2011：2.

出卖人、租赁物的选择,向出卖人购买租赁物"的表述仅表明融资租赁交易中租赁物的来源,体现融资租赁交易的特色,①但不能就此推断出卖人必然参与融资租赁合同之中。其次,《合同法》第 238 条规定:"融资租赁合同的内容包括租赁物名称、数量、规格、技术性能、检验方法、租赁期限、租金构成及其支付期限和方式、币种、租赁期间届满租赁物的归属等条款。"虽然本条条文是任意条款,但从其所倡导的内容看未涉及任何与买卖交易有关的内容。既然不包含买卖交易,则出卖人作为买卖合同的当事人就不能归入到融资租赁合同中。此外,条文中涉及出卖人的还有第 239 条、240 条和 241 条。第 240 条规定承租人、出租人和出卖人可以约定承租人的索赔权和行使,既以特别约定为前提,因此不能当然认为出卖人是融资租赁合同当事人。第 239 条与 241 条的实质内容是规定了合同双方当事人的权利义务,"出租人根据承租人对出卖人、租赁物的选择订立的买卖合同"的表述如前所述只是表明融资租赁的特色。第 239 条规定说明承租人有权代替出租人向出卖人受领标的物;第 241 条则规定了出租人的义务,即未经承租人许可不得擅自变更合同内容。由此不难看出,《合同法》第十四章中规定的融资租赁合同相关内容涉及的主体仅包含出租人和承租人,出卖人不在主体范围之内。

第二,《金融租赁公司管理办法》也明确了融资租赁合同仅包含出租人和承租人。该办法第 3 条规定:"本办法所称融资租赁,是指出租人根据承租人对租赁物和供货人的选择或认可,将其从供货人处取得的租赁物按合同约定出租给承租人占有、使用,向承租人收取租金的交易活动。"本条条文的核心表述是"出租人根据承租人…的选择…,将…租赁物…出租给承租人…",而供货人(出卖人)的地位仅是租赁物的提供人。

第三,法释〔2014〕3 号也以司法解释的形式明确将出卖人排除在了融资租赁合同之外。② 法释〔2014〕3 号的第 11 条至第 16 条是关于融资租赁合同解除问题的规定,其中只说明了承租人、出租人享有解除权的情形,对出卖人的权利只字未提。该解释第 17 至 24 条规定了违约责任承担问题,同样只涉及出租人和承租人。如果出卖人是融资租赁合同的直接当事人,则在合同解除和违约责任承担等问题上必定会有所涉及。因此,也由此可以得出出卖人不是融资租赁合同主体的结论。

第四,从国际上看,有诸多支持融资租赁合同是双方结构的文件。尽管《国际融资租赁公约》采取了三方结构的安排,但为弥补该公约的不足,国际统一私法协会另外就特定的价值动产所起草的《移动设备国际利益公约》和三大议定书,以及随后起草的《租赁示范法》都采取双方结构,仅涉及出租人和承租人。③

---

① 胡康生.中华人民共和国合同法释义.北京:法律出版社,2013:350.

② 江必新.融资租赁合同纠纷.北京:法律出版社,2014:75.

③ 高圣平、王思源.论融资租赁交易的法律构造.法律科学(西北政法大学学报),2013(1).

虽然融资租赁合同是双方结构,需要与融资租赁交易中的买卖合同相区分,但不可否认,融资租赁交易中的买卖合同和租赁合同彼此之间是相互紧密联系而又不失独立性的。其紧密联系之处在于,出租人与出卖人订立买卖合同是订立融资租赁合同的手段,订立融资租赁合同是订立买卖合同的目的。缺乏买卖合同融资租赁交易无法实现,而无融资租赁合同的订立也就不会有买卖合同的签订。融资租赁合同和买卖合同相互独立主要体现是合同的订立和生效上互不影响。

二、融资租赁合同的特征

融资租赁合同作为一种特殊的租赁合同,与其他类型的合同存在明显不同。一般认为,融资租赁合同具有以下特点。

(一)融资租赁合同是有名合同

我国《合同法》第十四章以专章形式对融资租赁合同进行了规定,因此融资租赁属于有名合同。与合同法所确认的其他典型合同相比较,融资租赁合同有自己独立的基本特征,因此不能简单地归入到其他类型的合同之中。

(二)融资租赁合同是要式、诺成合同

要式合同指必须依据法律规定的或者当事人要求的形式而成立的合同。《合同法》第238条第2款规定:"融资租赁合同应当采用书面形式。"由于融资租赁交易涉及多方当事人,法律关系通常较为复杂,履行周期较长,因此,为预防和顺利解决纠纷,合同法规定了融资租赁合同应以书面形式签订。同时,《合同法》第32条规定:"当事人采用合同书形式订立合同的,自双方当事人签字或者盖章时合同成立。"即在双方签订合同时即成立并生效,而不是以承租人占有租赁物为生效要件。

(三)融资租赁合同是双务有偿合同

双务合同指双方当事人相互享有权利、承担义务的合同;有偿合同指一方当事人取得权利以支付相应对价为前提的合同。在融资租赁合同中,出租人和承租人互负对待给付义务。出租人的义务是依据承租人的指示购买其所需租赁物并向承租人交付,而承租人的义务是支付租金。与此相对应,出租人的权利是收受租金,而承租人的权利是使用租赁物。由此可见,在融资租赁中出租人和承租人在履行合同过程中取得相应利益时都要付出相应的对价。

(四)融资租赁标的物的特殊性

融资租赁标的物与一般租赁的租赁物相比,其特殊性主要体现在两个方面:一是标的物由承租人选择;二是标的物的范围具有限定性。

在普通租赁合同中,双方往往针对出租人已有的租赁物来签订合同。而在融资租赁交易中,出租人主要是充当向承租人融资的角色,在签订合同前并没有承租人所需的租赁物,而是在签订合同后根据承租人的选择去购买租赁物。《合同法》第239条规定:"出租人根据承租人对出卖人、租赁物的选择订立的买卖合同……"

出租人对选择的租赁物的性能、质量都概不关心,全由承租人决定。也正因如此,使得租赁物具有强烈的特定性,出租人难以转租给他人,因而对承租人的合同解除权需要加以严格限制。

当前,融资租赁的标的物范围十分广泛。从传统领域的飞机、船舶、工程机械等到新一代信息技术、新能源、节能环保和生物等战略性新兴产业市场等有关的生产设备,都已经成为融资租赁公司的经营对象。但我国《金融租赁公司管理办法》第4条规定:"适用于融资租赁交易的租赁物为固定资产,银监会另有规定的除外。"由此可见,我国对融资租赁标的物限定在固定资产的范围内,生产资料、生活资料等消费物原则上不得作为融资租赁的客体。但需要说明的是,交易实践对融资租赁标的物的限制已经有所突破。以生产资料为例,实践中存在以中药原材料为标的开展售后回租的案例,在这种交易中,为规避生产资料易消耗、灭失的弊端,当事人往往会采取封存、交由第三方监管等特定化手段,以防止交易风险的发生。

（五）融资租赁租金的特殊性

在一般租赁合同中,租金的性质为占有、使用租赁物的对价。即租金仅包含承租人对租赁物占有、使用的价值,而不包含租赁物本身的价值。融资租赁合同中承租人向出租人支付的租金被视为是融资的代价。其组成部分较为复杂,主要包括以下几个部分:租赁物自身的价值;占有、使用租赁物的对价;融资成本;合理利润及其他可能存在费用。因此,融资租赁合同中的租金往往高于普通租赁中的租金,具有自身的特殊性。

（六）融资租赁合同承租人承担与租赁物有关的风险责任

在普通租赁合同中,出租人一般享有租赁物的所有权,与租赁物有关的风险责任也由出租人承担。融资租赁中出租人只是租赁物名义上的所有人,租赁物的实质财产利益归属于承租人,与租赁物有关的一切风险责任转移到承租人身上。也就是说,承租人负责租赁物的维修与保养且承租人需对因租赁物而对第三人造成损害进行赔偿。这主要是由于租赁物的购买由承租人选择并确定,与出租人的技能、判断无关。

（七）租赁期满后租赁物的归属

在普通租赁合同中,租赁物在租赁期满后返还出租人,其所有权并不因租赁合同的终止而发生变动。在融资租赁中,租赁物的所有权在租赁期间内归出租人享有。租赁期间届满,承租人一般有三种选择:留购、续租或者退租。在留购的情况下,出租人将租赁物折价卖给承租人,由承租人取得租赁物所有权;而在续租或退租的情形下,租赁物仍然归出租人所有。当事人也可以约定在融资租赁合同终止的时候,租赁物所有权的归属。在现实中,由于租金包含了租赁物自身的价值,承租人通常在租赁期间届满后通过向出租人支付名义对价或者无偿获得租赁物的所有权。

第二节　融资租赁合同的分类

在实践中,融资租赁交易从最基本的结构出发衍生出多种交易形式。根据交易形式的不同,融资租赁合同也有多种分类。

一、依出租人出资比例分类

根据出租人出资比例不同进行分类,可以将融资租赁分成单一融资租赁和杠杆租赁两种方式。与此相对应,融资租赁合同也可以分为单一融资租赁合同和杠杆融资租赁合同。

（一）单一融资租赁合同

单一融资租赁合同顾名思义是指在一项融资租赁交易中,出租人独自承担购买租赁物的全部费用,即出租人所出的用于购置租赁物成本占100%。即使该出租人从其他途径取得融资,也是以自身信用或有关财产为担保,与本次租赁合同没有关联关系。单一出租人出资是融资租赁的传统方式。

（二）杠杆融资租赁合同

与单一融资租赁合同相对应,杠杆融资租赁合同中出租人在购置租赁物时自身出资不足100%,一般出租人只需要提供20%～40%的资金,其余部分款项由出租人从银行或者其他金融机构借贷获得。购置成本中借贷的部分通常称为杠杆,杠杆租赁之名也由此得来。综上,可以将杠杆租赁定义为,出租人以较低比例的自有资金加上较高比例的贷款购买设备,并以该设备作为偿还贷款的担保物,再将设备出租给承租人的融资租赁方式。在这种融资租赁交易中签订的融资租赁合同就称为杠杆融资租赁合同。杠杆融资租赁合同中涉及复杂的交易当事人和交易流程,将在本书第十六章(特殊的融资租赁形式)中有所详述,在此不多赘述。

二、依出租人取得租赁物方式分类

根据融资租赁中出租人取得租赁物方式的不同,可以分为直接租赁、转租赁、售后回租和混合租赁。与此相对应,融资租赁合同也可分为直接租赁的融资租赁合同、转租赁的融资租赁合同、售后回租的融资租赁合同、混合租赁的融资租赁合同。直接租赁是最为简单的交易方式,实务中通过当事人角色转换和交易环节的改变又延伸出其他几种特殊形式。

（一）直接租赁的融资租赁合同

直接租赁也称为简单的融资租赁、传统的融资租赁,由三方当事人和两个合同关系构成,是最典型的融资租赁结构。三方当事人分别是用户(融资租赁合同中承租人)、融资租赁公司(融资租赁合同中出租人)、供应商(融资租赁交易中出卖人),基本的交易流程主要包括:(1)用户根据自己的需要选择供应商和商品(未来租赁物),并告知融资租赁公司。(2)融资租赁公司与用户签订融资租赁合同,并依据承租人的选择与特定供应商签订购买特定商品的买卖合同。(3)融资租赁公司指示供应商将特定商品交付给用户。(4)用户依照融资租赁合同向融资租赁公司交付租金。简言之,在直接租赁中出租人需要先向出卖人购买出租物,再出租给用户。这就要求此种交易形式中的融资租赁公司具有较强的资金实力,否则难以承受直接租赁带来的巨大资金压力。直接租赁中出租人通过购买租赁物的方式取得租赁物所有权。

(二)转租赁的融资租赁合同

转租赁是在直接租赁的基础上增加了租赁环节,也被称为租进再租出的融资租赁交易。转租赁中的交易主体多于三人,通常有用户(未来承租人)、多个融资租赁公司、供应商(未来出卖人)。我们通常所见到的转租赁是出租人将租赁物租给第一承租人,承租人经出租人同意后又以第二出租人的身份把租赁物转租给第二承租人(最终用户)。与直接融资租赁相比较,转租赁中多了第二出租人向第一出租人承租租赁物的过程。因此,在这一分类中出租人取得租赁物的方式不是通过自己购买,而是通过向他人承租。

(三)售后回租的融资租赁合同

售后回租融资租赁是指设备的所有权人将自己所拥有的设备先卖给融资租赁公司,再从融资租赁公司处租回使用。简言之,此种交易包括两个环节:卖出和租回。售后回租融资租赁只涉及两个主体,其中出卖人和承租人相重合。售后回租中出租人也是通过购买租赁物的方式取得租赁物所有权,但与直接租赁不同,售后回租中出租人直接向承租人购买。

(四)混合租赁的融资租赁合同

混合租赁指的是在一项融资租赁交易中使用多种交易方式,比如在直接租赁中使用回租、转租赁的技术,在转租赁中使用回租的技术等等。混合租赁的融资租赁交易往往涉及多方当事人、多个交易环节,因此交易结构也更为复杂。

三、依当事人所属国籍分类

根据当事人所属国别的不同,可以将融资租赁合同分为国内融资租赁合同和涉外融资租赁合同。

(一)国内融资租赁合同

融资租赁交易各方当事人都是我国公民、法人或者其他组织的,该融资租赁合同就属于国内融资租赁合同。

（二）涉外融资租赁合同

融资租赁交易中只有一方或多方当事人是外国人、外国企业或组织、无国籍人士的，该融资租赁合同就属于涉外融资租赁合同。此外，涉外融资租赁合同还可以分为国际租赁的融资租赁合同、国际集团租赁的融资租赁合同以及涉外业务的融资租赁合同。

第三节　融资租赁合同出租人

融资租赁合同中的出租人是指依照承租人指示购买、交付承租人所需的租赁物，提供资金融通服务并收取租金的一方当事人。

融资租赁合同中的出租人只能是专营融资租赁业务的租赁公司，而不能是一般的自然人、法人或其他组织。在我国，只有经金融管理部门、外商投资管理部门或国内市场管理部门批准许可经营的公司，才有从事融资租赁交易、订立融资租赁合同的资格。[①] 融资租赁合同出租人的分类简要介绍如下。

一、根据审批权不同的分类

根据审批主体的不同，我国融资租赁公司被分为以下三类：金融租赁公司、外商投资融资租赁公司以及内资试点融资租赁公司。外商投资融资租赁公司与内资试点融资租赁公司为普通融资租赁公司，即非金融租赁公司，不持有金融许可证。金融租赁公司的设立需要经过中国银行业监督管理委员会（以下简称"银监会"）审批，并受银监会监管；外商投资融资租赁公司由商务部审批；内资试点融资租赁公司的设立既需要商务部的审批还需要国税总局审批。

（一）金融租赁公司

金融租赁公司是指依据银监会颁布的《金融租赁公司管理办法》申请设立，并经银监会批准，以经营融资租赁业务为主的非银行金融机构。金融租赁公司名称中应当标明"金融租赁"字样。未经银监会批准，任何单位不得在其名称中使用"金融租赁"字样。金融租赁公司的最低注册资本为1亿元人民币。

我国对于金融租赁公司的发起人也有着严格的限定。对于境内的发起人的限定相对宽松，凡在境内注册的商业银行、大型厂商及其他银监会认可的法人都具备发起人资格。而在境外注册的法人只有商业银行、融资租赁公司以及银监会认可的其他金融机构才具备发起人的资格。

---

① 参见崔建远主编.合同法.北京：法律出版社，2010：438.

1. 金融租赁公司项目子公司

为更方便地管理以及专业化操作，金融租赁公司往往会通过设立特殊目的子公司（SPV），也即金融租赁公司项目子公司，作为名义出租人对特定租赁物展开融资租赁业务。在国际上，将这种操作方式叫作 SPV 租赁，通常用于单架飞机、单艘轮船的融资租赁业务。通过设立项目子公司，将单架飞机、单艘轮船作为融资租赁标的物出租给承租人营运，这也是目前国际航空、航运金融租赁的行业惯例。

金融租赁公司项目子公司具有独立的法人资格，拥有自己的财产，以自己的名义参与民事活动，享有因此发生的权利和义务，并以自己的财产为限，承担公司行为所带来的一切后果与责任。因此，如果项目子公司发生风险，至多也只会导致该项目子公司的破产，而不会累及母公司或母公司的其他项目子公司，可以有效地隔离风险。同时，因项目子公司通常设立于保税地区，也可以达到降低项目成本的目的。

2. 金融租赁公司专业子公司

中国银监会办公厅于 2014 年 7 月 11 日颁布了《金融租赁公司专业子公司管理暂行规定》。该部法规允许金融租赁公司依照相关法律法规在中国境内自由贸易区、保税地区及境外这三个区域内申请设立专业子公司，注册资本不得少于5000 万元人民币或等值的可自由兑换货币。在境内设立的专业子公司原则上由设立该公司的金融租赁公司 100% 控股，有特殊情况的，持股比例不得低于 51%。所申请设立的专业子公司所涉融资租赁业务的领域仅限于提出申请的金融租赁公司已经开展且运营相对成熟的融资租赁业务，包括但不限于飞机、船舶租赁领域。

在该规定未出台以前，金融租赁公司一般通过设立项目子公司开展融资租赁业务，专业子公司相较于项目子公司具备更大的优势。首先，设立专业子公司更有助于融资租赁业务的专业化管理。原来所设立的单机、单船项目子公司无须再事事都经由母公司，而可以通过相关领域的专业子公司进行管理、决策。其次，该规定允许在境外设立专业子公司，突破了原来项目子公司只能设立于保税区的地域限制。在海外设立专业子公司则可以享受到境外的法律法规为其在交易结构、国际登记、税收费用等方面所带来的优势。此外，与单机、单船项目子公司相比，专业子公司具备更强的融资能力。在资产规模、资信记录等方面，更容易获得境内外金融市场和交易对手的认可，从而有利于获得更多的融资便利。譬如专业子公司可以进行跨境人民币借款，其额度为注册资金的 1.5 倍。

（二）内资试点融资租赁公司

内资融资租赁公司是指中国境内法人或自然人依法投资设立的从事融资租赁业务的工商企业。目前，我国内资融资租赁公司仍处于试点状态，只有内资租赁企业方可成为内资融资租赁公司的试点企业。截至 2015 年 4 月 30 日，已有共计 13批、191 家内资融资租赁试点企业通过审批。

由于仍处于试点状态,内资融资租赁公司准入门槛相对较高。首先,体现在最低注册资本额度上。2001 年 8 月 31 日前设立的内资租赁企业的注册资本最低应达到 4000 万元人民币,而 2001 年 9 月 1 日至 2003 年 12 月 31 日间设立的内资租赁企业最低注册资本则需要 1.7 亿元人民币,远高于金融租赁公司及外资投资融资租赁公司的最低注册资本额度。此外,对于审批通过的公司也存在一定的偏好。一方面,商务部、国家税务总局《关于从事融资租赁业务有关问题的通知》中明文规定各商务主管部门推荐参与试点工作的 1～2 家内资租赁企业需要从事先进或适用的生产、通信、医疗环保、科研等设备,工程机械及交通运输工具租赁业务。另一方面,在 2012 年召开的全国典当与融资租赁行业工作会议上,商务部相关负责人曾表示应重点引导具有产业背景、实力强的大型企业,以及具有较强的服务中小企业、"三农"产业、节能减排、战略性新兴产业能力的企业开展融资租赁业务。因此,例如一些以办公设备或其他不具备先进或适用于生产、科研等领域的设备为融资租赁对象的租赁企业,在审批中往往就会处于劣势。虽然这些并非内资融资租赁试点企业必须具备的条件,但仍对可成为试点企业的内资租赁公司的范围起到了一定的限缩作用。

(三)外商投资融资租赁公司

外商投资融资租赁公司,是指外国公司、企业和其他经济组织等非金融机构在中国境内设立的从事融资租赁业务的工商企业,包括中外合资、中外合作以及外商独资三种,其形式可以为有限责任公司或股份有限公司。所设立的外商投资融资租赁公司应当同时符合以下三个条件:第一,注册资本不低于 1000 万美元;第二,经营期限一般不超过 30 年;第三,应当拥有具有相应专业资质和不少于三年从业经验的高级管理人员与专业人员。此外,外国投资者的总资产不得低于 500 万美元。

相比内资融资租赁公司,外商投资融资租赁公司有着更大的融资能力。其主要原因有二,一是由于境内存在的利差、汇差的原因使得境外融资成本相对较低。二是因为外商投资融资租赁公司可以引进国外资本。外商投资融资租赁公司每年可借债额度为净资产的 10 倍减去上年度末风险资产总额,这使得外商投资融资租赁公司可以通过 10 倍杠杆到境外借债在境内使用。而这也成为境内许多中资企业筹资境外资金的重要渠道。

二、根据控股资本不同的分类

根据融资租赁公司的控股资本的不同,可以分为银行系出租人、厂商系出租人以及独立出租人三类。

(一)银行系出租人

银行系出租人,即主要出资人是商业银行的融资租赁公司。因银行自身雄厚的金融背景,其所设立的融资租赁公司也通常是具有金融许可证的金融租赁公司。

自《金融租赁公司管理办法》出台并允许境内银行重新涉足租赁市场后，中国工商银行、建设银行、交通银行等商业银行巨头纷纷设立起自己的融资租赁子公司，其发展势头迅猛。因主要股东或者母公司为商业银行的缘故，银行系融资租赁公司在资金来源上有着不小的优势。此外依托银行原有的信贷体系，其所积累的客户与人才在市场上也具有较强的竞争力。从 2007 年至今，银行系金融租赁公司经历几度增资扩容。其中，工银租赁、交银租赁、民生租赁和兴业租赁四家公司最初成立时原始注册资本合计约 92 亿元，而经过几次增资，现已达到 281 亿元左右。

银行系金融租赁公司最大的特点就是依托其作为主要股东的商业银行而拥有平稳的资金来源，这可以使得银行系租赁公司以较低的融资成本开展融资租赁业务。凭借着资金优势，其业务通常以大资产、低收益的大型设备租赁为主，如飞机、船舶租赁等。此外，由于控股银行本身有着庞大的客户资源以及客户信息，这也成为可以共享这些信息的银行系金融租赁公司的一大优势。控股银行内部的高端客户也通常是其银行系金融租赁公司的目标客户。

我国银行系金融租赁公司大多以售后回租业务为主。银行系金融租赁公司对于股东银行的依赖性较强，无论是资金来源还是项目开展一般都由其股东银行提供。这也直接导致商业银行往往将其金融租赁公司视为银行信贷的补充手段。又由于缺乏成熟的融资租赁业务能力，在短期内尚无法做结构较为复杂的租赁交易，因此，银行系金融租赁公司为获得市场份额而尽量通过开展性质类似于银行贷款的售后回租业务。有业内人士指出，售后回租业务实际上正是经营理念错位的一种反映：银行系金融租赁公司在经营理念上仍没有摆脱转贷思维，并没有把自己作为真正的融资租赁公司来经营。① 现在已有银行意识到这一点，如兴业银行投资设立的兴业金融租赁公司，其负责人曾明确表态，"我们要做真租赁，而不是'假银行'"。相比售后回租，直接租赁更能体现融资租赁与银行贷款的本质区别，一味地发展售后回租最终导致的结果反而会与银行本身的贷款业务形成竞争。因此，未来的银行系金融租赁公司应当会朝着提高直接租赁的业务比重的方向发展。

（二）厂商系出租人

厂商系出租人，是指制造商为主要出资人设立的，以制造商所生产的设备为主要融资租赁对象开展业务的融资租赁公司。制造商依法既可以设立金融租赁公司也可以设立非金融租赁公司，但主要还是以普通融资租赁公司为主。

制造厂商设立融资租赁公司的主要目的是运用融资租赁这一金融工具以扩大制造商的产品销售，为那些资金困难的客户提供融资支持，以此提高产品的市场份额。因此，厂商系出租人的客户绝大部分还是制造厂商的自有客户，租赁物一般为制造厂商所生产的设备，并以直接租赁交易为主要模式。此外，由于融资租赁公司

---

① 郭清马.银行系金融租赁：扩张、风险与对策.当代经济管理，2010(4).

性质是准金融机构,资本与负债的比例可为 1∶10,负债能力比一般企业大,也有助于制造厂商的发展。

因融资租赁的对象为主要出资人生产的设备,所以该类出租人最大的优势是具有针对租赁物提供一些专业化服务的能力。如在进行融资租赁交易中,可以提供对租赁设备的维修、保养、供应配件等方面的服务,并且允许用户在合同到期时选择退租等。

(三)独立第三方出租人

独立第三方出租人是指其主要出资人是银行或制造商以外的其他法人投资设立的融资租赁公司。主要出资人多为大型外贸、物流、综合型企业集团,或是专业的投资机构。

独立第三方出租人在资金来源方面无法与银行系匹敌,在一些特殊领域也无法与厂商系相抗衡。而该类出租人的优势在于可以为目标客户提供定制化、契合度高的融资租赁服务,满足客户多元化的服务需求,其目标客户一般也定位在中小微企业,以此与银行系及厂商系融资租赁公司形成差异化竞争。其所开展的融资租赁业务也以顾客需求为中心,提供多种类型包括直接租赁、售后回租等在内的融资租赁服务。

第四节　承租人与供货人

融资租赁合同中的承租人是指在融资租赁中享有对租赁物占有、使用的权利,并支付租金的一方当事人。在我国《合同法》中对融资租赁的承租人并无特殊规定,任何具有完全民事行为能力自然人、法人或者其他组织都有成为融资租赁合同中的承租人的资格。但《国际融资租赁公约》第1条第4款规定,租赁物用于个人、家人和家庭使用的,不应认定为融资租赁的承租人。这是因为融资租赁租金是由租赁物的使用所创造的价值偿付,所以个人使用不属于融资租赁的范围。

《国际租赁示范法(草案)》第2条规定,供货人是指在融资租赁中出租人从其处取得租赁物的所有权或者租赁物的占有和使用权的人。该规定扩大了供货人的范围,不仅是供货合同的出卖人,也包括只取得对租赁物的占有和使用权,而供货人保留租赁物的所有权的情况。

第五章　融资租赁合同的订立、变更和终止

第一节　融资租赁合同的订立

一、合同订立的一般原理

（一）合同订立的概念

合同订立是指两个或两个以上的当事人做出要约和承诺的意思表示并达成合意成立合同的过程和状态。合同订立是动态与静态相结合的过程。其动态过程包括合同缔约方接触、协商等在达成协议前的讨价还价过程，如要约和承诺。静态是指缔约达成合意，合同主要条款即当事人权利义务有关条款在合同中得以固定。需要注意的是，合同订立并不等于合同成立。合同成立是一个静态过程，仅仅标志着合同的产生和存在，而合同订立的结果是合同成立，除此之外还涵盖了动态的协商过程。

（二）合同成立的一般要件

合同成立的要件可分为一般要件和特殊要件，一般要件主要有：

1. 缔约主体

缔约主体是指实际订立合同的人，可以是合同的当事人，也可以是当事人委托的代理人。因为合同是双方法律行为，因此缔约主体必须两个或两个以上。我国《合同法》第 2 条规定："本法所称合同是平等的自然人、法人、其他组织之间设立、变更、终止民事权利义务关系的协议"，由此可知，缔约主体可以是自然人、法人或其他组织。但缔约主体应当具备相应的民事权利能力和民事行为能力。

2. 合意

当事人对合同的主要条款达成一致意见合同才成立。合同类型多样，因此内容也不尽相同。但就合同内容而言，通常可分为必要条款与非必要条款。一般认为，合同当事人对必要条款达成合意合同即告成立；对于非必要的条款，当事人特别表示必须达成合意的，则当事人对必要和非必要条款都达成合意合同才成立。必要条款一般包括当事人的姓名或名称、标的、数量等。

3. 标的

所谓标的是指合同成立的目的,也就是当事人订立融资租赁合同所要追求的法律效果。显然,当事人双方订立融资租赁合同各有其核心的目的:承租人为了取得对租赁物的占有、使用和收益;而出租人则为了收回租金,获得融资的利益。因此,占有并使用租赁物的权利和收取租金的权利就是融资租赁合同的标的。传统上,合同的权利义务也被称为合同的内容。

除了上述一般要件外,由于合同的性质和内容不同,许多合同仍有其特定的成立要件。比如要式合同,需要履行一定的形式才能使合同成立;又如实践合同,在交付标的物后才成立。

(三)要约

要约是指一方当事人为与他人订立合同而向其发出的意思表示。根据我国《合同法》第 14 条规定:"……要约应当符合下列规定:(1)内容具体确定;(2)表明经受要约人承诺,要约人即受该意思表示约束"。对该条进行学理性的阐释,要约的构成要件包含以下几点:

1. 要约需是特定人所为

要约的目的在于缔结合同,其是由要约人(发出要约之人)向相对人(受要约之人)做出的意思表示。受要约人向要约人做出承诺则合同成立,要约人若非特定,则受要约人难以做出承诺,合同无法成立。因此,要约人必须是特定人。此处的特定人,只要是外界能客观确定的人,可以是自然人、法人或其他组织,也可以是本人或代理人。

2. 要约需向相对人发出

如前所述,要约需经过相对人的承诺才能成立合同。因此,要约必须是向相对人发出的意思表示,要约属于有相对人的意思表示。相对人一般是特定人,在特殊情况下,也可以是不特定人,如以广告形式发布的要约。

3. 要约的内容必须具体确定

即要约内容需具体确定,不能含糊不清,而是一旦被对方接受就可以形成有约束力的合同。否则,对于模糊的要约,受要约人难以了解要约人的真实意图,难以承诺。此处的"具体确定"在《合同法》上并无具体规定,通常认为要约内容的具体确定是指:第一,要约人表明缔约的意愿,即要约一旦为对方当事人接受,即成立合同关系;第二,要约中应包含未来合同的主要条款。这些内容在要约做出时就确定或者是在未来的某个时刻当事人可以依据法律规定或当事人意思表示可确定的均可。

4. 要约人有受拘束的意思

要约人发出要约是希望与他人订立合同,所以在要约中应当表明"经受要约人承诺,要约人即受该意思表示的约束",只有这样,受要约人才能放心做出承诺。这一点也是要约与要约邀请的主要区别。要约邀请是希望对方向自己发出要约的意思表示。该意思表示在内容上与要约往往难以区别,但其法律效果与要约截然不同。要约邀请对表意人没有拘束力,只是缔约的准备行为。

要约在具备上述要件后还需要经过一定的形式才能发生效力。要约的生效一般采用"到达主义"原则,即要约在达到受要约人时生效。根据要约人做出要约的形式不同,"到达"也具有不用的标准。具体而言,如果要约是以对话方式做出的,一般认为要约的发出与到达是同时的,原则上即时生效,此时又称为"了解主义"。而以非对话方式做出的要约,一般认为要约达到受要约人控制并应当能了解的地方即可。如信件到达受要约人的办公室或收发室;采用数据电文形式发出的要约,受要约人指定特定系统接收数据电文的,该数据电文进入该特定系统时视为到达。而如果要约的相对人不特定的,如以广告形式发出要约,则此时要约生效采取"发出主义",即广告发出、要约生效。要约一经生效后即具有约束力,即要约人在要约生效后不得随意撤销或对要约加以更改。法律赋予要约约束力的目的在于保护受要约人的信赖利益。

(四)承诺

承诺是指受要约人做出的同意要约的意思表示。一项有效的承诺应当符合以下要件:

1. 承诺必须由受要约人向要约人做出

承诺是对要约的答复,根据要约约束力的原则,只有受要约人才有承诺的资格。要约人是特定人时,承诺应当由该特定人做出;受要约人为不特定人时,承诺可以由任何人做出。承诺可以由受要约人本人或其代理人做出,除此之外的第三人所做出的同意要约的意思表示都不能视为承诺。承诺可以向要约人本人或其代理人做出,向第三人做出的承诺也不能被认定为承诺。在合同的订立和履行没有特定人身性质的情况下,即使要约人死亡,受要约人仍然可以向要约人的继承人做出承诺。

2. 承诺的内容必须与要约内容一致

我国《合同法》第30条规定:"承诺的内容应当与要约的内容一致。受要约人对要约的内容做出实质性变更的,为新要约";第31条规定:"承诺对要约的内容做出非实质性变更的,除要约人及时表示反对或者要约表明承诺不得对要约的内容做出任何变更的以外,该承诺有效,合同的内容以承诺的内容为准"。若要求承诺与要约完全一致,则规定过于机械,不利于促进交易。合同法中对此作了修正,认为对要约实质内容做出变更的,视为新要约,而对要约内容做出非实质变更的,则承诺原则上有效。

3. 承诺必须在有效期间内做出

要约人在要约中确定的受要约人做出承诺的期限就是要约的有效期限,受要约人应当在承诺期限内做出承诺的意思表示。承诺期限的确定有两种方式：一是要约中规定了承诺期限的，受要约人应当在该期限内做出承诺；二是要约人在要约中没有明确承诺期限的，应当根据要约的方式不同而分别确定：要约以对话方式做出的，受要约人应当即时做出承诺，以非对话方式做出的，在合理期限内做出承诺。合理期限需要考虑的因素包括：要约到达受要约人的时间、受要约人收到要约后进行分析判断的合理时间、受要约人发出的承诺通知达到要约人的合理时间。根据我国《合同法》第 28 条可知，受要约人超过要约的有效期限做出承诺的，合同不能成立，该承诺视为新的要约。

承诺是一种意思表示，意思表示可以以明示和默示两种方式做出。明示的承诺是指采取语言文字的方式使要约人知道受要约人同意缔约的意思，可以采用口头方式，也可以采用书面方式，只要是能够明确表达同意接受要约的意思即可。原则上承诺都采用明示的方式。默示的承诺是指依可推定之行为做出的承诺。即承诺人没有采取语言文字的形式，而是以实际行动表明其接受要约的意思，此时承诺是一种推定的意思表示。如出租人向出卖人发出购买某种设备的要约，出卖人在接到该要约后并未书面或者口头向要约人做出承诺，而是直接把相关设备运送至买受人或者承租人处，此时出卖人的行为就可推定其具有承诺的意思。

承诺生效时合同即宣告成立，因此承诺可以撤回，但不可撤销。承诺撤回是承诺人阻止承诺发生法律效力的一种意思表示，我国《合同法》第 27 条规定承诺撤回的通知必须先于或同时与承诺到达要约人，才可以发生阻止承诺生效的效果。

二、融资租赁合同订立的特殊问题

就融资租赁合同而言，除了需要满足合同订立的一般条件以外，还需要满足合同成立的特殊要件。接下来，就融资租赁合同订立的特殊问题进行讨论。

（一）融资租赁合同的订立主体

订立任何合同都有解决当事人主体资格的问题，即需确定准备订立合同的各方都具有签订合同的能力或资格。融资租赁合同对出租人和承租人的资格要求各不相同，在实践中应当分别审查。

1. 融资租赁合同出租人的主体资格

对于融资租赁合同出租人的资格，我国《合同法》并未做出特别规定，似乎与一般合同并无差异。事实上并非如此，融资租赁具有明显的融资性，出租人要根据承租人的选择购买租赁物，而租赁物的价值一般都较大，因此出租人须具备一定的资金实力。同时，正因为融资租赁具有融资性，其会对国家的金融管理秩序产生影响，因此就需要国家加强监管并通过行政审批程序控制融资租赁公司的数量。综上所述，只有经过行政审批、具有经营融资租赁业务资格的租赁公司才可以成为融资租赁合同的出租人。

2. 融资租赁合同承租人的主体资格

融资租赁业务的特殊性对融资租赁中出租人的主体资格在法律上提出了要求,但对于承租人的主体资格,法律和事实上都没有特殊要求。也就是说,融资租赁中的承租人可以是一般民事主体。但根据《合同法》第9条第1款的规定,承租人需要具备相应的民事权利能力和民事行为能力。

(二)融资租赁合同的形式

融资租赁合同的出租人与承租人就各自的权利义务达成合意后,需要通过一定的方式将合意的内容表达出来,这种表达的方式就是融资租赁合同的形式。通常合同的形式可以是口头形式、书面形式及其他形式。《合同法》第238条第2款规定:"融资租赁合同应当采用书面形式"。为什么融资租赁合同要采用书面形式?这要从融资租赁合同的特点来理解。融资租赁合同涉及的交易过程复杂、金额巨大、履行期限较长。而书面合同具有内容直观、便于固定和保存证据等优点,在合同履行中发生纠纷能够做到有据可查。因此融资租赁合同采用书面的形式能够保证当事人完全、准确的履行义务,也有利于在纠纷发生后裁判机关认定事实。

《合同法》第11条规定:"书面形式是指合同书、信件和数据电文(包括电报、电传、传真、电子数据交换和电子邮件)等可以有形地表现所载内容的形式",结合该条规定及实践经验,融资租赁合同的书面形式主要有三种:第一,融资租赁合同书,即载有融资租赁合同内容的文书。当事人将合意的内容以文字形式记录在一起,并以条文形式进行整理,形成融资租赁合同书。第二,信件,当事人通过信件的形式对融资租赁事项进行协商并达成一致的,也构成书面形式的融资租赁合同。第三,数据电文。随着科技发展,传输信息的方式越来越多,数据电文指经由电子手段或类似手段生成、储存或者传递的信息,比如电子邮件、电报、传真等。

第二节　融资租赁合同的生效

合同生效是指合同对当事人产生法律约束力。我国《合同法》第44条规定,依法成立的合同,自合同成立时生效。融资租赁交易中包含两个合同,即买卖合同与租赁合同,且两个合同相互联系。因此,对于融资租赁合同生效也存在多种不同观点。

一、独立生效说

独立生效说认为融资租赁交易中的租赁合同与买卖合同相互独立、不相影响,其中一个合同的成立生效并不影响另一个合同的成立生效。从出租人与承租人所订立的租赁合同的内容看,它一般只是约定一方有交付租赁物的义务,另一方则有缴纳租金的义务。不必约定必须等出租人交付租赁物后才生效。若出租人到期不交付租赁物,则为违约,应当承担违约责任。因此,出租人与承租人所订立的合同一般应自成立起生效。

此种观点的优点是可以防止融资租赁合同中的两方当事人恶意串通,欺诈损害另一方当事人的利益。但其否定了买卖合同与租赁合同间的密切联系,剥夺了在买卖合同上有重大利益的承租人对该合同生效的参与决定权利。

二、非独立生效说

非独立生效说认为,融资租赁中的两个合同相互联系,相互影响,因此,买卖合同和租赁合同不能独立生效。此种理论中又有两种观点:一种观点认为租赁合同签订以后,出租人与出卖人之间还应当签订一个买卖合同,应当以买卖合同的生效时间确定融资租赁合同的生效时间。若租赁合同不以买卖合同的成立生效为前提,则会存在尽管承租人是买卖合同的实质上的买受人,却无法否定买卖合同中对自己不利的条款的情形。另一种观点认为,买卖合同生效必须以租赁合同的订立为前提。该观点认为,虽然有时先签订租赁合同,有时先签订买卖合同,但租赁合同的生效依一般合同的生效规则,而买卖合同则应在租赁合同订立后方可生效。实践中存在租赁合同成立并生效后,买卖合同并未生效的情形。此时如因供应商对买卖合同临时有异议等导致买卖合同不成立,对于出租人而言履行租赁合同就存在很多障碍。此种观点的不足之处在于,未注意到融资租赁合同是一种独立的交易类型,如果认为融资租赁合同必须以买卖合同的生效为前提,买卖合同不生效则融资租赁合同也不生效,也不利于当事人信守融资租赁合同。

三、租赁合同交付生效说

交付生效说认为,融资租赁合同是要物合同,即租赁合同自供应商交付设备并经承租人验收和向出租人出具接受设备的收据后才生效。全国人民代表大会常务委员会法制工作委员会所著的《〈中华人民共和国合同法〉释义》中认为:"就租赁与买卖的关系而言,租赁合同自当事人双方签订合同之日起成立,但合同自承租人收到出卖人交付的标的物时生效。"出租人与承租人订立租赁合同,合同已成立,但并未生效,即租赁期间开始计算,用户负有租金交付义务。这一观点强调了交付的标的物对当事人权利、义务确定的重要意义。但该观点存在如下缺点:(1)由于我国现行法没有规定租赁合同是一种实践合同,即使强调融资租赁合同的租赁性质,也不能够因此确定其必然是要物合同或者实践合同,因为其缺乏法律上的依据。(2)出租人的风险不合理地增大了,例如一旦供应商交货迟延,则出租人投资不能按期收回。(3)现代融资租赁法的趋势是出租人不承担设备瑕疵责任,而由承租人根据买卖合同和租赁合同的约定直接请求供应商承担责任。若依租赁合同交付生效说,租赁合同未生效,承租人不可能行使请求权,只能由出租人行使请求权,这实际上是将设备的瑕疵责任转由出租人直接承担,虽然符合传统租赁合同的规定,但有违融资租赁合同的本质特点——出租人只承担作为独立融资人的支付设备价款的义务,承租人自己承担除支付价款外的全部买方责任和风险,该学说增加了承租人的风险。(4)该学说是把融资租赁合同中的租赁合同视为要物合同、实践合同,不符合现代经济合同中实践合同、要物合同逐渐缩小的趋势。而且在保障交易安全上,诺成合同比实践合同更合理,当事人能对将来的履行更有把握性,尤其是对于融资租赁合同这种由两个合同、三方当事人组成的复杂合同,涉及金额较大,合同履行期限较长,更必须以诺成合同来将当事人之间的权利义务关系预先明确化。

四、两合同同时生效说

该学说认为应让两个合同同时生效,不是指成立时间上的完全一致,而是指同时具备生效条件。可以通过附合同生效条件的方式来解决这一问题,即在租赁合同中约定:租赁合同在买卖合同成立并经承租人同意的情况下生效;在买卖合同中约定:买卖合同经承租人同意并在租赁合同生效后生效,这样可以有效克服两个合同因生效规则不同而对整个融资租赁交易产生的不利影响。

本书支持两合同同时生效学说,因其较好地体现了融资租赁合同是由两个合同、三方当事人组成的统一交易整体这一本质特征,并且兼顾了租赁合同是两个合同中的主要合同这一特点。融资租赁合同是经济实践自然发展的产物,是经济主体在传统交易形式上的自发创造,它并不是法律的主动创新,它在现实的经济生活中仍在不断发展创造新的模式。法律作为经济生活的反映,应当尊重这一客观现实,给当事人自由创造的空间。因此当事人对此没有明确约定时,可以两合同同时生效说作为合同生效的判定原则。

第三节　融资租赁合同的变更

一、融资租赁合同变更的含义

现实生活的复杂性决定了合同当事人在订立合同时无法对合同的方方面面都做出明确具体的约定,因此在合同的履行过程中会发生当事人对权利义务的修改。合同变更有广义与狭义之分。广义的合同变更包括合同主体变更与合同内容变更。而狭义的合同变更仅指合同内容的变更,即在合同履行过程中,当事人就合同的内容达成修改的合意。

本书认为,融资租赁合同的变更是指在融资租赁合同的履行过程中,经当事人协商一致,或者根据法律规定,变更融资租赁的主体或者对融资租赁合同的具体内容进行修改和补充。

二、融资租赁合同变更的类型

融资租赁合同变更是根据合同履行条件的客观变化而对融资租赁合同的履行做出的必要调整,主要包括两种类型:

(一)融资租赁合同主体的变更

融资租赁合同主体的变更又称为融资租赁合同的转让,是指融资租赁合同中的当事人将其自己在合同中所拥有的权利义务部分或全部地转让给第三人的情形。在这种情形下,合同内容并不改变,当事人之间的权利义务也不改变,第三人完全或部分地承担转让人的权利和义务。融资租赁合同主体的变更又可分为出租人的变更与承租人的变更。

不论是出租人还是承租人的变更,其变更的原因有二:一是主体发生分立或者合并;二是主体将其权利义务概括转让。

1. 主体发生分立或者合并

因主体发生分立或者合并而引起的融资租赁主体变更,无论是出租人还是承租人的变更,其处理方式一致。根据我国《合同法》第 90 条的规定:"当事人订立合同后合并的,由合并后的法人或者其他组织行使合同权利,履行合同义务。当事人订立合同后分立的,除债权人和债务人另有约定的以外,由分立的法人或者其他组织对合同的权利和义务享有连带债权,承担连带债务"。也就是说,出租人或承租人在订立合同后发生合并的,由合并后的法人承担其在原合同中的权利义务;若在订立合同后分立的,权利义务的承担有约定的按约定,没有约定的由分立后的法人承担连带责任。

2. 主体将权利义务转让

在融资租合同成立后,承租人负有支付租金的义务,出租人享有接受租金的权利。因此,出租人将权利转让可视为是债权的转让,承租人转让义务可视为是债务的转让。二者在转让时所需具备的条件有所不同。

我国《合同法》第 80 条规定:"债权人转让权利的,应当通知债务人。未经通知,该转让对债务人不发生效力",由此可知,融资租赁中的出租人转让其权利时应当通知承租人,没有通知的,该转让对承租人不发生效力,也即承租人仍可以向出租人履行义务而不向债权人受让人履行义务。出租人变更后,除了专属于出租人的权利外,与出租人有关的一切权利都一并转让,也就是说出租人与承租人之间的权利义务内容实质上是不变的。同时,出租人转让权利的通知一经到达承租人即发生出租人变更的效力。

《合同法》第 84 条规定:"债务人将合同的义务全部或者部分转移给第三人的,

应当经债权人同意",因此,承租人转让其在融资租赁合同中的义务的,应当先征得出租人的同意。没有取得出租人同意的,承租人转让其义务的行为对出租人不发生效力,出租人仍然有权要求承租人向自己支付租金,承租人不得拒绝。同时,因承租人转让义务导致承租人发生变更的,新的承租人可主张原承租人对出租人的抗辩权,但该抗辩权专属于原承租人的除外。

（二）融资租赁合同内容的变更

融资租赁合同内容的变更是指在合同履行过程中,根据法律的规定或者当事人的约定,对合同条款的修改、补充。融资租赁合同因牵涉金额较大、涉及多方当事人等原因,更改合同内容需十分谨慎,必须是双方当事人协商一致或者具备法律规定的情形才可以对合同约定的权利义务内容进行必要的修改或补充。

融资租赁合同内容的变更需具备以下几个条件:

第一,合同内容变更必须发生在合同履行期限内,即在合同订立后、履行完毕之前。在合同尚未订立或已经履行完毕的情形,对合同内容进行变更没有任何意义。

第二,需双方当事人协商一致或遵守法律规定。如果合同的变更仅由一方当事人决定,未与另一方当事人协商,则单方面变更融资租赁合同内容的行为不发生法律效力。同时,双方当事人必须对协商更改的内容做出具体明确的约定。根据合同法的规定,对合同变更内容约定不明确的,视为未变更。此外,还可根据法律规定变更合同的内容,如情事变更原则、公平原则,以及发生受欺诈、受胁迫、重大误解、乘人之危等情形。

第三,变更方式必须符合法律要求。《合同法》第 77 条第 2 款规定:"法律、行政法规规定变更合同应当办理批准、登记手续的,依其规定",法律对融资租赁合同内容的变更规定了特定程序的,必须采取法律规定的程序,按照法律规定的形式进行变更。根据情势变更原则等法定情形变更合同的,通常要通过法院或仲裁机构裁判以裁判或仲裁的方式来变更。

在实务中,融资租赁合同内容的变更主要包括租赁物的变更、租金的变更以及履行时间、地点和方式的变更。

租赁物是融资租赁合同的标的物,是出租和承租人权利义务指向的对象,因此,租赁物的变更必须经过双方当事人的同意,不得由一方当事人随意更改。在租赁物交付给承租人使用前,租赁物的变更需要经过出租人、承租人和出卖人共同协商决定。而在租赁物交付给承租人后变更的,需要经过出租人、承租人的一致同意。究其原因,融资租赁交易中涉及两个合同,即买卖合同和租赁合同,而两个合同的标的物都是同一租赁物。因此,租赁物的变更需要经过有关的当事人一致同意。此外,合同法第 241 条规定:"出租人根据承租人对出卖人、租赁物的选择订立的买卖合同,未经承租人同意,出租人不得变更与承租人有关的合同内容"。也就是说,出租人与出卖人对买卖合同中有关承租人的内容的变更(主要是标的物的变更),也必须征得承租人的同意。这是因为,虽然买卖合同是融资租赁之外的一个合同,但买卖合同标的物会影响承租人订立融资租赁合同的目的。在融资租赁合同中,租赁物的规格、品质及技术性能指标的变化是典型的变更形式。

融资租赁合同中与租金相关的内容有租金的总额、租金支付方式和期限。因此,租金的变更就是双方当事人协商变更上述有关内容。但在实践中,一般不变更租金的总额。租金总额的构成包含三部分:(1)租赁物的购置成本及租赁手续费;(2)租赁期间的利息;(3)出租人的利润。租金支付期限的变更对租赁期限往往会产生直接影响。比如在约定租赁期限届满后租赁物归承租人所有的情形中,若承租人缩短了租金支付期限,实际上就是缩短了租赁期间,从而能够提前获得租赁物的所有权。相对地,如果承租人推迟支付租金导致其租金支付周期延长时,也就延长了租赁期间,其获得租赁物所有权的时间也推迟。此外,在跨国融资租赁中会涉及货币兑换率的问题,因此在合同履行过程中,可能也会出现变更租金支付方式的情形。

出租人和承租人可协商变更原合同中约定的租赁物的交付时间、地点与方式。若在租赁物交付前更改,需要征得设备供应商的同意,因更改而增加了设备供应商的履行费用,应当由出租人与承租人分担该笔费用。若在租赁物交付后更改,则不必征得供应商的同意。

第四节　融资租赁合同的终止

融资租赁合同的终止是指在融资租赁合同成立后,基于一定的法律事实,经过特定的法律程序,当事人之间因融资租赁合同产生的权利义务关系归于消灭。融资租赁合同只有具备合法的原因并经过法定程序才能够终止,因终止的原因不同,在当事人之间也会产生不同的法律后果。

一、融资租赁合同终止的原因

融资租赁合同终止的原因与普通租赁合同终止的原因大体上是一致的。但融资租赁合同有一重大特殊之处,即租赁物因不可归责与双方当事人的事由消灭,合同并不当然终止,承租人仍然负有向出租人交租租金的义务。融资租赁合同终止的原因具体而言有以下几种:

(一)租赁期间届满

融资租赁合同一般都会约定租赁期间,且租赁期间的长短通常与租赁物的使用年限相当。在租赁期限届满后,当事人已完全履行了自己的合同义务,再加上此时租赁物的残值不多,一般也不存在续租的必要。因此,租赁期限届满,租赁合同终止,当事人的权利义务关系消灭。

(二)融资租赁合同解除

融资租赁合同解除是指在合同有效成立后履行完毕前,因一方当事人的意思表示或者双方的协议,消灭合同确立的权利义务关系。融资租赁合同的解除是合同终止的重要原因,合同解除后未履行的部分不再履行。融资租赁合同的解除又可分为约定解除与法定解除。

1. 约定解除

约定解除又分两种情况,一种是通过约定为一方设定解除权,又称为约定单方解除,另一种是协议解除。约定单方解除是指根据当事人双方的约定,给一方或者双方保留解除权。而协议解除则是指双方当事人就合同解除达成协议。融资租赁合同的特性要求在合同履行中一方不得任意解除合同。在这类合同中,出租人根据承租人的选择购买的租赁物一般具有专业性和针对性,若承租人解除合同,出租人不仅难以收回租金以抵偿其购置租赁物所花费的成本,而且难以将租赁物再次出租。同样,如果出租人解除合同,收回租赁物,则承租人将被迫中断生产经营活动,会面临巨大损失。但在实践中,当事人可以通过约定保留解除权或通过协商解除已经设立的权利义务,这是当事人意思自治原则及合同自由原则的体现,也是根据实际经营需要而做出的灵活安排。

2. 法定解除

法定解除是指解除合同的条件由法律规定,当这种条件具备时,当事人可以将合同解除。法释〔2014〕3号中第11、12、13条对此作了规定。

该解释第11条规定的是出租人和承租人双方都享有解除权的情形,即:(1)出租人与出卖人订立的买卖合同解除、被确认无效或者被撤销,且双方未能重新订立买卖合同的;(2)租赁物因不可归责于双方的原因意外毁损、灭失,且不能修复或者确定替代物的;(3)因出卖人的原因致使融资租赁合同的目的不能实现的。在融资租赁交易中包含买卖和租赁两个合同,因买卖合同被解除、被确认无效以及被撤销而导致出租人无法取得出卖物必定会影响后续融资租赁合同的履行。因为买卖合同中的标的物即使融资租赁合同中的租赁物,买卖标的物无法取得的后果将导致租赁物无法交付,或者租赁物毁损、灭失不能修复、补救的,就会造成履行不能的后果。由此可见,买卖合同虽然独立于融资租赁合同之外,但对融资租赁合同的履行有重大影响。因出卖人的因素也会直接致使融资租赁合同履行不能。租赁物是融资租赁合同的标的物,在租赁期间由承租人占有、使用和收益,出租人仅享有名义上的所有权。承租人对租赁物有妥善保管、维修的义务,并承受租赁物的风险负担。因此,当租赁物毁损、灭失时,承租人有义务进行修复或者寻找替代物,如其未能做到,合同即陷入履行不能。在传统的民法观点中,基于不可抗力导致合同履行不能的,双方当事人都享有解除权;基于一方违约导致合同目的不能实现的,守约方享有解除权。由此会认为,在因出卖人导致合同履行不能时,在出租人和承租人间客观上似乎是出租人违反了提供租赁物的义务,因此承租人享有解除权。这种观点虽然具有一定的法理基础,但在融资租赁合同中并不适用。事实上,在非因双方原因导致合同履行不能时,认定违约方和守约方都十分困难。如在上述例子中,出卖人是由承租人选择,如果认为是出租人违约,显然不公平。易言之,融资租赁合同形式上违约方与过错方往往不一致。此外,在非因双方原因导致合同履行不能时,由哪一方行使解除权并没有实质上的影响,也不会影响当事人追究过错方的责任。因此,在上述情形中,融资租赁的出租人和承租人皆享有解除权。

该解释第 12 条规定的是出租人可解约的情形:(1)承租人未经出租人同意,将租赁物转让、转租、抵押、质押、投资入股或者以其他方式处分租赁物的;(2)承租人未按照合同约定的期限和数额支付租金,符合合同约定的解除条件,经出租人催告后在合理期限内仍不支付的;(3)合同对于欠付租金解除合同的情形没有明确约定,但承租人欠付租金达到两期以上,或者数额达到全部租金百分之十五以上,经出租人催告后在合理期限内仍不支付的;(4)承租人违反合同约定,致使合同目的不能实现的其他情形。上述四项的共同之处均是承租人的违约情形。第一项是承租人未经出租人同意处分租赁物,对出租人的所有权及合同债权都构成了威胁,是严重的违约行为。第二项是违反了租金给付义务。第三项也是承租人违反租金义务,在欠付租金的情形下,又满足"欠付租金期限为两期"或"欠付金额达总额的15％"中的一种情形,经催告仍不支付,构成恶意违约。第四项则是兜底条款,防止承租人的其他违约行为给出租人带来损失。

该解释第 13 条规定的是承租人单方可解约的情形:"因出租人的原因致使承租人无法占有、使用租赁物,承租人请求解除融资租赁合同的,人民法院应予支持。"根据第 12 条的规定,出租人享有解除权是因为承租人发生了严重违约的行为。同理可知,承租人享有解除权,也应当从出租人重大违约着手。在融资租赁合同中,出租人具有交付租赁物,并保证承租人的占有、使用权益不受影响的义务。因此,如果出租人违反交付租赁物的义务或出租人违反平静占有义务而导致承租人无法占有、使用租赁物的,同时承租人采取了所有补救措施仍然不能占有、使用租赁物的,应认定出租人严重违约,承租人享有解除权。

(三)债权债务归于同一人

凡是合同,必然有双方当事人。当债权债务同归于一人时,合同就会因为丧失相对性而无法存在,合同关系应终止,融资租赁合同也不例外。在融资租赁合同中,若出现出租人与承租人合并,或者出租人以租赁物为成本向承租人投资等情形,双方当事人即变为一方当事人。无论是债权债务都归于出租人,还是都归于承租人,合同都会终止。

（四）裁判终止

裁判终止是指由人民法院或仲裁机构裁决融资租赁合同终止。在融资租合同订立后履行完毕前，一方或者双方当事人对融资租赁合同的条款或者履行有争议的，可以起诉到人民法院或者向仲裁机构申请仲裁。人民法院或仲裁机构经审理查明后，认为当事人的争议足以导致合同关系终止的，做出相应的判决，终止合同关系。在合同终止后，不影响已经履行的合同的效力，也不会影响当事人要求损害赔偿的权利。

二、合同终止的法律后果

融资租赁合同终止后虽然双方当事人的融资租赁关系归于消灭，但双方仍会基于合同终止而产生相应的法律后果。

（一）租赁物的处理

在租赁期间，出租人对租赁物享有所有权。融资租赁合同终止后，对租赁物的处理，依合同的约定不同而不同：一是约定租赁期间届满后，租赁物归承租人所有；二是约定租赁期间届满后，租赁物归出租人所有，承租人将租赁物返还给出租人。除此之外，若当事人未对租赁期间届满租赁物的归属做约定或约定不明的，按照《合同法》第 61 条也无法确定的，应当认定租赁期满后租赁物归出租人所有。在约定租赁期间届满后租赁物归出租人所有或者没有约定租赁物归属的情况下承租人破产，租赁物不属于承租人的破产财产，出租人享有取回权。取回权是指破产管理人所接管的财产中，有属于他人财产的，该财产所有人不用依据破产程序而直接请求从破产财产中取回的权利。依据取回权的行使基础和取回权人的地位，可以将取回权分为一般取回权和特殊取回权。一般取回权，是指第三人的财产因寄托、借贷、租赁等关系而被破产人占有，并被破产管理人依职权接收而归入破产财产时，该财产的真正权利人有权从破产管理人处取回自己的财产。其权利行使依据是基于破产法以外的原因而行使的权利。在融资租赁合同中，承租人破产时，出租人就租赁物所享有的取回权即属前述的一般取回权。而特别取回权则是权利人根据破产法所规定的原因而行使的权利。

（二）结算与清理

融资租赁合同终止后，当事人间的权利义务关系归于消灭，当事人已经履行的部分仍然有效。因此，对于已经履行的部分进行结算并对未履行部分进行清理是有必要的。根据《合同法》第 98 条的规定，合同的权利义务终止后，不影响合同中结算和清理条款的效力。因此，对于合同中原本有约定的，应按照约定的方式进行结算清理，没有约定的，则按照法律规定的程序和方法进行。通常，对于融资租赁合同已经履行部分的结算，主要是对承租人已经支付的租金的清算；对于尚未履行部分的清理，主要是对承租人尚未支付的租金的清算以及对租赁物残值价值的评估。

（三）违约责任与损害赔偿责任的承担

因当事人违约而导致融资租赁合同被解除的，违约方需承担违约损害赔偿责任。具体而言，若承租人违反租金义务或未经出租人同意处分租赁物的，承租人应当向出租人承担违约责任并赔偿损失；出租人不提供租赁物或提供的租赁物不符合约定的，应当向承租人承担违约责任并赔偿损失。若双方在合同中约定了违约金条款，可直接适用违约金条款。

案例分析

【案情】

东租公司与电子局签订了融资租赁合同，双方约定由东租公司按照电子局的要求购置设备，电子局将租金分6次付清，每6个月付一次，未能到期支付租金需付延迟利息，且由国际合作公司为电子局作担保。同时合同还约定，若电子局不支付租金，东租公司可以要求即时付清租金一部分或全部，或径行终止合同，收回租赁物。东租公司购买租赁物后按照电子局的指示安装在无线电二厂使用。设备投产后因销路不好，开工不久即停产，电子局和无线电二厂自约定交付第一期租金起就未如数支付租金。经催告无果，东租公司向法院诉请要求被告按合同约定支付租金及利息。

电子局辩称原告在明知第三人经营情况不好，无力偿还全部租金及利息的情况下，不采取坚决措施收回租赁物，致使损害扩大，应对此承担责任。同时，电子局是一个行政机关，不是一个真正的经济实体，实际承租人是无线电二厂，因此租金应当由无线电二厂交纳。

【解析】

法院经审理认为，东租公司与电子局签订的融资租赁合同符合法律规定，应为有效合同。电子局作为承租人没有按照合同规定按时支付租金，构成违约。无线电二厂虽然是租赁物的实际使用人，但不是融资租赁合同的当事人，不应当承担还款的责任。而对于电子局辩称东租公司未及时采取措施致使损害扩大，没有法律和事实上的依据，因此不成立。因此，法院支持原告的诉讼主张，由被告电子局向原告支付租金。

本案的一个争议焦点是租赁期间承租人是否可以要求退回租赁物，东租公司未及时收回租赁物，是否对扩大损失承担责任？这与融资租赁的不可解约性有重要联系。根据融资租赁合同的特性，承租人不可中途退回租赁物或要求出租人收回租赁物，否则会对出租人的利益造成重大损害。即使双方在合同中约定"若电子局不支付租金,东租公司可以要求即时付清租金一部分或全部,或径行终止合同,收回租赁物",但条款中的"可""或"等词语都表明,解除合同是出租人的权利,而非必须履行的义务。

第六章　融资租赁合同的内容

第一节　融资租赁合同的主要条款

一、融资租赁合同的内容概述

我国《合同法》对融资租赁合同有专章规定。就融资租赁合同的内容而言,应从两方面理解:一是民事法律关系方面,合同的内容是指合同当事人依据法律规定和合同约定所产生的权利和义务;二是内在结构方面,合同的内容是指合同的条款。

合同条款是合同内容的外在表现,是确定合同当事人权利义务的根据,必须明确、肯定、完整,且不能自相矛盾。本章将从融资租赁合同条款的结构出发,着重论述融资租赁合同的主要内容。

二、合同的主要条款

《合同法》第 238 条第 1 款规定:"融资租赁合同的内容包括租赁物名称、数量、规格、技术性能、检验方法、租赁期限、租金构成及其他支付期限和方式、币种、租赁期届满租赁物的归属条款。"由此可见,《合同法》第 238 条从"租赁"的角度规定了融资租赁合同的主要条款,具体包括:

(一)租赁物条款

融资租赁的标的物,是承租人要求出租人购买的设备或其他物件,是合同双方当事人权利义务指向的对象。租赁物是融资租赁交易的核心和基础,是连接融资租赁三方当事人、两个合同的纽带,租赁物的性质直接关系到各方当事人的权利和义务。[①]

人民法院在审理认定融资租赁合同关系时,并非限定融资租赁公司的经营范围,而是要解决涉及特定标的物的融资租赁合同性质认定及其法律适用问题。例如,在以无设备载体的软件作为租赁物时,如何解决租赁物的取回及损失赔偿问

---

① 张宇峰主编.融资租赁实务指南.北京:法律出版社,2008:112.

题：是按照借款合同还是按照融资租赁合同的法律规定来确定个案中双方当事人的权利义务关系。

因此，租赁物至关重要，是融资租赁合同的必备条款。合同应首先就租赁物做出明确约定，包括租赁物的名称、数量、规格、技术性能、检验方法等。通常而言，租赁物是价格相对高昂、使用寿命较长的动产，尤指大型机器设备。从我国实践来看，航空器、船舶、大型载重车辆、流水线等生产设备都是常见的租赁物。如果购买的是进口的技术设备，应当对相关的海关关税、增值税及其他的税款、运费负担问题进行约定①。

（二）租赁期限条款

租赁期限，是指融资租赁合同从生效到租赁期届满之日的期间。租赁期限一般根据租赁物的经济寿命、使用及利用设备所产生的效益，由双方当事人商定。融资租赁以承租人获得设备的长期使用利益为目的，且融资租赁标的物价值较高，需考虑出租人收回全部成本和利润的年限，因此租赁期限一般较长，甚至相当于租赁设备的估计使用寿命。

租赁期限与租金有密切联系，一般而言，期限越长，单位租金也就越低，但租金总额可能会增高。期限的长短对于承租人在届满之后选择留购、续租还是退租等也有影响。如果租赁期限接近租赁物的使用寿命，租期结束后承租人选择留购的可能性较大。

融资租赁合同对租赁期限没有约定或者约定不明的，首先应依照《合同法》第61条和第62条规定确定期限，不能确定的，从出租人要求承租人给付租金的宽限期届满之日起算。

（三）租金条款

租金条款是融资租赁合同中的主要内容之一，融资租赁合同中，承租人的主要义务是支付租金。租金条款一般包括租金构成、支付期限和方式、币种等内容。具体而言：

1. 租金的构成

《合同法》第243条规定："融资租赁合同的租金，除当事人另有约定的以外，应当根据购买租赁物的大部分或者全部成本以及出租人的合理利润确定。"融资租赁合同中的租金和普通租赁合同的租金在性质上是不同的，其构成较为复杂，主要由当事人约定的费用、利益、租赁物的全部或者部分价值以及出租人合理利润等几部分组成。

租金中当事人约定的费用、利益包括双方订立合同的费用以及出租人为订立并履行买卖合同的义务所产生的其他的费用。双方当事人在缔结融资租赁合同之

---

①　魏耀荣.中华人民共和国合同法释论（分则）.北京：中国法制出版社，2000：245.

前,通常应当就合同履行过程中的相关事项进行考察,并对合同履行过程中可能产生的费用进行匡算。

租赁物全部或者部分的价值应计入租金,这是由融资租赁的特性决定的。在实践中,由于合同双方的约定或者合同履行中对于租赁物需求的变化,可能导致租赁物本身的价值计入租金的部分进行了相应的变更,但此变更并不影响租金的性质组成。

出租人的合理利润,主要是指出租人基于融资租赁合同的履行所期待获得的利润。这也是出租人参与融资租赁合同的根本原因。在融资租赁合同中,出租人起到的作用是融资。具体而言,就是在融资租赁合同的前期,出租人对于租赁物所有权的获得缔结买卖合同。而作为回报,其享有受领承租人所支付的租金的权利。租赁物的全部或者部分均为出租人在融资租赁合同前期融资的成本,而只有出租人的合理利润才是出租人获利最为核心的部分。

2. 关于币种的约定

融资租赁的标的物也可能是跨国购买的产品,此时,当事人可能需要在租金支付中就币种进行约定。当事人就币种所做的约定往往也能影响到其利益,因为国际汇率不断发生变动,有些货币急剧贬值,有些货币则持续攀升,故对于交易中存在的币种应当事先约定,甚至可以在必要时对此产生的差额作风险控制。

3. 支付方式

支付方式包括以现金、支票等手段支付。通常来说,如果承租人可以一次性支付租金,其就可以通过买卖的方式实现缔约目的,无须使用融资租赁的手段。而采取融资租赁方式的目的之一即是融资,是在承租人没有一次性购买意愿的情况下,愿意多次支付租金的融资方式。由于租金通常为多次支付,出租人依靠借助租赁物实现其担保的功能。在实践中,出租人还会考虑租赁物的担保功能能否完全保护其利益,从而要求承租人额外提供担保,如设立保证等。

4. 支付期限

融资租赁合同是长期的继续性合同,期限较长,租金分期支付,合同双方一般需要对租金支付期限进行明确的约定,以防止由此产生的争议。

(四)租赁期限届满租赁物的归属

融资租赁中,出租人和承租人可以就租赁期间届满后租赁物的归属进行约定。在双方没有约定的情况下,出租人享有租赁物的所有权。

出租人的默认所有权,是因为虽然承租人占有并使用租赁物,但租赁物的物权并没有发生转移,出租人在融资租赁期间享有租赁物的所有权,故融资租赁期限届满时,如果双方未明确约定,所有权属于出租人。承租人继续占有该租赁物的,出租人有权以所有权返还请求权要求承租人返还。由此,合同法第 242 条规定,在租赁物归属于出租人的情况下,由于承租人不享有租赁物的所有权,承租人破产的,租赁物不属于破产财产。若基于双方的约定将租赁物归属于承租人的,应当尊重双方的意思自治。

在实务中,租赁期满,承租人通常有下述选择:(1)将租赁物退还给出租人;(2)以约定租金续租;(3)以支付残值为代价购买租赁物。① 简称为,出租人收回、续租和留购。承租人的选择权通常在合同中约定,并以此条款来确定租赁期间届满租赁物的归属。

依据上述规定,在双方约定租赁期间届满,租赁物归属于承租人的情况下,该租赁物是否属于破产财产? 答案是否定的。因为此处所指的承租人破产在融资租赁合同履行期间而言,承租人处于破产状态,并不具有相应的履行能力,往往导致合同履行障碍,甚至造成合同解除的后果。此时,若将租赁物归属于承租人列为破产财产,将会造成出租人的巨大损失,不但合同期待的利益没有实现,其对租赁物的所有权以及利润也将丧失。因此,不宜认为租赁物为破产财产。

此外,实践中双方当事人可能约定:租赁期间届满,承租人只要象征性地交付一定的对价,即可获得租赁物的所有权。关于此类约定,应当认为只要承租人支付了该对价,就可以获得租赁物的所有权。实际上双方之所以这样约定,是因为出租人对于租赁物的所有权并没有兴趣,而是希望转让给承租人。

(五)其他条款

除了以上条款之外,当事人还可根据实践需要加入其他条款,比如违约金条款。

第二节　融资租赁合同的必备条款和非必备条款

融资租赁合同的必备条款是指依据合同的性质和当事人的特别约定所必须具备的条款,换言之,缺乏这些条款将影响合同的成立。

我国《合同法》第 12 条规定,合同一般包括当事人的名称和住所、标的、数量、质量、价款或报酬、履行期限、地点和方式、违约责任、解决争议的方法等。这些条款中有的是合同的必备条款,有的是合同的非必备条款,应根据合同的性质和当事人的约定来确定。

合同的必备条款主要包括两种:一是根据合同的性质所必备的条款。例如内容的条款。二是根据当事人的特别约定所具备的条款。对于任何非必要条款而言,只要是当事人在合同中特别约定将其作为合同成立的必备条款,则这些非必备条款都可以成为必备条款。例如,当事人在合同中约定,本合同必须经过公证才能

---

① 梁慧星.民法学说判例与立法研究.北京:中国政法大学出版社,1993:196.

有效,则公证就成为本合同的必备条款。

非必备条款是指依据合同的性质,在合同中不是必须具备的条款。换言之,即使合同不具备这些条款,也不影响合同的成立。例如,融资租赁合同中有关履行期限和数量、质量等条款。在缺少这些条款的情况下,当事人完全可以根据《合同法》第 61 条和第 62 条的规定来填补合同的漏洞。

非必备条款和必备条款的区别,主要表现在以下两个方面:第一,是否影响合同的成立。在合同中,必备条款决定合同的成立。合同中没有约定必备条款,而法律又没有补充条款,则合同不能成立。合同中没有约定非必备条款的,当事人可以继续协商,不影响合同的成立。第二,能否通过合同解释规则来填补合同漏洞。在非必备条款缺乏的情况下,可以通过合同解释规则进行解释,必备条款则不然。

第三节　融资租赁合同与格式条款

一、法律法规中有关格式条款的规定

应当采用书面形式的融资租赁合同①,在实践中部分体现为格式条款或格式合同。

格式条款是指,一方当事人为了重复使用而预先拟定,并由不特定的第三人所接受的,在订立合同时未与对方协商的条款。我国法律对于格式条款的特殊规定,主要集中在《合同法》的三个条款,包括格式条款订入合同的要件(《合同法》第 39 条)、无效的格式条款类型(《合同法》第 40 条)及格式条款的解释(《合同法》第 41 条)。

《合同法》第 39 条为格式条款订入合同提供了一般性的规范。根据该条的规定,符合下列要件的格式条款可以订入合同:(1)提供格式条款一方应当依据公平原则确定当事人之间的权利义务;(2)采取合理的方式提请对方注意免除或限制其责任的条款,按照对方的要求,对该条款予以说明。融资租赁合同中的格式条款在《合同法》第 39 条的调整范围之内,应满足该条要件的规定。

二、融资租赁合同中格式条款的内容控制

格式条款的内容控制,是指依据一定的标准,对已经订入合同的格式条款的内容进行审查,以确定其是否有效②。

---

① 《合同法》第 238 条第 2 款。
② 苏号鹏.格式合同条款研究.北京:中国人民大学出版社,2004:249.

（一）应受控制的格式条款范围

合同法对于应受控制的格式条款内容范围没有明确的规定。但并不是所有订入合同的格式条款都应受到审查，对当事人没有争议、没有违反法律要求的条款可以免除审查。应受控制的格式条款的范围应在前述两者之外。

（二）判断格式条款效力的标准

判断格式条款效力的标准，是指在判断格式条款的内容是否违反法律规定、补充性规定或民法基本原则而无效时应当参照的标准。

首先，格式条款是否违反民法和合同法的强制性规定；其次，是否违反民法的基本原则。[①] 具体而言，应当符合法律确定的该类合同的基本内容，或法律的一般原则以及其他的法律法规规定。

在我国，融资租赁合同是有名合同。判断格式条款效力的参考标准首先应是《合同法》第 237 条至第 250 条对融资租赁合同内容的规定。

其次，根据《合同法》第 40 条的规定，融资租赁合同中的格式条款若具有《合同法》第 52 条、53 条的情形，则该条款无效。故《合同法》第 52 条、53 条也应当作为审查融资租赁合同中格式条款是否有效的标准。

最后，如提供融资租赁合同格式条款的一方免除己方责任、加重对方责任、排除对方主要权利的，该条款无效。不过存在例外，依据相关司法解释，在融资租赁合同中，出租人对租赁物质量瑕疵责任的免除及对租赁期间租赁物造成他人人身伤害或是财产损伤的责任免除是有效的。

三、格式合同的解释

格式合同的解释是指根据一定的事实，遵循有关的原则，对格式合同的含义做出说明。根据《合同法》第 41 条，对融资租赁格式条款的解释应遵循下列原则：

（1）应按照通常理解予以解释（《合同法》第 41 条）。所谓通常理解指按照一般理性人的理解和合理的期望。

（2）对格式条款使用人作不利的解释（《合同法》第 41 条）。即对格式条款有两种以上理解的，对提供格式条款的一方作不利的解释。

（3）如果格式条款和非格式条款不一致，应采用非格式条款（《合同法》第 41 条）的解释。

---

① 杜军.格式合同研究.北京：群众出版社，2001：300—324.

第七章　融资租赁合同的效力评价

第一节　融资租赁合同的有效

一、融资租赁合同生效的一般要件

首先,作为一种法律行为,合同的生效是指完全发生了意思表示所表达的法律后果。民事法律行为生效一般应当具备以下要件:行为人具有相应的民事行为能力、意思表示真实、不违反法律或者社会公共利益(《民法通则》第 55 条)。融资租赁合同作为其中一种,应当符合一般的有效要件。

其次,《合同法》第十四章"融资租赁合同"中并没有就该合同生效做出规定。如果当事人没有特别约定,应当适用《合同法》对合同生效的一般规定,即第 44 条第 1 款,依法成立的合同自成立时生效。对于融资租赁合同而言,由于其必须采取书面形式,出租人与承租人在合同上签字或者盖章时,融资租赁合同生效(《合同法》第 32 条)。

二、特殊情形下合同有效与否的认定

融资租赁合同的生效,原则上应该遵守合同效力的一般规定,但基于融资租赁合同的特殊性,在实践中往往出现一些复杂的问题。

《最高人民法院关于审理融资租赁合同纠纷案件适用法律问题的解释》(以下简称《法释〔2014〕3 号解释》)对融资租赁合同的效力认定做了进一步的规定:

(一)行政许可对合同效力的影响

法释〔2014〕3 号解释对有关当事人未经行政许可的合同效力作了进一步地阐明。法释〔2014〕3 号解释第 3 条规定:"根据法律、行政法规规定,承租人对于租赁物的经营使用应当取得行政许可的,人民法院不应仅以出租人未取得行政许可为由认定合同无效。"这是因为,对于特定的租赁物,比如医疗器械,因涉及人民的生命健康安全,有关行政部门有必要就其经营许可做出限制。

此外,在融资租赁交易中,出租人主要承担资金融通的功能,其购买租赁物的目的一般并不是将租赁物作为其自身从事生产经营活动的工具。因此,从融资租

赁物的本质来看,要求出租人具备特定租赁物的经营许可并没有必要。从承租人角度来看,减少对出租人具有此类经营许可的限制,也有利于承租人获得更多的资金支持。为此,法释〔2014〕3号解释阐述道:"根据法律、行政法规的规定,承租人对租赁物的经营使用应当取得而未取得行政许可的,融资租赁合同仍然有效。"

(二)特殊标的物对合同效力的影响

横向来看,在融资租赁较为发达的美欧诸国,租赁物均以工业、交通运输业、信息产业的设备为主。但在我国,以商品房、保障房等民用住宅,以城市道路等基础设施为"租赁物"的"融资租赁合同"大量存在,这与以生产经营设备为主要租赁物的国外融资租赁行业经营实践大异其趣。由此产生的疑问是,这些在融资租赁行业广泛存在的"融资租赁合同",是否属于《合同法》第237条所规定的融资租赁合同?此外,一些无价值的融资租赁物,其交易价值极低,双方签订融资租赁合同是否有效?

1. 对于以房地产作为租赁物的"融资租赁合同"性质认定问题,争议较大,主要有三种观点

第一种观点认为,以房地产等不动产作为租赁物的融资租赁合同无效。另一种认为该合同应该认定构成融资租赁合同关系,合同有效。第三种观点认为,以房地产等不动产作为租赁物的合同,本身不属于融资租赁合同,但是合同仍然有效。在房地产融资租赁方面,常见的租赁模式是由房地产开发商或者保障房建设者作为承租人,由租赁公司作为出租人订立融资租赁合同。

对于这种模式,有学者认为,首先,房地产融资租赁实际上是房地产抵押贷款,属于抵押借款合同关系。认可房地产融资租赁,等于架空了国家的房地产调控政策,也背离了融资租赁服务实体经济的基本职能。其次,从法律规范的适用来看,主流房地产的价值在国内呈持续增长的趋势,与生产设备的折旧耗散不同。租赁期间届满时,房地产租赁物所剩的不是残值,而是超越其购买价值的更大价值。因此,融资租赁法律规范中有关租赁物取回时的价格评估与折抵等规则,均不适用于房地产融资租赁。

但融资租赁行业多认为,银监会、商务部作为融资租赁行业的监管机构均未限制房地产的融资租赁,国外立法及国际公约也无禁止房地产租赁的立法例;而房地产融资租赁因其租赁物登记公示制度健全,是最安全的租赁物,也是融资租赁公司重要的业务和利润来源。认定房地产融资租赁无效,既无法律依据,也会使得既有的房地产融资租赁业务面临巨大的金融风险。

法释〔2014〕3号解释并未否认以房地产为租赁物的融资租赁合同的效力,但此类合同是否属于融资租赁合同尚无定论。对于此类合同的相关解读,应该进一步综合《合同法》第237条的规定和个案解释来探讨。比如,对于租赁物包括企业厂房、设备在内的融资租赁合同,应更倾向于认定构成融资租赁合同关系,理由是

此类租赁物符合银监会及商务部有关租赁物为固定资产的规定,体现了融资和融物相结合的特征,也符合通过融资租赁支持实体经济的产业政策。相对而言,在建住宅商品房项目作为租赁物的合同则倾向于否认其构成融资租赁合同关系,因为其不属于实质意义上的固定资产,一般而言房地产在建项目尚不具备法理上的所有权,故出租人并未实际取得房地产项目的所有权,没有符合融资租赁合同的基础特性。

2. 以权利作为融资租赁物的合同性质的认定

有关权利能否作为融资租赁的租赁物问题,主要涉及三类:一是收费权,如高速公路的收费权;二是专利权、商标权等知识产权;三是计算机软件。

根据法释〔2014〕3号解释,以收费权、商标权、专利权作为租赁物的所谓"融资租赁合同",一般不构成融资租赁关系,应按照其实际的法律关系确定合同的性质、效力及当事人间的权利和义务关系,其原因有三:(1)融资租赁物注重对物的使用,但此类标的物没有这样的特性;(2)融资租赁的租赁物往往涉及折旧、残值的计算和折抵规则,但此类标的物无法实现;(3)既有监管规定将租赁物限定为固定资产,排除了此类权利。故虽有融资租赁之名,也可能不存在融资租赁之实,应当加以辨别。

(三)标的物的价值与融资租赁合同关系的认定

在价值明显偏低、无法起到担保租赁债权实现的情形下,标的物的价值及租金构成的探讨显得尤为重要。

如将价值1000元的设备估价为1000万元的设备作为融资租赁合同的标的物,即使将1000元的设备估价为1000万元,并由"出租人"享有所有权,该租赁物仍然不足以作为出租人的物权保障。实务中,大部分的"出租人"对此往往也是心知肚明的,而多以另外签订保证合同的方式,将其债权保障依附于额外的保证合同。而"出租人"以融资租赁合同的方式安排交易,实为在信贷管制严格的客观条件下,以融资租赁合同的名义变相贷款。

在此交易中,有关租赁物的估价、买卖、残值的约定、取回权的行使,均背离了融资关系的一般法则,如简单按照合同的名称,将其划入到融资租赁合同的法律关系中,不仅违背了双方当事人的真实意思,也将造成事实上的权利义务不对等或者不公。

(四)租金与融资租赁合同法律关系的认定

法释〔2014〕3号解释在起草的过程中,曾经单独将租金过高作为认定不构成融资租赁合同关系的情形之一。但考虑到过高的比例无法具体确定,可能会给司法认定的标准带来不确定性,如果仅以银行利息作为租金高低的认定标准,显然会造成对租赁行业的经营成本估计不够。

为此,有部分融资租赁行业人士认为,《合同法》没有对租金作为合同元素作具体定义,故法释〔2014〕3 号解释也不应将租金纳入融资租赁合同性质的认定标准。但是从融资租赁合同的法律特征和行业共识来看,租金不仅仅是融资租赁合同有别于其他普通合同的重要特征,也是融资租赁合同在现实生活中最重要的条款,是租赁公司确定营利标准的重要考量因素。《合同法》虽然没有在第 237 条有关融资租赁的订立一环中明示租金系融资租赁合同定义的要素,但在第 243 条作了如下规定:"融资租赁合同的租金,除当事人另有约定的外,应当根据租赁物的大部分或者全部成本以及出租人的合理利润确定。"

法释〔2014〕3 号解释将租金的构成作为融资租赁合同关系的认定因素,是因为在融资租赁合同中,租金由出租人的成本加上费用及利润构成,但实务中有的融资租赁合同约定的租金偏高,其实质是以融资租赁合同为掩盖的借贷合同。对此,不宜认定其为融资租赁合同关系。

此外,法释〔2014〕3 号解释将标的物的价值和租金的构成并列,同时作为融资租赁合同认定的因素,主要针对两种情况:一种是标的物价值本身极低;另一种是标的物本身也具有一定的经济价值,但是与租金总额相比,脱离了出租人正常的租金构成的范围。面对此种情况,也应综合考虑当事人之间的权利义务关系的约定、租金构成的因素,来认定是否构成融资租赁合同关系。

对不构成融资租赁法律关系的合同如何处理? 法释〔2014〕3 号解释倾向于认为合同是有效的。构成无效合同取决于两个因素:一是实际合同关系的类型;二是此类合同是否具备《合同法》第 52 条规定的合同无效的情形。从促进交易、减少无效合同的角度,仅因为其实质上不构成融资租赁合同关系,而不适用融资租赁合同的法律规定,并不等于必然应当认定合同是无效的,可以按照合同约定或者其实际构成的有名合同对应的法律规定认定合同的性质、效力及当事人之间的权利义务关系。

案例分析一

【案情】

杜西租赁公司和 K 市政府国有资产投资公司(以下简称 K 公司)订立融资租赁合同,该合同约定杜西租赁公司为出租人,K 公司为承租人,租赁物为 K 公司现有的固定资产 K 市政府 s 区市府大道。杜西租赁公司根据 K 公司的要求,向 K 公司购买市府大道,以租赁给 K 公司供其使用。K 公司直接向杜西公司直接支付合同约定的租金、履行相关的义务。租赁物市府大道租赁成本是一亿元,租金包括租赁物的租赁成本和基于租赁物成本和租赁利率所计算的利息("租赁利息")之和。K 公司每三个月向杜西租赁公司支付一次租金,共分为 20 期支付。

　　杜西租赁公司与 K 公司同时签订了《租赁物买卖合同》,约定市府大道的原始的账面价值为 2 亿元,买方杜西租赁公司的购买价格为 1 亿元。买方向卖方 K 公司支付货款的条件是《融资租赁合同》已经生效。货物所有权自买方支付购买租赁物款项时转移至买方。卖方在收到买方支付的款项后 10 个工作日内向卖方出具《租赁物所有权转让确认书》。当日,K 公司向杜西租赁公司出具了《租赁物所有权转让确认书》,该确认书载明:K 公司已经受到杜西租赁公司根据《租赁物买卖合同》约定应当支付的全部购买价款。市府大道的所有权自购买款项根据买卖合同的约定支付之时起,即归杜西租赁公司所有,购买款项制度时间以银行划拨款收据记载的较早的日期为准,即所有权在付款时同时转移。银行划拨款凭证和收款收据是本确认书有效组成部分。

　　《融资租赁合同》同时约定,起租日为杜西租赁公司按照《租赁物买卖合同》的约定向 K 公司支付购买租赁物货款之日,租赁期限自起租日起算,共 60 个月。双方按照人民银行公布的五年期准贷款利率作为租金的年利率。K 公司应支付预付租金 1000 万元(即成本的 10%),该预付租金由杜西租赁公司从支付给 K 公司租赁物的货款中扣除。K 公司应向杜西租赁公司支付人民币 200 万元作为本租赁项目的手续费,本租赁项目手续费由杜西租赁公司从支付给 K 公司租赁物的货款中扣除。杜西租赁公司享有租赁物的所有权,K 公司享有租赁物的使用权。K 公司确认租赁物的所有权属于杜西公司,且租赁物的所有权在如下任一情形下均不发生转移:(1)租赁期限届满之前;(2)租金没有清偿;(3)没有依照本合同的约定向杜西租赁公司确认转移之前。由于本合同的融资租赁方式为回租,杜西租赁公司、K 公司双方不再办理租赁物的交付手续,杜西租赁公司支付回租物转让价款,即视为 L 公司已经接受租赁物并且验收完毕。租赁物是 K 公司现有的固定资产,K 公司认可租赁物的质量及现状符合要求。租赁物的设置场所为 K 公司经营区域内。在融资租赁合同有效期间,未经过杜西租赁公司书面同意,K 公司不得变更租赁物的设置场所。

　　后因 K 公司未按期给付租金,杜西租赁公司将 K 公司诉至法院,诉请 K 公司支付全部未付租金。

　　法院对于本案合同的性质和效力形成了三种判决。第一种意见认为,本案中《融资租赁合同》合法有效,符合《合同法》有关租赁合同的效力的规定,出租人按照承租人的要求购买了租赁外物,出租人对租赁物享有所有权,承租人对租赁物享有使用权,承租人应按期支付租赁,现承租人违约,应按照合同的约定判令承租人支付全部未付租金。第二种意见认为,本案不属于《融资租赁合同》,市府大道的所有权属于国家,承租人无权转让,出租人也不能取得其所有权,案中虽然约定了承租人对租赁物享有的是使用权,但是市府大道其实并非 K 公司使用,而是由社会公众使用。因此,虽然签订的是《融资租赁合同》,但是从融资租赁物的性质、价值和当事人之间的权利义务约定来看,均不符合《合同法》规定的融资租赁合同的法律关系,故应当认定为无效。第三种意见认为,案涉合同虽然名为"融资租赁合同",但是结合租赁物的性质、价值、租赁的构成以及当事人间的权利义务关系约定来看,属于名为融资租赁,实为借贷。

法院最终采纳了第三种意见,即杜西租赁公司和 K 公司所签订的"融资租赁合同"的性质属于借贷合同,杜西租赁公司履行了放贷义务,K公司没有按照合同的约定还款,构成违约,现杜西租赁公司诉请 K 公司返还全部未付款项,应予支持。故判令 K 公司偿还全部未付款项。一审判决后,双方均未上诉。

【解析】

本案中虽然有租赁物,但是当事人在买卖合同中的标的物到底是市府大道占用的土地的所有权,还是附着于占有的土地上的砾石混合物的所有权,抑或是包括二者在内? 若是土地的所有权,显然属于国有,不能交易;若是砾石混合物,显然不值 1 亿元的价款;二者都包括的话,失去的公路的所有权显然也不归属于杜西租赁公司所有。

融资租赁合同的特点在于融资和融物相结合,租赁物承担物权担保的功能。但在本案中,租赁物能否为杜西租赁公司承担担保功能? 换言之,在 K 公司不履行租金给付义务的时候,杜西租赁公司能收回租赁物么? 答案是否定的。本案中的"融资租赁"只有融资,没有融物。从租金的构成来看,其所约定的租金计算及偿还方式与借贷合同中的本金加利息的方式完全一致;从租金构成来看,1 亿元的价款和市府大道的实物价值并没有对价关系;从双方约定的权利义务来看,虽然另外签订了买卖合同,约定了租赁、使用的权利义务,但具备履行价值和履行可能的,只有资金的给付和偿还义务。因此,本案属于典型的名为融资租赁合同,实为借贷合同关系的纠纷。法院按照本案所实际构成的借款合同的关系确定双方的权利义务关系是妥当的。

第二节　融资租赁合同的无效

一、无效的情形

融资租赁合同的无效是指融资租赁合同虽然已经成立,但是由于违反法律、行政法规的强制性规定或损害国家、社会公共利益而不具有法律约束力。

关于融资租赁合同无效的情形做出规定的现行法律、司法解释有:《民法通则》第 58 条、《合同法》第 52 条以及 1996 年最高人民法院出台的《关于审理融资租赁合同纠纷案件若干问题的规定》,该规定列举了融资租赁合同无效的四种情形:(1)出租人不具有从事融资租赁经营范围资格的;(2)承租人与供货人恶意串通,骗取出租人资金的;(3)以融资租赁合同行使规避国家有关的法律、法规的;(4)依照法律、法规规定无效的。

在经济生活日新月异的今天,对上述关于融资租赁合同无效的规定,是否依旧适用? 最高人民法院司法解释认为,《关于审理融资租赁合同纠纷案件若干问题的规定》已经出台了十几年,制定该规定所依据的法规已经失效,法学理论界和实务界对于合同效力的认识和看法有了新的发展。其中一个重大的变化是《合同法》第 52 条针对原来《民法通则》关于无效民事法律行为的要件作了严格的限制,将无效合同的范围从《民法通则》的违反法律的合同向更广的内容予以限定。有些观点认为,"违反法律"的措辞,可能将地方性法规、部门规章、甚至红头文件涵盖进来。

《合同法》将范围限定在"违反法律、行政法规"范围内,并且特别加上限定词,组成一则清晰明了的强制性规定,严格限制了无效合同的范围。该项立法背后的基本理念就是限制合同无效的范围,从而鼓励交易。① 最高人民法院《关于适用中华人民共和国合同法若干问题的解释(二)》第 14 条对此做了进一步的规定,即《合同法》第 52 条第(5)项的"强制性规定",指效力性强制规定。

因此,对于融资租赁合同无效的情形,应当重新进行分析。融资租赁作为有名合同,要受《合同法》总则规定的约束,《合同法》第 52 条的无效的情形当然适用于融资租赁合同无效的情形。最高人民法院法释〔2014〕3 号解释第 6 条规定的四种情形,其后三种已经被《合同法》第 52 条所吸收,作为认定融资租赁合同无效的依据。对于第一种情形,实践中存在较大争议,法释〔2014〕3 号解释没有对此做出具体规定。因此,综合现存的法律法规,融资租赁合同无效的情形主要有以下几种:

(1)一方以欺诈、胁迫手段订立融资租赁合同,损害国家利益的;

---

① 王利明.合同法无效制度.人大法律评论,2012(1).

（2）恶意串通，损害国家、集体或者第三人利益的融资租赁合同；

（3）以合法的融资租赁合同形式掩盖非法目的；

（4）损害社会公共利益的融资租赁合同；

（5）违反法律、行政法规强制性规定的融资租赁合同。[①]

二、融资租赁合同无效后的财产返还请求权

《合同法》第 58 条规定，合同无效或者被撤销后，因该合同取得的财产应当予以返还；不能返还或者没有必要返还的，应当折价补偿。有过错的一方应当赔偿对方因此受到的损失，双方都有过错的，应该各自承担相应的责任。根据该条规定，合同无效的后果有二：一是返还财产，二是赔偿损失。

由于融资租赁合同中租赁物一方面为承租人长期生产经营所需要，另一方面是出租人实现债权的担保，因此，融资租赁法律关系中物的归属问题具有极其重要的意义。法释〔2014〕3 号解释在坚持和尊重《合同法》第 58 条规定的前提下，根据融资租赁合同自身的特性，综合考虑当事人的过错、租赁物效用的发挥等因素，设定了四种情形：

一是鼓励双方当事人就合同无效时物的归属做出约定；二是无约定的，按照《合同法》第 58 条的规定，租赁物归出租人所有；三是因承租人原因导致合同无效的，出租人不愿意接受租赁物，从保护无过错方的角度，租赁物归承租人所有，并对出租人进行折价补偿；四是从充分发挥租赁物效用、提高资源使用效率角度，在返还租赁物可能对承租人生产经营造成较大影响的情况下，租赁物归承租人所有，并对出租人进行折价补偿。

三、买卖合同与融资租赁合同的相互关系

融资租赁合同的订立，往往是一个三方参与的过程，供货合同、出卖合同与融资租赁合同相伴而生。但是当融资租赁合同被确认无效，供货合同是否无效？出卖合同被确认无效，融资租赁合同是否无效？

实务中，不免有法院审理时认为二者具有必然的互导关系，这对合同无效的本质理解有误。法律之所以规定合同是当事人的民事法律行为无效，主要是其违反了国家法律、法规，扰乱了社会秩序或者损害了第三人利益。从鼓励交易的角度出发，只要合同不具有社会危害性，就应当认定有效。

融资租赁法律关系是由两个合同相互联系而构成的统一整体。两个合同在融资租赁交易中是既相互独立又紧密联系的法律关系。一个合同无效，只要另一合

---

①　最高人民法院民事审判第二庭. 最高人民法院关于融资租赁合同司法解释理解与使用. 北京：人民法院出版社，2014.

同不违反合同有关无效的相关规定,并不影响其效力。例如:买卖合同无效的,租赁物无法交付给承租人,融资租赁合同客观上虽然不能履行,但并不影响融资租赁合同的效力,承租人得以依据融资租赁合同主张权利。

对一个合同无效,当事人可以采取措施补救。若是无法补救,应适用《合同法》第93条、第94条的规定解除合同,而不应判定合同无效。最高人民法院法释〔2014〕3号解释第11条对此也做出了明确的规定,出租人与出卖人订立的买卖合同解除、被确认无效或者被撤销,且双方未能重新订立买卖合同的,出租人、承租人均有权解除融资租赁合同。

案例分析二

【案情】

中国国际信托投资公司(以下简称中信公司)与绍兴市纺织集团公司(以下简称纺织公司)签订回租购买合同书,主要内容:中信公司应纺织公司的要求,向纺织公司购买生产设备并出租给纺织公司使用,纺织公司以租回使用为目的,向中信公司出售上述合同货物,合同货物总价格为171万美元,纺织公司应于合同生效后90日内将合同货物全部交付给中信公司,合同货物的所有权于合同生效日起由纺织公司全部转让给中信公司。中信公司收到纺织公司提供的供货方出具的有关合同货物的发票复印件、纺织公司签署的租赁物收据、纺织公司要求支付合同货物款的通知函并在合同生效后10日内,将货物款汇付纺织公司。同日,中信公司和纺织公司、越城银行(后并入商业银行)、绍兴财务开发公司(财务公司)又签订了融资租赁合同书,约定了租赁物件、租金日期、租金和租赁支付、租赁物件交付、违反合同的处理等内容。其中担保条款:如果纺织公司没有按照合同的条款偿还年租金、利息、罚息和其他的费用,越城银行、财务公司负有50%代为清偿的义务。当日,纺织公司向中信公司支付了合同货物款通知函。此后,中信公司按照纺织公司的要求支付合同货物款的通知函的指令将合同货物款汇至宝越公司。纺织公司向中信公司支付租金13.8万元,但是其余租金尚未支付。中信公司诉至法院,请求判令纺织公司、商业银行、财务公司等被告偿还租金本息。

被告辩称,纵观中信公司起诉时提供的附件,不难发现,纺织公司并没有租赁合同所指的租赁物件,从回租购买合同发票来看,租赁物应属于宝越公司而不是纺织公司,故中信公司与纺织公司整个交易中仅有资金而并没有物件,实际上为借贷合同,是出租人为了争得较高的利息而和承租人签订的虚假的合同。纺织公司明知所涉物件所有权不是自己,仍以物件所有权的名义欺骗担保人,担保人并不知实情,其承诺担保责任是违背自身真实意思的,故担保合同无效,保证人并不承担责任。

并且,纺织公司和中信公司均确认合同货物的实际使用人为宝越公司,纺织公司确认其不是合同货物的所有权人。中信公司主张,纺织公司是合同货物的所有权人但是没能举出相应的证据。

一审法院认为,纺织公司在并没有占有标的物的情况下与中信公司签订回租合同,违反了国家法律、法规,该合同应认定为无效。因回租购买合同无效,融资租赁合同也无效。对此,纺织公司和中信公司都有过错,应各自承担相应的民事责任。

中信公司上诉称宝越公司是纺织公司的集团成员之一,其资产也是纺织公司的资产的组成部分,主张合同有效。二审法院进一步查明,该批货物属于免税进口,其受海关的监管,且纺织公司向中信公司出具租赁物收据时,合同货物还未报关。

二审法院认为,本案所涉及的标的物不是纺织公司的财产,而是海关监管的货物,未经过海关的批准并且补缴关税是不得转让的,中信公司并未也并不可能取得了租赁物的所有权,故一审认定合同无效是正确的。纺织公司应返还依照无效的租赁合同从中信公司取得的款项,并支付占用款项期间的利息。中信公司的其他上诉理由不能成立。担保方在违背真实意思情况下为纺织公司提供担保,且融资租赁合同未实际履行,故商业银行和财务公司不承担责任。维持了一审的判决。

【解析】

在本案中,中信公司和纺织公司签订了回租购买合同,但是合同项下的货物受到海关的监管,该货物的所有权不得转让,纺织公司和中信公司之间关于转让该租赁物的约定是违反相关的法律规定的,所以融资租赁合同无效。

回租购买合同无效,中信公司并没有标的物的所有权,仅是取得相关货物的发票的复印件,而事实上纺织公司也没有实际占有使用标的物,所以,该融资租赁合同的涉案租赁物事实上是不存在的,涉案合同不能被认定为融资租赁合同,故原告要求被告支付租金的请求不能够成立。

担保合同由于违反了担保人的真实意思表示,合同的性质是可撤销,担保人行使撤销权,所以该合同自始不存在,担保方不用承担担保义务。法院的判决结果适当,但是认定融资租赁合同无效似有不妥,因为本案中融资租赁合同自始不存在,有的只是披着融资租赁外衣的借款合同。

第三节　融资租赁合同的可变更可撤销

一、可撤销或者可变更的事由

根据《合同法》第54条的规定,出租人和承租人任何一方均可因下列的法定事由申请变更或撤销融资租赁合同:

(1)因重大误解订立的;

(2)在订立合同时显失公平的。

一方以欺诈、胁迫的手段或者乘人之危,使对方在违背真实意思的情况下订立的合同,受损方有权请求人民法院或者仲裁机构变更或者撤销该合同。当事人请求变更的,人民法院或者仲裁机构不得撤销。

二、撤销权的行使和消灭

合同一方当事人只能通过诉讼或仲裁的方式向人民法院或者仲裁机构申请变更或者撤销合同。《合同法》第55条规定,在下列情形下,撤销权消灭:

(1)具有撤销权的当事人自知道或者应当知道撤销事由之日起一年内没有行使撤销权;

(2)具有撤销权的当事人知道撤销事由后明确表示或者以自己的行为放弃撤销权。

三、出租人与出卖人签订的买卖合同的变更

《合同法》第241条规定,未经承租人同意,出租人不得变更其根据承租人对出卖人、租赁物的选择订立的买卖合同的内容。

买卖合同由出租人和出卖人共同订立,二者在协商一致的情况下可以对买卖合同的内容约定变更。

但由于买卖合同与融资租赁合同的关系密切,出租人与出卖人订立买卖合同的目的是将标的物出租给承租人并获得租金,在实践中,买卖合同的内容往往是由承租人和出卖人商定的。因此,为了不损害承租人的利益,在未经承租人同意的情况下,出租人和出卖人不得擅自更改与承租人有关的买卖合同的内容,比如买卖合同的当事人、买卖合同的标的、交付时间、地点和方式。

若未经承租人同意擅自变更与承租人有关的买卖合同的内容,则出租人应承担相应的违约责任,承租人也可选择拒收标的物并要求解除合同。如因擅自变更合同内容给承租人造成损失,出租人还应承担相应的赔偿责任。

第八章　融资租赁合同的内容

第一节　出租人的主要权利义务

一、出租人的主要权利

在融资租赁中,出租人享有下列权利:

(一)取得租赁物的所有权

《合同法》第 242 条规定:"出租人享有租赁物的所有权。承租人破产的,租赁物不属于破产财产。"融资租赁合同的出租人为买卖合同的买受人,其享有租赁物的所有权,并可以对抗任何第三人,包括承租人的债权人、破产管理人、清算人等。租赁物不属于承租人的破产财产。

(二)收取租金

依照合同约定收取租金,是出租人的权利,也是出租人参与融资租赁关系的主要目的。如前所述,融资租赁中的租金并非承租人使用租赁物的代价,而是融资的代价。因此,只要承租人接受了出卖人交付的标的物,不论其对标的物是否有使用收益,出租人有权请求承租人交付租金。

(三)出租人的转让权

最高人民法院法释〔2014〕3 号第 8 条规定:"出租人转让其在融资租赁合同项下的部分或者全部权利,受让方以此为由请求解除或者变更融资租赁合同的,人民法院不予支持。"该条规定的是出租人处分、转让其在租赁期间合同项下的权利是否影响融资租赁合同的问题。

出租人是否可以转让其部分或者全部权利?答案是肯定的。出租人在融资租赁合同项下对租赁物的所有权不会超过权利担保意义上的形式所有权。租赁物由承租人占有、使用和收益,出租人最主要的合同权利是收取租金,但该租金收益通常会按照出租人与承租人约定的付款期限分期、分批收取。在金融界,资金的周转至关重要,一旦出租人有适当的机会通过转让其在融资租赁合同项下的部分或者全部权利,如通过保理等方式转让合同权利,即可提早收回部分租金以实现更高资金收益率,也有利于通过加速资源流转,实现资源的更有效利用,这对于整个市场而言,也是更为积极和有利的。根据《合同法》第 80 条第 1 款的规定,出租人转让权利的,应当通知承租人,以保护市场主体的合理利益与地区和交易秩序的相对稳定。①

（四）瑕疵担保免责权

《合同法》第 242 条是关于出租人瑕疵担保免责权行使的规定。在融资租赁合同中,出租人按照承租人对于租赁物、出卖人的要求进行的购买合同,获取租赁物的所有权后将租赁物交付给承租人占有使用,由承租人向出租人定期给付租金。

由此可见,出租人对于租赁物本身没有需求,而是基于租赁物的所有权而会获得对合同债权的担保,其对租赁物包括瑕疵在内的情况并不了解也没有必要了解,而长期占有使用租赁物的承租人对于租赁物的瑕疵更能直接接触和发现,所以由承租人承担此风险更为合理。因此,在融资租赁合同中,只约定了出租人订立买卖合同,交付租赁物的义务,并没有约定出租人有瑕疵担保责任。与此同时,作为对价,出租人可以将买卖合同中的租金无瑕疵索赔请求权转让给承租人。

需要注意的是,虽然出租人享有免除瑕疵责任的权利,但是并不意味出租人免除与瑕疵相关的一切义务,依据《合同法》第 240 条的规定,当承租人基于租赁物的瑕疵向出卖人索赔时,出租人有协助的义务。

（五）合同的解除权

承租人破产时,出租人得解除合同、收回租赁物。

在融资租赁中,租赁物的所有权由出租人享有,当事人往往约定,在承租人停产、关闭、破产时,租赁公司有权解除合同,收回租赁物并要求支付赔偿金。也即租赁物属于出租人的财产,因此在承租人破产时,租赁物不应该列入承租人的财产,出租人得以解除合同而收回租赁物。租赁公司破产时,其破产管理人不能行使解除合同的权利。

法释〔2014〕3 号解释第 11 条和第 12 条规定了出租人可以解约的情形,其中,第 11 条是合同双方都可以解约的情形,而第 12 条是单独规定的出租人可以解约的情形,具体包括：

（1）承租人未经出租人的同意,将租赁物转让、转租、抵押、质押、投资入股或者以其他方法处分租赁物的；

（2）承租人未按照合同约定的期限和数额支付租金,符合合同约定的解除条件,经出租人催告后在合理期限内仍不支付的；

（3）合同对于欠付租金解除合同的情形没有明确的规定,但承租人欠付租金达到两期以上,或者数额达到全部租金百分之十五以上,经出租人催告后在合理期限

---

① 最高人民法院民事审判第二庭.最高人民法院〈关于融资租赁合同司法解释〉理解与适用.北京：人民法院出版社 2014：144.

内仍不支付；

（4）承租人违反合同约定，致使合同目的不能实现的情形；

（5）在合同终止时，收回租赁物。

合同终止有两种情况。一是因租赁期限届满而终止。租赁期限届满时，承租人得继续租赁或者购买租赁物，承租人若不续订租赁合同又不留购租赁物，则出租人有权收回租赁物。二是承租人违约致使出租人行使终止权终止合同。出租人因承租人不交付租金或者擅自转租行为等违约行为终止合同时，有权收回标的物。

二、出租人的义务

（一）按照约定交付标的物

《合同法》第 239 条规定："出租人根据承租人对于出卖人、租赁物的选择订立的买卖合同，出卖人应当按照约定向承租人交付标的物。"依据这一规定，出租人的义务是依据合同交付标的物。

一是按照约定的质量、数量等交付标的物，一般由出卖人直接依据承租人的要求，将标的物交付给承租人。如果买卖合同的标的物与融资租赁合同的标的物不符合，则承租人有权拒绝履行自己的义务。

二是按照约定的期限交付标的物。标的物的交付期限对于承租人的利益影响也很大，因此，如果当事人有约定的，则应当按照约定的期限交付。

三是按照约定的地点交付。如果当事人没有约定的，应该适用《合同法》第 62 条的规定确定交付的地点。如果出卖人交付的标的物不合格，或者未按照约定的期限、地点等交付，承租人有权拒绝。

（二）出资并交付约定租赁物的义务

出租人按照承租人的要求出资购买租赁物，是整个融资租赁交易的起点。出租人根据其与出卖人之间签订的买卖合同，从出卖人处购得租赁物后，还需向承租人履行交付的义务，该义务并非现实状态的物件的交付，而是观念上的物件的交付。只要承租人向出租人发出物件受领通知，即视为出租人已经履行了租赁物交付的义务。

（三）保证承租人能够平静地占有和使用租赁物

融资租赁交易中，承租人订立融资租赁合同的主要目的在于实现对租赁物的占有和使用，从而获得利益。

国际统一司法协会《国际融资租赁公约》第 8 条规定："出租人保证承租人的平静占有将不受享有优先所有权或权利或者要求优先所有权或权利并根据法院受权行为的人的人的侵扰，如果这一所有权、权利或要求不是由于承租人的行为或不行为所产生的话。"《合同法》第 245 条规定："出租人应当保证承租人对租赁物的占有和使用。"出租人的该项义务包含以下内容：

1. 出租人自身不妨碍和影响承租人对于租赁物的占有和使用

其中包含两层含义:一是出租人不得以自己的行为侵犯承租人对于租赁物的占有和使用;二是出租人行使处分权时也不得妨碍承租人的占有使用权,按照"买卖不破租赁"原则,出租人在转让或者处分租赁物时,不能解除融资租赁关系,不得收回租赁物,除非当事人另有约定或者法律另有规定。①

2. 出租人应当确保第三人不对承租人占有使用的租赁物主张任何权利

这里要注意区分租赁物的质量瑕疵担保责任和权利瑕疵担保责任。对于物的质量瑕疵担保责任,除承租人依赖出租人的技能确定租赁物或者出租人干预租赁物的选择外,出租人不承担责任。但是就租赁物的权利瑕疵而言,因其直接影响承租人对租赁物的占有和使用,出租人有义务排除第三人对租赁物的权利主张。但如果第三人对租赁物主张权利是由于承租人本身的意愿造成的,出租人可以免责。

(四)协助承租人行使索赔的义务

《合同法》第 240 条规定:"出租人、出卖人、承租人可以约定,出卖人不履行买卖合同义务的,由承租人行使索赔的权利。承租人行使索赔权利的,出租人应当协助。"

基于出租人在融资租赁合同关系中的重要地位,出租人的协助义务是索赔权制度发挥效用的重要保障机制。在实务中出租人的协助义务往往无法得到有效的履行,从而阻碍到承租人索赔权的行使。根据诚实信用的原则,即使当事人没有约定,出租人也负有协助的义务,因为只有在其充分履行义务时,承租人才能拥有索赔权。

在出租人不履行协助义务,致使承租人索赔权不能行使时,承租人可以催告出租人在合理期限内履行义务,并可以顺延资金的支付期限;出租人逾期不履行的,承租人可以请求出租人赔偿损失,并且在情况特别严重时,可以解除合同。

(五)不得擅自变更买卖合同内容的义务

《合同法》第 241 条规定:"出租人根据承租人对出卖人、租赁物的选择订立的买卖合同,未经承租人同意,出租人不得变更与承租人有关的合同内容。"

虽然买卖合同在出租人和出卖人之间签订,承租人并没有参与,但因为租赁物是依据承租人的要求选定购买的,订立合同最终是为了履行融资租赁合同,所以出租人在与出卖人订立买卖合同时,必须按照其与承租人之间的约定来确定相关合同的内容,而不得擅自变更相关内容。

为此,出租人的义务有二:首先是根据承租人对出卖人、租赁物的选择订立融资租赁合同的义务;其次是未经承租人的同意,不得变更与承租人有关的内容的义务。前者为积极义务,后者为消极义务。《合同法》严格禁止变更这些为使融资租

---

① 肖学治主编.融资租赁合同.北京:中国民主法治出版社,2003:86.

赁合同实现约定目的,使承租人能够发挥标的物最大效用的内容。若出租人擅自变更,实际上已经构成了其对于承租人之间约定的违反,承租人有权主张违约责任。

(六)附随义务

在融资租赁合同中,双方都负有诚信原则产生的附随义务。就出租人而言,其应当负有必要的告知、说明、协助等附随义务。例如:在融资租赁中,很多情况下都需要出租人的协助,例如上述出租人对于承租人行使索赔权的协助。此外,依据我国《合同法》第244条的规定,出租人原则上不承担瑕疵担保的责任,但是如果出租人明知租赁物有瑕疵而没有告知承租人,则违反了附随义务,应当负相关责任。[1]若承租人有证据证明出租人和出卖人之间有恶意串通的行为,则出租人应当承担瑕疵担保责任。

案例分析一

【案情】

2008年9月22日,某租赁公司(出租方)与某建筑公司(承租方)签订融资租赁合同,约定某租赁公司向某设备公司购买搅拌机2套租给某建筑公司,租赁期限36个月,分36期支付租金,经催告仍不支付的,出租人有权提前解除合同。合同解除后,出租人有权选择下列任何一种解决办法:承租人一次性支付到期租金、罚金、未到期租金等应收款项,或出租人收回租赁物,承租人支付解除合同之前到期的租金及其罚金。融资租赁合同签订当日,某租赁公司向某设备公司购买了租赁的主设备,并交付某建筑公司。某建筑公司在合同实际履行的过程中出现一起付款的行为,累计支付租金共计994781元,共出现了7次超期支付租金的情形,2009年10月15日起连续为支付当期租金,累计欠到期租金169万元。某租赁公司遂提起诉讼,请求解除融资租赁合同,并支付到期租金169万元。法院于2010年12月24日向某租赁公司送达了起诉正副本等诉讼材料。

法院审理认为,某建筑公司和某租赁公司签订的融资租赁合同合法有效。某租赁公司作为出租方依约履行了交付租赁物的义务,某建筑公司作为承租方应依约支付相应的价款。某建筑公司违约的事实成立,应当承担违约责任。某租赁公司要求解约的主张应予支持。

[1]　胡康生主编.中华人民共和国合同法释义.北京:法律出版社,2013:361.

【解析】

某建筑公司没有按照约定的期限和数额支付租金,构成违约,但是合同约定催告后才能解除合同,某建筑公司并未提供催告的证据,故某建筑公司提起诉讼时解除权未成就。如果将租赁公司的起诉视为催告,应将起诉状送达的时间确定为催告的时间,并给予被告合理的时间,该期限届满,解除权才能成就。因此,法院将起诉状送达之日作为合同解除之日存在不当。

案例分析二

【案情】

1986年年初,上海光学镜头厂(以下简称上海光镜厂)为了扩大生产,欲进口"不磨损型双面生产线关键设备"。上海仪表电子进出口公司(以下简称上海仪电公司)作为上海光镜厂进口代理人,于1986年9月23日与香港金田企业公司签订了购买该设备的买卖合同。同年12月,上海仪电公司将上述购货合同转让给上海太平洋租赁公司,转让合同约定:太平洋租赁公司按购货合同约定付款,取得所有权后即作为出租人将购进的设备租赁给上海光镜厂,对购货合同的其他权利义务不负责任,购货合同本身和合同执行发生的争议和索赔、仲裁由上海仪电公司按照合同条款办理。1986年12月4日,上海光镜厂与太平洋租赁公司签订了融资租赁合同。此后,上海仪电公司、上海光镜厂共赴香港考察购进的设备。该设备分四批进口,最后一批5月运抵上海,经开箱检验,发现存在严重缺陷,经五十余次修理仍不能正常生产。太平洋租赁公司因此付了部分款。同年9月,上海光镜厂紧急函告上海仪电公司,要求按约对外交涉,在有效索赔期内,抓住时机,封存设备,准备商检,减少损失。同年12月,太平洋租赁公司函告上海仪电公司,上海光镜厂只对设备具有使用权,故无权宣布封存设备或者采取其他的措施。后该设备进过商家进出口商品局检验,确认主要设备存在缺陷及缺乏应有的配件,设备未能达到合同约定的生产能力,系制造因素所致。

同年10月31日,上海仪电公司向中国国际经济贸易委员会申请仲裁。1991年仲裁委员会做出的裁决设备全部退还卖方,由卖方退还已收的货款。裁决后,上海光镜厂多次致函太平洋租赁公司,请求按裁决对设备进行处理,太平洋租赁公司认为应由上海仪电公司负责,但又强调未经过其书面同意,上海光镜厂不能对设备加拆及迁移。后因为裁决未执行,上海仪电公司委托律师在香港申请了执行仲裁裁决,香港法院受理了强制执行。上海光镜厂、上海仪电公司已付的租金113,008.61美元,剩余租金未付。为此,太平洋租赁公司向上海市人民法院起诉。

被告辩称,因为太平洋租赁公司也参加了随租赁物的咨询、洽谈、签约及开箱检验,其作为出租人对租赁物质量应承担责任和风险,并且因为原告处租赁物不能合格交付承租人上海光镜厂使用,致原告与上海光镜厂的租赁关系未形成,故原告请求不能成立。

本案经过二审最终认为:太平洋租赁公司虽然参与进口贸易设备的咨询、洽谈,但是由于该设备是上诉人上海光镜厂自行选定,故太平洋租赁公司刘设备质量不符合约定不负有责任。上海光镜厂以租赁设备质量为由拖欠租金没有道理,应当缴纳应缴租金和相应的罚息。同时,在这期间,租赁物贬值,造成贬值的最主要的原因是太平洋租赁公司不及时同意处理设备所致,按照我国法律的公平原则,太平洋租赁公司应承担租赁物贬值的70%的责任。

【解析】

本案是发生和审判时间都在《合同法》制定之前,但是其判决符合合同法原理。本案的纠结点在于,当租赁物不符合约定时,出租人是否应当担责。这一点是融资租赁合同和一般的合同之间的重大区别。我国《合同法》第244条规定:"租赁物不符合约定或者不符合使用目的,出租人不承担责任,但承租人依赖出租人的技能确定租赁物或者出租人干预选择租赁物的除外。"我国法释〔2014〕3号解释第19条规定:"租赁物不符合融资租赁合同的约定且出租人实施了下列行为之一,承租人依照《合同法》第241条、第244条的规定,要求出租人承担相应责任的,人民法院应予支持。"

在本案中,上诉人上海光镜厂自行选定分的租赁物虽有瑕疵,融资租赁合同不因此受到影响,仍然有效成立。融资租赁合同是出租人根据承租人对出卖人、租赁物的选择,向出卖人购买租赁物,提供给承租人使用,承租人支付租金的合同(《合同法》第237条)。租赁物的交付或者验收并不构成融资租赁合同成立或者生效条件,其只是融资租赁合同的一项重要的内容。若租赁物未交付或者是验收不合格,出卖人承担违约责任。所以,被告主张的出租人并没有将合格的租赁物交付或者验收不合格的标的物交付承租人使用,故租赁关系未形成的抗辩毫无根据。本案中,出租人太平洋租赁公司虽然参与了租赁设备的咨询、谈判和签约过程,但是并没有干预承租人自由选择出卖人和租赁物,所以,太平洋公司对于所涉租赁设备的质量问题不承担责任,其收取租金的权利也不因为租赁物的质量的问题而受到影响。

　　值得注意的是,本案中出现了实务中常会出现的问题,即出租人不协助承租人索赔,涉案租赁物的虽有权归太平洋租赁公司,租赁物的处分权应由该公司行使,在本案租赁设备到货时即被发现有严重缺陷,承租人多次要求出租人处理,但是其却一再拖延,并对此强调其所有权。可以看出,太平洋租赁公司不及时同意处理租赁物,是导致租赁物贬值的重要原因。综上所述,本案中,出租人对于租赁物的质量瑕疵不承担责任,承租人仍然要支付租金,同时出租人未尽到协助的义务,应承担损失扩大的部分责任,法院的判决值得赞同。

第二节　承租人的主要权利和义务

一、承租人的主要权利

（一）选择租赁物和出卖人

　　从《合同法》第 237 条对融资租赁合同的定义可知,承租人享有对租赁物和出卖人的选择权。在融资租赁合同中,承租人所租的租赁物虽是出租人出资购买,但其仅作为提供资金融通服务的存在为承租人的需求购买租赁物。承租人不仅有权选定租赁标的物及出卖人,而且有权直接与出卖人商定标的物的条件,这也是融资租赁中的承租人和普通租赁中的承租人地位不同的区别之一。

（二）接受出卖人交付的标的物

　　接受出卖人交付的标的物既是承租人的权利也是承租人的义务。作为义务,承租人应当接受标的物,无正当理由不接受的,应当承担相应的履行迟延的责任;作为权利,承租人有权接受标的物,出卖人不得拒绝将标的物交付给承租人,且承租人有权就标的物存在瑕疵请求出卖人承担瑕疵担保责任。因此,即使承租人不是买卖合同的主体,如果出卖人交付的标的物存在瑕疵,承租人得直接向出卖人索赔。

（三）在租赁期间享有对租赁物的平静占有、使用权

　　一般而言,在融资租赁中,承租人是通过融资租赁公司融通资金的,但承租人订立融资租赁合同的根本目的是要取得租赁物的使用权。所以,承租人接受出卖人交付的标的物后,在租赁期间,承租人对租赁物享有独占的使用权,不仅得以对抗出租人的所有权,而且可以对抗不享有物权者的其他物权。例如:出租人转让租赁物的所有权的,融资租赁合同对新的所有权人仍然有效,新的所有权人不得取回租赁物;出租人将租赁物抵押时,出租人的抵押行为不能影响承租人的使用收益权。

（四）索赔权

索赔权是指义务人不履行义务而给承租人造成损失时,权利人依法享有向义务人索赔因此造成的损失的权利。

《合同法》第 240 条规定:"出租人、出卖人、承租人可以约定,由承租人行使履行买卖合同义务的,由承租人行使索赔的权利,承租人行使索赔权的,出租人应当协助。"在典型的融资租赁关系中,当出租人根据承租人的指定出资向出卖人购买租赁物后,租赁物所有权即转移给出租人,理论上出租人作为买受人应当享有因出卖人违反规定造成的损失时要求赔偿额权利,但是基于融资租赁合同的特殊性,这种情况下出租人往往会将出卖人和租赁物的选择权交给承租人,并由承租人负责收货验货,发现质量问题也是由承租人和出卖人进行交涉,即出租人将索赔权转让给了承租人。对于交付的瑕疵等问题造成的损失,承租人可直接向出卖人行使索赔权。这样,既简化了法律关系,同时又降低了索赔的成本。

此外,法释〔2014〕3 号第 24 条第 3 款规定:"承租人基于买卖合同和融资租赁合同直接向出卖人主张索赔等买卖合同权利的,人民法院应通知出租人作为第三人参加诉讼"。由此突破了《合同法》第 240 条的规定,认可了承租人有权直接依据买卖合同与融资租赁合同向出卖人行使索赔权,无须通过出卖人、出租人和承租人之间约定方可行使。这样的规定显然更有效地保护了承租人的权利,但若在买卖中约定只能由出租人行使索赔权的除外。

（五）在租赁期间届满时享有对租赁物的优先购买权

出租人为租赁物的所有权人,所以融资租赁期间届满后,承租人应当将租赁物返还给出租人。

但是融资租赁与一般的租赁不同,在租赁期间届满时,融资租赁合同的承租人享有选择的权利,得以支付一定的价格取得标的物的所有权。我国《合同法》第 250 条规定:出租人和承租人可以约定租赁期间届满租赁物的归属。如果约定租赁物归出租人所有,而出租人又要出卖租赁物时,在同等条件下,出租人应当优先出售给承租人。论其原因,是融资租赁公司在购买租赁物时,其经济目的不在于取得租赁物的所有权,其在租赁期间保留租赁物的所有权,是为担保能取得承租人的租金,收回自己的投资。由于融资租赁合同的期限一般较长,出租人基本上通过收取租金分期地将租赁物的价值转让。正因为如此,在租赁期间届满时,承租人支付较少的代价即可以取得租赁物的所有权,这对于承租人而言当然也是合算的。

二、承租人的主要义务

（一）按约定支付租金

《合同法》第 237 条规定:"融资租赁合同是出租人根据承租人对出卖人、租赁物的选择,向出卖人购买租赁物,提供给承租人使用,承租人支付租金的合同。"

支付租金是承租人最主要的义务。出租人通过收取租金而收回其向出卖人购买租赁物所支付的价款。承租人支付价款的义务,以承租人告知出租人收到标的物的通知为生效要件,而不以承租人实际使用租赁物为要件。同时,《合同法》第248条明确规定,承租人应当按照约定支付租金,并规定了承租人违反这一义务时出租人的救济方式,即承租人经催告后在合理期限内仍不支付租金的,出租人可以要求支付全部租金,也可以解除合同,收回租赁物。

根据该条规定,出租人对于承租人未按期给付租金的违约行为,有两种救济方式:一是支付全部租金;二是解除合同、收回租赁物。但是这两种救济方式的适用条件是承租人不仅逾期支付,而且经出租人催告后仍不支付租金,即承租人以行动表明其不再履行融资租赁合同的义务。在此情况下,出租人可以选择承租人支付全部租金或收回租赁物这两种不同的违约救济方式。

法释〔2014〕3号解释第21条进一步解决了对于《合同法》第248条的理解问题:承租人违约,出租人可以在上述救济方式中二者择一,但是不能同时主张。因为给付全部租金的诉讼请求实际上是要求继续履行合同,仅是要求租金加速到期,而出租人如果同时要求解除合同、收回租赁物,则是其与出租人同时选择了两个相互排斥的诉讼请求,是不合理的。

（二）妥善保管、使用租赁物的义务

《合同法》第247条第1款规定:“承租人应当妥善保管、使用租赁物。”国际统一司法协会《国际融资租赁公约》第9条第1款规定:“承租人应当适当地保管设备,以合理的方式使用设备并且使之处于其交付的状态,但合理的损耗及当事人同意的对设备的改变除外。”规定承租人承担妥善保管租赁物义务的理由在于融资租赁合同履行期间租赁物的所有权人虽然是出租人,但是由承租人占有、使用和收益。这里所谓的“妥善保管”,是指应当根据善良管理人的标准来进行保管,尽一个更为谨慎的注意义务。“合理使用”是指承租人应当按照租赁物的性质和通常的使用方法使用,防止租赁物的毁损、灭失,以维护出租人的所有权,但是合理的损害和各方商定的租赁物的任何改装除外。租赁物期满,承租人退回租赁物的,租赁物也应当保持出租时或者交付时应有的状态。

（三）对租赁物的修缮义务

《合同法》第247条第2款规定:“承租人应当履行占有租赁物期间的维修义务。”有别于普通租赁合同,融资租赁合同中应由承租人承担租赁物的修缮义务。这样规定的原因在于:首先,租赁物由承租人占有、使用和收益,享有实质意义上的所有人权益的是承租人,而对于出租人而言,租赁物只是“租金债权”的担保;其次,租金的计算通常并未将修缮的费用计算在内,事实上估算此项费用非常困难的;再者,租赁物是出租人根据承租人的选择购买的,出租人一般不具备使用租赁物相关的技术,融资租赁中的承租人承担修缮义务可以防止租赁物价值减损。

（四）合同终止时返还标的物

融资租赁合同中一般约定，租赁期间届满后，承租人得请求以一定的价格买下租赁物，也可请求继续租赁。承租人请求续租的，当事人双方应当更新租赁合同。在继续租赁时，租金的标准应以预计的租赁物的残存的价值为基础来确定，而不是适用原来的租金标准。如果合同中没有规定承租人选择购买或者续租的权利，或者虽有规定但是承租人不购买也不续租的，于租赁期间届满时，承租人有义务将租赁物返还给出租人。

（五）承担租赁物毁损灭失的风险负担责任

《合同法》第231条对传统租赁合同中的租赁物风险责任作了规定："因不可归责于承租人的事由，致使租赁物部分或者全部毁损、灭失的，承租人可以要求减少租金或者不支付租金；因租赁物部分或者全部毁损灭失，致使不能实现合同目的的，承租人可以解除合同。"在传统的租赁合同中，租赁物毁损灭失的风险由出租人承担，而融资租赁合同中的风险负担并非如此。法释〔2014〕3号解释第7条明确了融资租赁交易中的租赁物的风险由承租人承担。因为融资租赁的租赁物是由承租人选择并直接交付给承租人占有、使用，出租人在此关系中的主要义务就是融资，其并不承担对租赁物的管控义务。出租人根据承租人的选择和认可支付价款购买租赁物，通常并不会了解租赁物本身如质量、技术标准等情况。再者，对租赁物直接占有、使用并且收益的是承租人，而不是法律上享有所有权的出租人，因此由长期对租赁物拥有事实上占有使用权的承租人来承担风险责任也更合理、公平。事实上，不论理论还是实践，都已普遍承认免除融资租赁出租人对租赁物毁损灭失风险负担特殊约定的有效性，法释〔2014〕3号解释的规定在当事人之间没有约定风险负担时，就此做了进一步的明确，实际上是对行业惯例的认可。

（六）承担租赁物造成的第三人损害的赔偿责任

《合同法》第246条规定："承租人占有租赁物期间，租赁物造成第三人的人身伤害或者财产损害的，出租人不承担责任。"本条是关于融资租赁合同中，租赁合同在承租人造成第三人人身、财产损害时承担责任的规定。需要指出的是，《合同法》第246条虽然规定出租人不承担责任，但是并没有明确承租人是否负责。我们应当认为，该条文的立意为承租人负责，因为标的物毕竟处于承租人占有之下，其应当以占有人的身份对第三人承担责任。这里承租人承担责任的要件：第一，租赁物造成了第三人的损害，包括人身或者财产。严格来说，租赁物造成了损害还包括了两种情况：一是租赁物在正常的使用过程中对第三人造成了损害；二是租赁物的缺陷是制造者造成的，则承租人在承担责任后还可以向制造者追偿。对于租赁物属于高度危险作业设备致使第三人致害的情形，出租人不负损害赔偿责任[①]。无论

---

① 胡康生.合同法释义.北京：法律出版社，1999.

是哪种情形,都是该条所述租赁物对第三人造成的损害。第二,租赁物造成损害发生于承租人占有租赁物的期间。承租人的占有包括直接占有和间接占有。第三,租赁物造成第三人损害,满足侵权责任的构成要件。例如租赁物是因为第三人原因造成的损害,则应当由第三人负责。

（七）其他合同约定的义务

如按照约定验收租赁物,行使索赔权等。承租人违反前述义务均对出租人构成违约。

案例分析三

【案情】

2006年2月14日,H租赁公司和D数码公司签订了融资租赁合同,合同约定H租赁公司根据D数码公司的要求从新锐公司购买总价值为650元的富士数码冲印设备一套,由新锐公司负责向D数码公司交付设备,H租赁公司向新锐公司支付货款,即使购销合同是以H租赁公司作为购货方与新锐公司签订的,H租赁公司只承担根据购销合同规定向新锐公司支付设备货款的责任,除此之外,购销合同规定的其他责任、义务,均由D数码公司承担并履行,H租赁公司对设备不做任何陈述和保证,并且H租赁公司对设备的任何瑕疵不负任何责任。在租赁期满,D数码公司支付完全部的租金后,D数码公司向H租赁公司支付留购价格100元,H租赁公司向D数码公司发出设备转让证书,将设备的所有权转让给D数码公司,租赁期限是4年,租赁总额是694元,D数码公司预付租金260元以冲抵以后的租金,D数码公司需要支付租赁手续费约45元,本息等均一个月支付一次。第1期至第30期各约14元,第31期约为266元,D数码公司迟延支付租金时,应按每日万分之四支付迟延利息,对于D数码公司不能付款、停止付款、不能履行规定的条款时,H租赁公司有权要求D数码公司立即偿还租金、损失金额和留购的价额。同日,H租赁公司和新锐公司签订了富士数码冲印设备的买卖合同,双方约定,新锐公司法则将设备交付给最终的用户,交付地为天津市,合同总净额为650元。上述合同签订后,H租赁共计于2006年2月向新锐公司支付了货款650元,新锐公司于4月向D数码公司交付了富士数码冲印设备一套,D数码公司出具了设备的验收报告,并支付了新锐公司预付的租金和手续费。新锐公司将该笔款项支付给了租赁公司。此后,D数码公司仅向H租金公司支付了7次租金,剩余的租金一直没有支付,故H租赁公司起诉,要求D数码公司支付租金。

　　D 数码公司辩称：其未支付剩余租金，系因地震导致该套富士数码冲印设备已经完全报废，无法使用。因 H 租赁公司是租赁物的所有权人，而 D 数码公司已经无法占有使用租赁物，故其无须支付剩余租金。

　　法院审理后认为：H 租赁公司和 D 数码公司签订的融资租赁合同，是基于真实的意思表示，并不违反法律及行政法规的强制性规定，故融资租赁合同合法有效，双方应当严守合同的权利义务。在合同签订后 H 租赁公司已经按约支付了设备款，D 数码公司也收到并验收了货物，H 租赁公司已经履行了自己的义务。根据合同的约定，租赁期间，租赁物的风险由承租人承担，故因地震导致的租赁物的毁损、灭失的风险应由 D 数码公司来承担。D 数码公司抗辩的理由不能成立，其应该继续支付租金，故判决支持了 H 租赁公司的诉讼请求。

　　【解析】

　　本案中，出租人 H 租赁公司和承租人 D 数码公司的租赁合同合法有效，没有争议。租赁物交付后发生地震而毁损不能使用，出租人要求承租人继续支付租金，承租人拒绝，双方因此为诉讼。根据《合同法》第 249 条的规定："承租人应当继续按照约定支付租金，承租人经催告后在合理期间内仍不支付租金的，出租人可以按照约定要求支付全部租金。"但本案并不能适用该条的规定，本案租赁物因为不可归责于双方的原因毁损灭失，出租人已经陷入了履行不能，承租人是否仍按照需要约定支付租金，是灭失风险由谁来负担问题，而不是违约的问题。因合同中并没有明确约定租赁物意外毁损、灭失的风险由谁负担，根据法释〔2014〕3 号解释第 7 条的规定，该风险应该由承租人承担。故在融资租赁合同没有解除之前，对承租人仍有拘束力，承租人仍然应当支付租金。人民法院判令支持 H 租赁公司要求承租人 D 数码公司按期支付租金的诉讼请求，应予以肯定。

第三节　出卖人的主要权利和义务

一、出卖人不是融资租赁合同的当事人

　　合同主体的权利义务也是融资租赁合同法律关系的内容。融资租赁交易中的当事人之间的法律关系，主要是出租人和承租人之间的权利义务关系。根据《合同法》第 239 条："出租人根据承租人对于出卖人、租赁物的选择订立的买卖合同，出卖人应当按照约定向承租人交付标的物，承租人享有与受领标的物有关的买受人

的权利。"虽然在本条中将出卖人的义务纳入融资租赁合同的规定,但是这并不意味着融资租赁合同中包含着买卖合同。事实上,如果融资租赁合同确实包含两个合同、三方主体,《合同法》就没有必要就融资租赁合同进行专章的规定。出卖人作为买卖合同的当事人,如果被视为融资租赁合同内的当事人,则在法条适用时会产生买卖合同的条款与融资租赁合同的条款竞合的问题,这样不仅不利于案件纠纷的解决,反而将融资租赁合同中的法律关系复杂化,从而使得裁判不能达到公平正义的效果。

因此,虽然在融资租赁交易关系中包含着两个合同、三方主体,但是,就融资租赁合同本身而言,其只是一个合同而已,而未囊括出租人与出卖人之间的买卖合同。由此产生的问题是,在一项融资租赁交易中,因买卖合同而产生的诉争及损失,如何通过融资租赁合同予以救济和解决。

就买卖合同的履行而言,承租人不是买卖合同的当事人,但买卖合同的履行却直接针对承租人。法释〔2014〕3 号解释第 5 条规定对此予以了明确,根据该条,出卖人违反买卖合同约定的向承租人交付标的物义务,承租人因租赁物严重不符合约定或出卖人未在约定的交付期间以及合理期间内交付租赁物,经承租人或者出租人催告,在催告期满后仍未交付的,承租人享有拒绝受领租赁物的权利。其法理基础是,融资租赁交易中的买卖合同在本质上系出租人受承租人的委托所订立,承租人是买卖合同中买受人的权利的实际承受主体,故承租人应当享有买卖合同中有关买受人的权利。

二、出卖人的主要权利和义务

（一）出卖人的权利

融资租赁中,出卖人的主要权利就是向出租人收取货款。不同于一般买卖中的出卖人,其收取价款的权利行使是以先履行交付义务为前提的。也即出卖人只有在向承租人交付标的物并经承租人验收后始得向出租人主张价款。

（二）出卖人的义务

出卖人的主要义务是按照约定及时向承租人交付标的物并对标的物的瑕疵负担保责任。如前所述,出卖人的对方当事人虽然是出租人,但其交付标的物的对象应该是承租人。承租人不是买卖合同的当事人,但买卖合同的履行却直接针对承租人,出卖人对交付的标的物负有瑕疵担保责任。上文提到在融资租赁中,出租人对承租人不负有瑕疵担保责任,但这并不意味着发生瑕疵没有责任,而是由出卖人向承租人负此责任。因此,在出卖人交付的标的物不符合约定时,承租人可以向出卖人请求瑕疵担保责任。

第九章　融资租赁合同的履行与保全

第一节　融资租赁合同的履行

合同的履行是指债务人全面、适当地完成其合同义务，债权人的债权得到完全实现的过程，如交付约定的标的物，完成约定的工作并交付工作成果，提供约定的服务等。债务人完成合同所要求的作为或不作为，是合同履行的基本要求。但并不是说债务人履行合同债务的行为总能实现债权人的债权，合同目的总能够被实现。因此合同的履行要求债务人全面、适当地履行合同义务，债权人实现其债权也是给付行为和给付结果的统一。

融资租赁是一种贸易与信贷相结合、融资与融物为一体的综合性经济活动，其交易实质是融资，其表现形式是融物。一般来说，融资租赁有三方当事人参与，即出卖人、出租人和承租人，通常有两个（买卖合同和租赁合同）或两个以上合同构成。根据《合同法》第 237 条的规定："融资租赁合同是出租人根据承租人对出卖人、租赁物的选择，向出卖人购买租赁物，提供给承租人使用，承租人支付租金的合同。"其有以下几种含义：第一，出租人根据承租人对出卖人、租赁物的选择购买租赁物。这是融资租赁合同不同于普通租赁合同的主要特点。普通租赁合同的出租人通常是以自己现有的财产出租，或者依自己的意愿取得财产并用于出租，而融资租赁合同是出租人依承租人的要求购买租赁物并出租给承租人。在融资租赁合同中，租赁物是出租人依承租人的要求购买的，这使得承租人能够不必付出租赁物的全部价金即可取得租赁物的占有、使用和收益，从而达到融资的效果；第二，租赁物由出租人购买后交承租人使用。在融资租赁合同中，出租人的买卖行为不同于一般的买卖合同。出租人虽然以自己的名义出面购买标的物，但其购买的目的是为了交给承租人使用。也就是说买的目的是出租；第三，承租人须向出租人支付租金。租金是承租人使用租赁物的对价，更是承租人向出租人融资的对价，租金也是出租人收回购买租赁物的投资并实现合理利润的主要途径。

一、融资租赁合同履行的基本原则

(一)全面履行原则

《合同法》第 60 条第 1 款规定:"当事人应当按照约定全面履行自己的义务"。这一规定,确立了全面履行原则。全面履行原则,又称适当履行原则或正确履行原则。它要求当事人按合同约定的标的及其质量、数量,合同约定的履行期限、履行地点、适当的履行方式、全面完成合同义务的履行原则。依法成立的合同,在订立合同的当事人间具有相当于法律的效力。因此,合同当事人受合同的约束,履行合同约定的义务应是自明之理,法律谚语中有"契约必须遵守"的说法。

应该注意的是,全面履行原则尽管要求合同当事人严格履行合同义务,但这只是一个总体性的要求,我们要避免以单一、片面的观点来理解全面履行原则,而这也正是我国《合同法》在合同的履行中规定另一个重要原则:诚实信用原则的理由。

(二)诚实信用原则

《合同法》第 60 条第 2 款规定:"当事人应当遵循诚实信用原则,根据合同的性质、目的和交易习惯履行通知、协助、保密等义务。"此规定可以理解为在合同履行问题上将诚实信用作为基本原则的确认。从字面上看,诚实信用原则就是要求人们在市场活动中讲究信用,恪守诺言,诚实不欺,在不损害他人利益和社会利益的前提下追求自己的利益,以"诚实商人"的形象参加经济活动。从内容上看,诚实信用原则并没有确定的内涵,因而有无限的适用范围。即它实际上是一个抽象的法律概念,内容极富于弹性和不确定,有待于就特定案件予以具体化,并随着社会的变迁而不断修正自己的价值观和道德标准。从功能上看,诚实信用原则兼有法律调节和道德调节的双重功能,在当事人就合同发生争执时,赋予法官较大的公平裁量权,如同给予了法官一张空白委任书,可以由法官根据合同履行过程中出现的具体情况,做出不同的解释,直接调整合同当事人的权利义务。

二、融资租赁合同履行的具体制度

融资租赁合同的履行,不仅决定于出租人和承租人对合同义务的遵守,而且还受到融资租赁交易活动中出卖人的对买卖合同的履行状况。因此,融资租赁合同的履行决定于融资租赁交易活动中三方当事人,即出卖人、出租人和承租人对各自义务的履行和对各自权利的行使。下面就三方当事人的义务的履行做简要概述。

(一)出租人义务的履行

《合同法》第 241 条规定:"出租人根据承租人对出卖人、租赁物的选择订立的买卖合同,未经承租人同意,出租人不得变更与承租人有关的合同内容。"

本条是关于出租人主要义务的规定之一,出租人在此的义务主要有二:一是根据承租人对出卖人、租赁物的选择订立买卖合同的义务;二是未经承租人同意,不得变更与承租人有关的合同内容的义务。前者为积极义务,后者为消极义务。在未经承租人同意的情况下,出租人擅自变更与承租人有关的合同内容才构成对合同义务的违反,构成违约行为。

《合同法》第 245 条规定:"出租人应当保证承租人对租赁物的占有和使用。"所谓出租人的平静占有、使用的担保义务,是指出租人在融资租赁期间内对于承租人排他性的占有、使用承担自己不干预租赁物的占有使用以及保证该租赁物上不存在第三人设立权利并且就此向承租人主张,影响承租人占有、使用租赁物的义务。[①]

在融资租赁合同中,承租人在受领租赁物之后,对于租赁物的占有、使用具有排他性质。因为,承租人占有、使用租赁物的目的在于从事生产经营活动,若他人对于租赁物能够享有其他权利,以至于影响到承租人的正常行使占有、使用的权能时,势必会对承租人的生产经营活动产生重大影响,对承租人的利益造成不必要的损害;从而,也会影响到融资租赁合同的有效履行,间接给双方的合同利益造成损失。所以,出租人出于自身的合同利益的实现,同样有必要对于承租人排他性的占有、使用租赁物承担担保的义务。

即出租人承担该担保义务的内容主要包含两个方面:一个是排除自己对于租赁物占有、使用的影响。二是保证不存在第三人设立权利并且就此向承租人主张,影响承租人占有、使用租赁物的义务。

出租人的义务包括按照买卖合同约定的付款数额、时间和方法支付货款给设备出卖人;在租赁期间,如果出租人将租赁物的所有权转让给第三人,必须及时通知承租人,并协助承租人办理与租赁物的新所有人之间保持租赁关系的手续;如果设备供货人提供的租赁物的质量、性能等不符合同约定,或者出现迟延交货等违约情形的,出租人应出面协助承租人向出卖者索赔,或者将购买合同中对出卖者的索赔权转让给承租人[②]。

(二)承租人义务的履行

承租人需要承担妥善保管、使用、维修租赁物的义务。《合同法》第 247 条规定:"承租人应当妥善保管、使用租赁物。承租人应当履行占有租赁物期间的维修义务。"在租赁期间,承租人应当谨慎、合理地使用租赁物,并符合租赁物本身的性

[①] 李永军.合同法.北京:法律出版社,2003:322.

[②] 法释〔2014〕3 号第 18 条:出租人有下列情形之一,导致承租人对出卖人索赔逾期或者索赔失败,承租人要求出租人承担相应责任的,人民法院应予支持:

(一)明知租赁物有质量瑕疵而不告知承租人的;

(二)承租人行使索赔权时,未及时提供必要协助的;

(三)怠于行使融资租赁合同中约定的只能由出租人行使对出卖人的索赔权的;

(四)怠于行使买卖合同中约定的只能由出租人行使对出卖人的索赔权的。

能和正常的操作规则，并保证租赁物处于安全状态，防止租赁物毁损、灭失，以维护出租人的所有权。

当然，承租人维护此项义务是出租人对租赁债权实现的保证，直接关系到出租人的利益。因此，承租人要合理使用、妥善保管租赁物并使之保持交付时的状态；但合理损耗及各方商定的对租赁物进行的任何改装除外。租赁期满，承租人如果退回租赁物的，租赁物也应当保持其出租或交付时所应当有的状态。

而在租赁期间，承租人负有的维修义务，则更加体现出承租人"所有"的性质，这一义务与维持、保修义务的功能恰恰相反，此项义务更多的保护自己的利益，使自己能够更好地占有使用租赁物；同时，维持自己对于租赁物的控制的手段。按道理，对自己的物的维修，更多地体现为一种对自己的物的"管控"，而不应当表述为"义务"，其本质上更多的是一种"权能"的使用。承租人的维修义务，体现出融资租赁与一般租赁的不同，体现出融资租赁的出租人更多时候只是提供一种信用服务罢了。按合同规定使用、保管、保养租赁物，不得擅自对租赁物拆卸、改装、出售或者抵押给他人；按合同规定的日期、方式、数额支付租金给出租人，即使设备出卖人交付的租赁设备的质量、数量、性能等不符合合同规定或延期交货的，也不能以此为由而拒绝支付租金；按合同规定的时间、地点、方式接收租赁物出卖者交付的租赁物，并对租赁物进行验收，验收完毕后应即出具验收证书，如果承租人未按合同规定办理验收，租赁物则仍被视为在完整、良好状态下由承租人验收完毕；在验收检查租赁物时发现质量、数量、性能等不符合合同规定或者设备售货人延期交货的，应在索赔期届满前向出租人提交向设备出卖人索赔的书面通知和有关的一切证据，并协同出租人向设备出卖人索赔，索赔所需的一切费用，由承租方承担。如果由于承租人的过错而未能对外索赔或索赔不成的，其损失由承租人自己承担，承租人不得以索赔不成为由而迟付或拒付租金；在租赁期限届满后，如果合同规定要退回租赁物给出租人的，要按合同规定的时间将租赁物退回给出租人。

（三）出卖人义务的履行

《合同法》第 239 条规定："出租人根据承租人对出卖人、租赁物的选择订立的买卖合同，出卖人应当按照约定向承租人交付标的物，承租人享有与受领标的物有关的买受人的权利。"第 240 条规定："出租人、出卖人、承租人可以约定，出卖人不履行买卖合同义务的，由承租人行使索赔的权利。承租人行使索赔权利的，出租人应当协助。"

在融资租赁交易的实践中常常会发生出卖人不履行或者不完全履行交付标的物的义务。虽然《合同法》在买卖合同专章专门规定了出卖人的义务。但是，融资租赁合同和买卖合同既存在着联系又存在着明显的区别；因此本条对出卖人的相关行为进行调整。

通过对第 239 条的反面解释，如果出卖人违反了该项义务，其法律后果是什么呢？依照本法第 240 条的规定,可以由承租人直接向出卖人行使索赔权。如此一来,承租人与出卖人之间并没有相应的合同,这样的规定是否突破合同的相对性?笔者认为,该项规定确实突破了合同的相对性,但也符合融资租赁合同的特征;其目的主要是为了简化法律关系,避免当事人的利益遭受二次损失。因为,按照第 239 条的规定出卖人应当按照约定向承租人交付标的物,其出发点在于,出租人虽为买卖合同的当事人,但出卖人对于标的物并不感兴趣。且就该标的物而言,出租人并没有充分地了解也没有必要进行了解,如果将索赔交给出租人行使,由于标的物并不在出租人手中,对于租赁物的具体状况出租人并不了解,从而可能会导致索赔失败;而将索赔权交与承租人行使,鉴于对租赁物的现状和专业技能,承租人行使索赔权更为合理。

按购货合同规定的交货时间、方式直接将租赁物件交付给承租人,并提交有关资料给承租人以便其验收。如果合同规定由设备出卖人负责安装设备的,设备出卖方还应负责安装完毕。

第二节　融资租赁合同的保全

合同的保全分广义和狭义两种。广义的合同保全,是指为了使合同得以履行,由法律规定或当事人约定的种种保证措施,如缔约过失责任的追究、效力待定合同的变更和撤销、合同变更和解除,合同的同时履行抗辩权、顺序履行抗辩权、不安抗辩权、债权人的代位权及债权人的撤销权等等。狭义的合同保全即合同之债的保全,是指法律为防止合同债务人的财产不当减少,维护其财产状况,允许合同债权人代债务人向第三人行使债务人的权利,或者请求法院撤销债务人与第三人所为的法律行为的制度。合同的保全制度是对保证、抵押、质押、留置、定金等担保制度的补充。

融资租赁合同作为一种涉及三方当事人的合同,在具有普通合同的一般属性的同时亦具有其独特之处。融资租赁合同中,出租人根据承租人对租赁物或者出卖人的选择支付购买租赁的资金,之后出租人将租赁物交付给承租人,承租人支付租金。融资租赁交易,无论是对于出卖人、出租人还是对于承租人来说,都是一个三方受益的经济活动。对于出卖人而言,由租赁公司对出租人的融资实际上就是租赁公司对自己的货款支付,这不仅有利于扩大自己的市场,而且融资租赁公司的信用通常较好,出卖方可以在很大程度上避免客户的信用风险;对作为承租人的客户而言,避免了资金的一次性支付,在取得所需要产品的同时获得了租赁公司提供的信用,得以极大缓解资金压力,并且比得到其他形式的融资手续简便。对于租赁公司而言,其收益往往高于同期银行贷款利率的收益。虽然这种交易方式有很多好处,但不可否认其关系相对负责,这种复杂的商业关系可能引起难以预料的法律问题,甚至造成损失。因此完善对融资租赁合同的保全制度,保证出卖人、出租人和承租人的可期待利益,对融资租赁合同的履行和对于融资租赁事业的健康发展具有重要意义。

合同之债的保全包括代位权和撤销权。代位权,是一种有效的债的保全措施,因债务人怠于行使其债权,对债权人造成损害的,债权人可以向人民法院请求以自己的名义代位行使债务人的债权,但该债权专属于债务人自身的除外。代位权的行使范围以债权人的债权为限。债权人行使代位权的费用,由债务人负担。债权人行使其代位权,应当通过法院予以主张,也即应当通过诉讼方式进行,这就是所谓的代位权诉讼。简而言之是指当债务人怠于行使债务追索权时,债权人直接起诉次债务人,并要求其还债的一种诉讼活动。代位权行使的主体是债权人本人,并且由债权人以自己的名义代债务人之位行使。当某一债权人已行使代位权后,其他债权人不得就同一权利再次行使代位权。但两个或者两个以上债权人以同一次债务人为被告提起代位权诉讼的,人民法院可以合并审理,将债权人作为共同原告。债权人行使代位权的时候,应尽善良管理人的注意义务,如果违反此项注意义务造成损失,应负损害赔偿的责任。撤销权,是指债权人在债务人与他人实施处分其财产或权利的行为危害债权的实现时,得请求法院或者其他有权机构予以撤销的权利。由于撤销权对于第三人利害关系重大,故应由法院审查债权人撤销权的各项成立要件,以避免债权人滥用撤销权。《合同法解释(一)》第23条、第24条分别规定了管辖及当事人问题。第23条规定:债权人依照《合同法》第74条的规定提起撤销权诉讼的,由被告住所地人民法院管辖。第24条规定,债权人依照《合同法》第74条的规定提起撤销权诉讼时只以债务人为被告,未将受益人或者受让人列为第三人的,人民法院可以追加该受益人或者受让人为第三人。现在一般的见解认为债权人行使撤销权权利的时候,应具备以下要件:①债务人实施了一定的处分其财产或者权利的行为。表现为放弃到期债权、无偿转让产以及以不合理的低价转让财产等。②债务人实施的处分行为须发生于债成立之时或之后。认为若债务人实施的处分行为发生于债成立之前,则债务人损害债权人债权的实现的恶意无从谈起。③债务人的处分行为已发生法律效力。④债务人的处分行为会对债权人造成损害,即有害债权。⑤债务人和受让人主观上有恶意或过错。将处分行为分为无偿处分行为和有偿处分行为。对无偿处分行为,采取过错推定的原则。对于有偿处分行为,只有当债务人和第三人双方在实施行为时都具主观上的恶意或过失,债权人才得行使撤销权。而当第三人为善意时,认为撤销权的行使不利于保护该善意第三人的利益,有违保护善意第三人利益的法律原则;当债务人为善意,第三人为恶意或过失时,属于第三人侵权,故也不发生债权人行使撤销权的问题。

融资租赁合同作为合同的一种特殊形式,当然适用合同之债的保全的相关内容。合同之债的保全之目的是为了促进和保障合同的履行。事实上,在融资租赁合同中的有关法定或约定的条款本身也具有这种功能。

一、出租人对租赁物享有所有权

根据我国《合同法》第 242 条的规定:出租人享有租赁物的所有权。承租人破产的,租赁物不属于破产财产。根据《合同法》第 250 条的规定:出租人和承租人可以约定租赁期间届满租赁物的归属。对租赁物的归属没有约定或者约定不明确,依照本法第 61 条的规定仍不能确定的,租赁物的所有权归出租人。这样规定的好处是,首先,出租人基于拥有租赁物所有权这一事实,可以保障自己从承租人处获得租金,从而达到收益的目的,即使承租人拒付租金,出租人也可以通过取回租赁物而减少损失。其次,因为租赁物的所有权归出租人所有,所以对租赁物进行合理保管和使用是承租人最基本的义务之一,这是保护出租人作为租赁物所有权人利益的基本要求。因此,在租赁期内,未经出租人同意,承租人如果违约,对租赁物进行使用或者将租赁物出售、转让、转租、赠予、抵押,或用作投资等乃至达到实质违约的程度时,出租人可以行使租赁物取回权作为法律救济方式。在承租人因保管、使用维修不当造成租赁物由损毁、灭失危险时,出租人作为租赁物的所有权人可以请求使租赁物回复到正常使用状态。

二、承租人享有索赔权

《合同法》第 240 条规定:出租人、出卖人、承租人可以约定,出卖人不履行买卖合同义务的,由承租人行使索赔的权利。承租人行使索赔权利的,出租人应当协助。依照本条的规定可以看出,承租人获得索赔权的前提是基于出租人、出卖人、承租人的约定。在买卖合同中,如果出卖人未能依约向承租人交付标的物,出租人应当向出卖人主张权利,请求出卖人交付买卖标的物;因出卖人不履行约定义务或履行义务不符合约定或规定的条件的,出租人有权向出卖人索赔。但是,在融资租赁合同中,租赁物是出租人按照承租人的要求或指定购买的,出租人对买卖标的物的技术性能和品质要求未必了解,并且出卖人将买卖标的物又是直接交付给承租人的,由承租人对标的物进行验收,所以,出租人对标的物的瑕疵一般不负担保责任。但是,出租人对出卖人享有的索赔权,可以依法让与承租人,由承租人直接向出卖人行使索赔的权利。至于承租人的索赔权的性质,有"债权让与说"和"损害担保契约说"等观点。但将索赔权看作是一种对融资租赁合同的保全手段似乎更适合,因为约定承租人享有索赔权,是对承租人权利的一种保护,而非简单的债权让与。

案例分析

【案情】

1999 年 5 月,A 服装厂为了扩大生产规模,决定引进 B 机械厂生产的甲型制衣设备 20 套。为节省资金投入,A 服装厂与 C 租赁公司达成融资租赁协议:由 C 租赁公司购买 B 机械厂这 20 套设备,租给 A 服装厂,租期为 5 年,租金每年 60 万元。为此,C 租赁公司与 B 机械厂签订了设备买卖合同。在买卖合同履行过程中,B 机械厂提出新制造的丙型制衣设备性能、技术等都比甲型设备先进,价格也比较优惠,建议 C 租赁公司改购该设备。双方经过协商,达成合同变更协议。B 机械厂向 A 服装厂交货时,A 服装厂以设备型号与自己同 C 租赁公司签订的协议中的型号不一致为由,拒绝受领该租赁物。在多次协商未果后,A 服装厂起诉到法院,要求 C 租赁公司与 B 机械厂继续履行原合同,并承担相应的违约责任。

人民法院经审理查明:(1)A 服装厂与 C 租赁公司达成的融资租赁协议,合同主体资格合法,双方意思表示真实,合同内容、形式合法,是一个合法有效的协议。(2)C 租赁公司与 B 机械厂签订的设备买卖合同是基于未来的承租人 A 服装厂的需要而签订的,属于整个融资租赁合同的有效组成部分。(3)B 机械厂建议 C 租赁公司改购该设备,双方经过协商,达成合同变更协议。这一协议并为告知 A 服装厂,而且丙型制衣产品不是 A 服装厂所需要的,出租人 C 租赁公司并不是依据融资租赁协议向出卖人购买符合融资租赁合同约定的租赁物。人民法院认为,C 租赁公司没有适当履行融资租赁合同,是造成纠纷的根源,C 租赁公司与 B 机械厂变更买卖合同的协议不应当对 A 服装厂产生效力。据此,人民法院判决 C 租赁公司和 B 机械厂继续履行原融资租赁合同和买卖合同,并承当相应的违约责任。

【解析】

本案涉及融资租赁合同中买卖合同的变更问题。在一般合同意义上,合同的变更,是指不改变合同的主体而仅改变合同内容的情形,它是合同成立以后,尚未履行或尚未完全履行以前,基于法律规定、法院或仲裁机构的裁判行为或者当事人的法律行为等,使合同内容发生变化的现象。在普通的买卖合同中,只要双方当事人对于变更事由达成一致,即可通过新的协议来变更合同。但是在融资租赁关系中,出卖人和出租人的买卖合同还牵涉到承租人的利益,所以,法律另行规定在融资租赁的买卖合同中,出租人未经承租人同意,出租人不得变更与承租人有关的合同内容。

在融资租赁合同中,对于租赁物以及出卖人的选择是由承租人进行的,承租人具有决定买卖合同内容的权利,这是融资租赁的重要特点之一。出租人仅是按照承租人的选择向出卖人购买指定的租赁物,并不享有自行变更合同内容的权利。若允许出租人随意变更合同内容,则出租人以承租人的要求购买租赁物这一融资租赁的特殊性就不复存在。所以,我国《合同法》第 241 条规定,出租人按照承租人的要求订立买卖合同,并且出租人不能够擅自变更与承租人有关的内容。然而从该条文中可以看出,出租人虽然不能擅自变更与承租人有关的内容,但可以变更与承租人不相关的合同权利。所以,该条文还是给出租人保留了买卖合同中最基本的变更权利,只不过该变更不能影响到承租人罢了。

在本案中,A 服装厂与 C 租赁公司的融资租赁协议合法有效,并且 C 租赁公司和 B 机械厂签订的设备买卖合同是基于承租人 A 服装厂的需要而签订的,符合融资租赁的相关规定。随后,B 机械厂向 C 租赁公司推荐新的设备,并达成新的合同。但是这一新协议并没有得到 A 服装厂的同意,显然侵犯了融资租赁合同中承租人的合法利益,同时也使租赁物发生的变化,C 租赁公司需要承担违约责任。故法院的判决有理有据。

第十章　融资租赁合同的转让

第一节　债权让与

一、出租人融资租赁合同的债权转让

出租人将其对承租人应收租金转让给保理银行,保理银行为出租人提供综合性金融服务。即租赁保理业务是出租人获取银行资金开展融资租赁业务资金来源的主要渠道。根据我国《合同法》的规定,出租人转让其应收租金债权不需要承租人的同意。《最高人民法院关于审理融资租赁合同纠纷案件适用法律问题的解释》第8条规定:"出租人转让其在融资租赁合同项下的部分或者全部权利,受让方以此为由请求解除或者变更融资租赁合同的,人民法院不予支持。"

二、承租人融资租赁合同的债权转让

由于承租人占有、使用租赁物的权利是向出租人支付租金的保障,承租人转让其债权有其特殊性。承租人债权的转让可能影响到出租人的利益。因此,承租人转让债权应当经过出租人同意。《最高人民法院关于审理融资租赁合同纠纷案件适用法律问题的解释》第12条规定:"有下列情形之一,出租人请求解除融资租赁合同的,人民法院应予支持:(一)承租人未经出租人同意,将租赁物转让、转租、抵押、质押、投资入股或者以其他方式处分租赁物的。"

传统的合同权利的转让主要通过两种方式完成:一种是合同当事人将其在合同中的全部权利义务概括地转让给第三人,自己从合同关系中解脱出来,不再承担任何责任,而第三人成为合同的主体,承担原合同当事人所承担的全部义务,享有其全部权利。另外一种是将合同中的权利转让给第三人,称之为让与。

融资租赁合同中的权益能否可以转让取决于两方面的因素:第一,法律对融资租赁合同权益的转让是否有特别的限制;第二,融资租赁合同中当事人是否对权利的转让有特别的限制。法律限制合同权利的转让通常是保护某些特殊类型的当事人的特殊利益。传统上认为合同具有相对性,合同权利的效力应当维持在合同当事人之间,除非双方当事人同意,否则原则上合同权利不得转让。

在融资租赁合同,能够产生未来现金流量的最主要的金融资产是出租人对承租人按租赁合同的约定收取租金的权利,以及设备供应商向出租人收取设备的权利。出租人根据承租人与设备供应商商定的条件购买设备并出租给承租人,实际上是为承租人提供一笔融资,并获得承租人在未来按约定偿还的承诺,该交易的实质与信贷非常类似。对于出租人而言,一次性支付设备的购买款,尽管可以预期收回并有一定数量的利润回报,但当期占用了数量较大的资金,将给公司的资金运作和资金平衡带来相当的困难。对于出租公司而言,通过转让租赁合同项下的权利从其他资金来源途径获得融资也具有较为重要的意义。目前融资租赁业务开展中,主要采用四种方式转让租赁权利以获得再融资,即贴现、保理、资产证券化和动产担保融资。

在融资租赁交易中,出租人为租赁合同标的物的所有人,在其不影响承租人对标的物的占有与使用的情况下,出租人可以将合同项下的任何权利全部或部分转让给第三人,并且可以将租赁标的物抵押给第三人。根据债权转让的基本原理,出租人转让其权利或将标的物抵押,无须经得承租人的同意,但出租人应当将权利转让或抵押的情况告知承租人,否则新的受让人或抵押权人无权对承租人行使权利。[①]

第二节　保　理

保理,即保付代理,根据国际统一私法协会制定的《国际保理公约》,所谓保理合同是指供应商和保理商之间所订立的合同,该合同涉及的应收账款应是供应商和其客户签订的销售合同产生的应收账款,而对于个人、家人或家庭使用的货物销售所产生的应收账款则不属于该类业务的应收账款,同时保理商至少应提供融资、账户管理、账款催收、坏账担保在内的至少两项服务。保理的融资方式大致可分为:(一)买断式保理、非买断式保理。买断式保理是指银行受让供应商应收账款债权后,即放弃对供应商追索的权利,银行独立承担买方拒绝付款或无力付款的风险。非买断式保理是指银行受让供应商应收账款债权后,如果买方拒绝付款或无力支付,银行有权要求供应商回购应收账款;(二)融资保理、到期保理。融资保理是指银行承购供应商的应收账款,给予资金融通,并通过一定方式向买方催还欠款。到期保理是指银行在保理业务中不向供应商提供融资,只提供资信调查、应收账款催收以及销售分户账管理等非融资性服务;(三)购所有应收账款的保理、承购特定应收账款的保理。

---

① 参见程卫东.国际融资租赁法律问题研究.北京:法律出版社,2002:94.

根据我国《商业银行保理业务管理暂行办法》的规定:保理业务是集账款催收、管理、坏账担保以及融资于一身的金融服务,并以债权人转让应收账款为前提。商业保理业务则主要指非银行机构开展的保理业务,与保理业务本质是一致的,其核心内容是应收账款债权转让和受让,通过对企业提供应收账款的提前预付实现企业的融资目的。保理的核心内容就是债权的转让与受让。即保理商(主要是银行)通过收购债权人的应收账款的方式为债权人提供融资服务。其实质内涵是服务,是一种结算形式和手段。银监会2014年4月颁布的《商业银行保理业务管理暂行办法》中所称保理业务是指债权人将应收账款转让给商业银行,商业银行集应收账款催收、管理、坏账担保及融资于一体的综合性金融服务。融资租赁保理,目前是指融资租赁公司与国内商业银行开展的保理业务,是根据双方保理合同约定,租赁公司将融资租赁合同项下未到期应收租金债权转让给银行,银行支付租赁公司一定比例的融资款项并作为租金债权受让人直接向承租人收取租金。根据1988年渥太华国际保理公约的规定,保理合同包括两个因素:第一,供应商得将或应将收款项让与保理人,这些应收款是因供应商与他的客户之间的货物买卖合同或劳务合同而产生的;第二,保理人至少提供以下两种劳务,一是供应商提供融资,包括贷款和预付款项,并为应收款提供账户;代收应收款项并保护供应商兑付债务人不履行付款义务所造成的损失。

融资租赁保理业务中,租赁公司向承租人提供融资租赁服务,并将未到期的应收租金转让给银行,银行以此为基础,为租赁公司提供应收账款账户管理、应收账款融资、应收账款催收和风险等一项或多项综合金融服务,承担承租人的信用。通过这一途径融资租赁公司可以获得融资支持;盘活存量应收账款,加速现金回笼,扩大融资租赁规模;获得专业的应收账款管理及催收服务,降低运营成本和业务风险;可将应收账款卖断给银行,规避承租人的信用风险,优化财务报表。保理是租赁公司解决资金来源的渠道之一,很多银行和各类型租赁公司开展保理业务合作,其业务核心是租赁公司应收租金债权的转让。而保理更宽泛的概念是基于企业在货物销售或服务合同所产生的应收账款,由商业银行或商业保理公司提供的财务管理、贸易融资、信用风险控制与坏账担保等服务功能的综合性金融服务。融资租赁公司,特别是商务部审批管理的外资融资租赁公司与中小微企业结合紧密,它们与中小微企业开展设备租赁业务,形成大量的应收账款,中小微企业在发展过程中积累了众多应收账款。因此融资租赁和保理业务的结合是完全打通贸易实体行业上下游通道的有效途径之一。[①]

---

① 参见《金融时报》,2013年10月28日第007版融资租赁。

第三节　权利义务概括转移

合同转让包括权利的转让、义务的转让和权利义务的概括转让三种形式。其中合同权利义务的概括转让是合同转让形式之一，是指合同当事人一方将其合同权利和义务一并移转给第三人，由该第三人概括地继受的法律制度。《合同法》第88条规定："当事人一方经另一方同意，可以将自己在合同中的权利和义务一并转让给第三人。"其特点：一，它不改变原有的权利义务内容；二，发生合同主体的变化；三，它涉及原合同当事人之间的权利义务关系、转让人与受让人之间的权利义务关系。根据合同权利义务转让的原因不同，合同权利义务概括转让主要有两种情形：一种是当事人协商确定，即约定的情形；另一种是法律规定必须转移的情形，即法定的情形，即当事人的死亡、破产、企业合并与分立。

在融资租赁合同中，出租人的主要权利有出租人对租赁标的物的所有权、收取租金的权利、租赁标的物瑕疵担保免责权、租赁物标的物风险负担免责权、租赁标的物造成第三人损害时的免责权、全部租金请求权或者合同解除权等，其义务主要有保证承租人占有、使用租赁物的义务、不得擅自变更购买合同中与承租人有关的内容的义务等；承租人的权利有受领租赁标的物的权利、占有、使用租赁标的物的权利、索赔权、租期届满时对租赁物所有权归属的选择权等，其义务主要有支付租金的义务、妥善保管、使用和维修租赁物的义务、承租人不得中途解约的义务等。无论是出租人还是承租人都应在遵循《合同法》相关规定的前提下转让自己的权利和义务。

融资租赁合同中权利义务的概括移转应遵循以下规则：

(1)承租人在出租人同意的情况下可以转让其全部权利义务，在融资租赁实践中被称为转租赁。我国《融资租赁示范法(草案)》第14条规定："转租赁应当经过出租人同意。"《国际租赁示范法(草案)》第15条第2款规定："承租人在租赁合同项下的权利和义务只有在经过出租人同意且不损害第三人权利的情况下方能转让，出租人不得不合理地拒绝此种转让。"

(2)出卖人转让其全部权利和义务必须得到承租人、出租人的共同同意。

(3)出租人转让其供货合同的全部权利和义务必须得到供货人和承租人的同意。出租人转让租赁合同的全部权利和义务必须得到承租人的同意，同时还要得到出卖人的同意。因为租赁合同支付货款的义务是供货合同出卖人的权利，对出卖人来说属于出租人支付货款义务的转让。否则，融资租赁交易无法完成。

案例分析

【案情】

2012 年 1 月 6 日，某融资租赁有限公司与陈某在北京签订一份《融资租赁合同》，合同约定：以某融资租赁有限公司（出租人）为甲方、以陈某（承租人）为乙方。某机械公司是甲指定代理商，甲方同意根据乙方对租赁物的自主选定，由甲方向代理商购买租赁物并签订《租赁物买卖合同》，再将租赁物以融资租赁的方式出租给乙方使用。其中《融资租赁合同关键页》明确了租赁物为型号 GC88 挖掘机（车架号：J5JD0816，发动机号：H4903）一台，购买价款 450,000 元，租赁年利率 8.16％，融资金额 382,500 元。《融资租赁合同》签订后，某融资租赁有限公司根据陈某对租赁物的选择，向某机械公司以价款人民币 450,000 元购买了型号 GC88 挖掘机一台。某机械公司于 2012 年 1 月 6 日在湖南省湘阴县将挖掘机交付给陈某使用，经陈某验收确认所交之物符合本案租赁物的要求。按照合同约定，陈某应向某机械公司支付首期款项 133,108 元，向出租人某融资租赁公司每月按期支付 12,008 元租金，供给支付 36 个月，而实际上陈某只支付 106,600 元的首期款，尚欠 26,508 元的首期款没有支付给某机械公司，并且尚有到期租金 47,996 元未支付某融资租赁公司。

2012 年 12 月 6 日，某机械公司与某融资租赁有限公司签订了《债权转让协议》，约定转让方为某融资租赁公司，受让人为某机械公司，自债权转让协议生效之日起，转让方将《融资租赁合同》项下的所享有的对承租人的权利（包括但不限于租赁债权、损失赔偿权、合同解除权、租赁物取回权）转让至受让方。同日，某融资租赁有限公司履行融资租赁合同义务。后某机械公司多次向陈某催讨首期欠款和到期未付租金，并且给予了其合理履行期限，但陈某置之不理。因陈某严重违约行为，致使合同目标无法实现，已构成了根本违约，某机械公司遂向法院主张解除融资租赁合同，要求陈某立即返回 GC88 挖掘机，并支付到期未付租金 47,996、首付款 26,508 元、违约金 1418 元、律师代理费及拖车费等合理损失费 322,153.84 元，共计 108,075.84 元。

法院审理后认为，某融资租赁有限公司与陈某签订的《融资租赁合同》系双方真实意思表示，合法有效，当事人双方均应当按照约定全面履行自己的义务。某融资租赁有限公司向某机械公司转让其在《融资租赁合同》项下的相关权利，且已通知陈某，故陈某应向某机械公司履行《融资租赁合同》项下的相关义务。截至 2012 年 12 月 14 日，陈某逾期租金

47,996元未支付,已构成根本违约,达到合同的解除条件,虽某机械公司提供的证据不足以证明其已通知到陈某解除融资租赁合同,但某机械公司已向法院提起诉讼,法院已将起诉状副本送达给陈某后,应视为已尽了通知义务,至即日起《融资租赁合同》解除。故对某机械公司上述请求,法院予以支持。某机械公司受让某融资租赁有限公司《融资租赁合同》项下的权利,享有租赁物的所有权,陈某在融资租赁期间不享有所有权。陈某应立即向某机械公司返还租赁物GC88挖掘机一台。

对某机械公司要求陈某支付到期未付租金47,996元、首期款26,508元、违约金1418元的诉讼请求,法院认为,某融资租赁有限公司依约履行了购买租赁物交付给陈某使用的义务,陈某应按照约定支付首期款和租金,预期未支付应承担违约责任;某机械公司要求支付截至2012年12月14日的首付滞纳金5041.82元、垫付租金滞纳金3738.02元,符合合同预定,本院予以支持。某机械公司要求支付律师代理费18,000元,某机械公司虽提供了《委托代理合同》及收据,但未提交正规发票,且律师费收取过高,本院根据案情结合律师收费相关规定酌情认定为10,000元。某机械公司要求支付1年保养费5374元,既无证据证明,亦无事实依据,本院不予支持。因此,陈某应向某机械公司支付到期未支付租金47,996元、首付款26,508元、违约金1418元、首付滞纳金5041.82元、垫付租金滞纳金3738.02元、律师代理费10,000元,共计94,701.84元。

【解析】

融资租赁合同中,出租人转让其合同项下的部分或者全部权利时,应当通知承租人,以保护市场主体的合理预期和交易秩序的相对稳定。但出租人转让债权,并不需要征得承租人的同意,以充分尊重和保护债权人的债权处理自由。出租人将其融资租赁合同项下的部分或者全部权利转让给受让人,并通知承租人后,受让人取得融资租赁债权,得要求承租人清偿其融资租赁合同项下的债权。承租人拒不履行债务的或在宽限期仍不履行债务的,根据最高人民法院最近颁布的《融资租赁合同司法解释》第8条规定,受让人能否解除合同,发生疑问,因此,有必要予以澄清。《融资租赁合同司法解释》第8条规定,出租人转让其在融资租赁合同项下的部分或者全部权利,受让人以此为由请求解除或者变更融资租赁合同的,人民法院不予支持。其主要依据在于"买卖不破租赁"规则在融资租赁合同中的具体运用,以期兼顾效率和安全的法律价值。在融资租赁合同下出租人将其在融资租赁合同项下的全部权利转让给受让人时,受让人方取得合同项下的全部权利的,承租人得依据融资租赁合同向受让人支付租金。承租人拒绝支付租金的,融资租赁合同债权受让人以承租人根本违约为由请求解除融资租赁合同。

　　本案某融资租赁有限公司与陈某之间签订的融资租赁合同,双方当事人主体适格,意思表示真实,不违反法律及行政法规的强制性规定应当认定合法有效。后出租人某融资租赁有限公司与某机械公司签订了《债权转让协议》,约定将其融资租赁合同项下部分或全部权利转让给某机械公司,在出租人通知承租人后,受让人某机械公司取得融资租赁合同项下出租人的出租人地位,得向承租人陈某主张其融资租赁合同项下的租金债权。承租人陈某无正当理由,拒绝履行支付租金的债务,受让人某机械公司自始得行使《合同法》第248条所规定的合同解除权,并要求返还租赁物。

第十一章　违约责任

第一节　概　述

违约责任作为保障债权实现和债务履行的重要措施,是指当事人不履行合同债务时,所应当承担的赔偿损害、支付违约金等责任。[①] 从上面的概念可以看出:第一,违约责任是民事责任的一种形式——民事责任是指民事主体在民事活动中,因实施违法行为而依法应承担的民事法律后果或者基于法律特别规定而应承担的民事法律责任,而非行政责任或者刑事责任。第二,违约责任是合同当事人不履行债务时所产生的责任,这就意味着,在合同债务存在的前提下合同一方当事人不履行合同债务时违约责任才会产生。第三,违约责任具有相对性。其相对性表现在违约责任只能在特定的当事人之间发生。首先,违约当事人应对因自己的过错所造成的违约后果承担违约责任,而不能将责任推卸给他人。其次,在因第三人的行为造成债务的不能履行时,债务人仍然应当向债权人承担违约责任,而不应由第三人向债权人负违约责任。但债务人在承担责任之后,有权向第三人追偿。再者,因为只有债权人和债务人才是合同关系的当事人,所以债务人只能向债权人承担违约责任。第四,违约责任可以由当事人约定。违约责任虽然具有强制性的特点,但基于合同的自由原则,当事人可事先约定违约责任。第五,违约责任主要是财产责任。

在融资租赁交易中,出租人最重要的义务是出资购买租赁物,并保证承租人的平静占有及使用,出卖人的义务是向承租人交付租赁物,承租人则负有按期支付租金和其他一些附属的义务,例如以约定的方式使用租赁物,未经许可不得转租,租赁期满时交回租赁物等等。三方当事人中任何一方违约都有可能造成整个融资租赁交易的流产,违约者应为自己的违约承担相应的责任。

[①] 王利明.违约责任论.北京:中国政法大学出版社,1996:21.

第二节 融资租赁中违约责任的承担方式

一、出卖人违约责任的承担

虽然在融资租赁交易中通常有三方主体,但是这并不意味着出卖人也是融资租赁合同的当事人。事实上,融资租赁合同是一个完整的合同,不可分割,融资租赁交易中的买卖合同并不是其组成部分,同理,其只有两方主体,即出租人和承租人。在融资租赁合同中之所以无法避免地要讨论出卖人和买卖合同,是因为就融资租赁合同与融资租赁交易而言,其与买卖合同之间存在较为紧密的联系:首先,买卖合同是成立融资租赁合同的前提;其次,融资租赁合同的履行也会影响到买卖合同。因此避开融资租赁交易中的出卖人而单独探析融资租赁合同中的当事人违约责任是不切实际的。

根据我国《合同法》第 240 条的规定:出租人、出卖人、承租人可以约定,出卖人不履行买卖合同义务的,由承租人行使索赔的权利。承租人行使索赔权利的,出租人应当协助。从本条规定中可以看出,承租人获得对出卖人的索赔权并非基于融资租赁合同本身,而是基于出租人、出卖人以及承租人三方之间的约定。至于"出卖人不履行买卖合同的义务",是指出卖人违反买卖合同的规定,不履行或者不及时履行交付的义务,以及交付存在瑕疵的标的物等情形。出卖人违反合同的规定的,应该根据违约的不同情况而承担责任,具体来说就是:

对于非因出租人、承租人的原因造成的出卖人未交付或者交付租赁物或交付与合同约定不符的租赁物时,究竟是令出租人向承租人承担违约责任还是令出卖人向承租人承担违约责任,存在两种不同的观点。第一种观点认为按照合同的相对性原理,应当由出租人向承租人承担违约责任。第二种观点认为出租人对承租人提供的仅仅是融资服务,对租赁物的状况所了解甚少,因而应由出卖人向承租人承担责任。基于上述两种理由均有其合理性和局限性,因而我国法律对此区别情况予以规定。

法释〔2014〕3 号第 5 条规定出卖人违反合同约定的向承租人交付标的物的义务,承租人有权拒绝受领租赁物。对于出卖人违反合同约定的向承租人交付标的物的义务的违约后果规定在该司法解释的第 6 条[①],第 6 条规定承租人对出卖人

[①] 第 6 条 承租人对出卖人行使索赔权,不影响其履行融资租赁合同项下支付租金的义务,但承租人以依赖出租人的技能确定租赁物或者出租人干预选择租赁物为由,主张减轻或者免除相应租金支付义务的除外。

违反交付标的物的义务享有索赔权。①

当出卖人违反交付标的物义务,承租人有权向出卖人行使索赔权。出卖人未交付或者交付不符合合同约定的标的物时,承租人可以请求出卖人继续履行,同时还可以要求支付违约金,甚至因此造成损失的也可以要求损害赔偿。(1)修理和更换。当出卖人所交付的标的物存在不符合合同约定时,出卖人向承租人对该标的物承担进行修理或者更换的违约义务。对于在修理更换过程中产生的费用,包括运输费用以及其他人员开支,均由出卖人承担。(2)折价赔偿。如果出卖人所交付的租赁物虽然不符合合同的约定,但也没有对承租人产生过大影响,仍能够继续使用的,如承租人提出折价请求,出卖人应当折价。(3)违约金。在出卖人与出租人约定违约金的情形下,如出卖人违反合同约定提供或者未提供租赁物时,该行为构成违约,出卖人承担支付违约金的义务。(4)解除合同并要求损害赔偿。在出卖人交付的租赁物严重影响承租人的生产经营活动,致使合同履行不能时,承租人有权请求解除合同并要求损害赔偿。

二、出租人违约责任的承担

在整个融资租赁活动的过程中,租赁物对出租人的最大价值不是其本身的价值,而是将其租赁给承租人时所产生的高于银行存款利率的租金,如果租赁合同不能正常履行,经承租人指定而购买的租赁物对于出租人来说价值极低,甚至成为公司的负担,出租人因此会遭受巨大损失。因此,从理论上来讲,出租人在融资租赁合同中违约的意愿非常之低。然而,融资租赁交易的复杂性以及出租人在其中所扮演的角色的特殊性决定了其出现违约情形并承担违约责任亦为难免。② 下面就融资租赁合同中出租人的违约责任问题进行探析:

(一)出租人妨碍租赁物占有使用的责任

《合同法》第 245 条规定:"出租人应当保证承租人对租赁物的占有和使用。"如

---

① 第5条 出卖人违反合同约定的向承租人交付标的物的义务,承租人因下列情形之一拒绝受领租赁物的,人民法院应予支持:

(一)租赁物严重不符合约定的;

(二)出卖人未在约定的交付期间或者合理期间内交付租赁物,经承租人或者出租人催告,在催告期满后仍未交付的。

承租人拒绝受领租赁物,未及时通知出租人,或者无正当理由拒绝受领租赁物,造成出租人损失,出租人向承租人主张损害赔偿的,人民法院应予支持。

② 夏莉娟.融资租赁合同中的违约责任研究.对外经贸大学 2004 年硕士论文.

果出租人没有履行该义务,应当被认定为违约行为。法释〔2014〕3 号第 17 条①以列举加兜底的条款形式对此又予以了进一步的明确。第 17 条第 1、2 项规定了出租人不得无正当理由收回租赁物、不得无理由妨碍、干扰承租人对于租赁物的占有使用。承租人对于租赁物的占有使用是其根本目的。根据债的相对性原理,承租人只能向出租人主张违约责任,第 17 条第 3 项规定如果在租赁物上存在第三人的权利对承租人占有使用租赁物产生影响的,承租人只得向出租人主张违约责任,而不能向第三人主张。第 17 条第 4 项为兜底性条款,旨在防止立法的不周延,从而囊括所有的出租人妨碍租赁物占有使用的其他情形,进而全面保护承租人的利益。

（二）出租人妨碍索赔的责任

出租人虽然是租赁物的买方及所有人,但是出租人通常是专业的融资租赁公司,对于租赁物的具体情况不能实际掌握,在融资租赁交易中所充当的功能仅为融资,所以,在此对于租赁物的选择、出卖人的选定也通常由承租人来进行,并且在买卖合同成立生效后,通常由出卖人向承租人交付租赁物,承租人对交付的租赁物进行验收。承租人实质上参与到了买卖合同中,因此承租人享有向出卖人索赔的权利,其目的旨在简化交易。

承租人行使索赔权,常常需要出租人的协助,如果出租人不予以协助,就可能造成承租人行使索赔权失败,对于此附随义务的违反究竟在何种条件下出租人应承担责任。法释〔2014〕3 号第 18 条②对此予以了明确,根据第 18 条的规定因出租人的原因导致承租人行使索赔权逾期或者失败,也就是说只要出租人的行为与承租人行使索赔权逾期或者失败之间存在因果关系。承租人可以基于出租人的行为所造成的损失要求出租人承担损害赔偿责任。

（三）出租人的瑕疵担保责任

我国《合同法》第 244 条规定："租赁物不符合约定或者不符合使用目的的,出租人不承担责任,但承租人依赖出租人的技能确定租赁物或者出租人干预选择租

---

① 第 17 条 出租人有下列情形之一,影响承租人对租赁物的占有和使用,承租人依照合同法第 245 条的规定,要求出租人赔偿相应损失的,人民法院应予支持:

（1）无正当理由收回租赁物;

（2）无正当理由妨碍、干扰承租人对租赁物的占有和使用;

（3）因出租人的原因导致第三人对租赁物主张权利;

（4）不当影响承租人对租赁物占有、使用的其他情形。

② 第 18 条 出租人有下列情形之一,导致承租人对出卖人索赔逾期或者索赔失败,承租人要求出租人承担相应责任的,人民法院应予支持:

（1）明知租赁物有质量瑕疵而不告知承租人的;

（2）承租人行使索赔权时,未及时提供必要协助的;

（3）怠于行使融资租赁合同中约定的只能由出租人行使对出卖人的索赔权的;

（4）怠于行使买卖合同中约定的只能由出租人行使对出卖人的索赔权的。

赁物的除外。"即原则上免除了出租人的瑕疵担保责任。但是,也做了例外规定,法释〔2014〕3 号第 19 条①罗列了例外情形:(1)出租人对于承租人选择出卖人和租赁物具有决定性作用的,即能排除承租人选择意志的。(2)出租人对于承租人在租赁物和出卖人的选定上具有干涉或强制的影响,在此种情形下,虽和第一种情形类似,但是更为重要的区别在于,此种情形只要达到了干涉的地步,就可以认定出租人应当承担瑕疵担保责任。(3)出租人虽然对于承租人选择租赁物以及出卖人进行干涉或者起决定性作用,但此种情形是出租人擅自改变了承租人的实际选择。②

需要指出的是《合同法》第 244 条仅适用于物的质量瑕疵担保责任;租赁物发生权利瑕疵时适用《合同法》第 245 条的规定。

(四)总结

出租人应对自己的违约行为承担违约责任,具体的方式如下:1.排除妨碍。根据司法解释的规定,出租人违反承租人平静占有、使用租赁物的担保义务并非是根本违约,因为在实践中,出租人违反该义务的原因可能存在多种情况,如果出租人违反该义务时并非恶意甚至是善意的情况下,就赋予承租人解除合同的权利,不仅无助于矛盾的解决,反而会造成出租人利益的严重损害,从而将矛盾激化。因此当出租人并非出于恶意而违反了平静占有的担保义务时,应允许出租人采取的措施去弥补自己的过失,即积极地为承租人的平静占有、使用租赁物排除妨碍。而当出租人在恶意的情况违反该义务的,应当认定承租人享有合同的解除权。2.赔偿损失。损害赔偿作为合同违约时主要的一种救济方式,同样适用于融资租赁合同。如果因为出租人的违约造成了承租人的损失,那么出租人应当承担赔偿责任。但损害赔偿的范围也应当限于出租人在与承租人定理融资租赁合同时所预见到承租人因履行合同所获得的利益。

三、承租人违约责任的承担

与出租人相比,承租人只涉及与出租人相关的融资租赁合同,与买卖合同中的出卖人并无直接的联系,其在融资租赁交易中的法律关系相对比较简单。但是承租人对于采取融资租赁方式的意愿和对于融资租赁标的物的需求容易受到市场价

---

① 第 19 条 租赁物不符合融资租赁合同的约定且出租人实施了下列行为之一,承租人依照合同法第 241 条、第 244 条的规定,要求出租人承担相应责任的,人民法院应予支持:

(1)出租人在承租人选择出卖人、租赁物时,对租赁物的选定起决定作用的;

(2)出租人干预或者要求承租人按照出租人意愿选择出卖人或者租赁物的;

(3)出租人擅自变更承租人已经选定的出卖人或者租赁物的。

承租人主张其系依赖出租人的技能确定租赁物或者出租人干预选择租赁物的,对上述事实承担举证责任。

② 奚晓明主编. 最高人民法院关于融资租赁合同司法解释理解与适用. 北京:人民法院出版社,2014:106.

格状况、市场供求和行业技术发展状况等因素的影响,而且其自身的经营状况和财产状况的波动性也对此有很大影响,因此在融资租赁交易过程中,承租人违约的可能性要比出租人大出很多。因此对承租人的违约责任的探讨,有助于为现实融资租赁交易中出现的违约情形提供一定的理论支持。

融资租赁合同中,承租人的违约行为往往是对自己义务的不履行,承租人所要履行的义务有:支付租金、在租赁期内对租赁物进行保管、维修以及租赁期满后按照约定归还租赁物的义务等。下面就承租人的违约责任分别进行阐述。

(一)承租人逾期支付租金的责任

在融资租赁合同中,承租人通过出租人提供的融资,能够在不用一次性支付全部价钱的前提下而获得自己生产、经营所需之物,不仅缓解了资金的压力,同时扩大了生产。出租人之所以愿意提供融资,其根本动力在于通过参与融资租赁交易能够获得预期利润,而该利润的绝大部分是包含在租金之中。因此收取租金既是出租人获利的最主要方式,同时按时支付租金亦是承租人最主要的义务。法释〔2014〕3 号第 20 条[①]规定了承租人逾期支付租金的责任承担,第 20 条中所指的逾期履行支付租金义务或者迟延履行其他付款义务指的是租金以及合同订立过程中产生的手续费、其他各项费用的综合支付的义务。在实务中,出租人与承租人在订立合同时,往往会约定,承租人须向出租人提供相应的履行保障,这样出租人才能与出卖人订立买卖合同。例如:交付一定保障金,提供担保等。承租人违反上述约定,会构成违约。

在融资租赁合同中,双方在合同中往往会约定违约金条款。根据《合同法》关于对违约损害赔偿的规定,既可以依照合同约定向违约方请求违约金,也可以约定违约损害赔偿的计算方法。但是如果当事人之间既约定了逾期利息,又约定了违约金,应当如何处理?按照本司法解释的理解,违约损害赔偿应当以违约行为所造成的实际损失为限,对于当事人所约定的逾期利息以及违约金同时要求的,如果没有超过实际损害的,人民法院应当予以支持。但是如果逾期利息和违约金同时主张过分高于实际损害的,承租人可以要求调整。

(二)无正当理由拒收或迟延接收租赁物时应承担的违约责任

融资租赁交易中,往往在供货合同中规定由供货人直接将标的物运往交货地点给承租人,由承租人检验和接收货物。承租人检验和接收货物不仅仅是赋予其的权利,一定意义上,这也是承租人所负担的一项义务。如果承租人在指定的时间未履行检验的义务导致产生额外费用,或是承租人错误地拒收了货物,都可以构成违约,出租人可以向其要求承担违约责任。在承租人发生违约情况的时候,出租人

---

① 第二十条 承租人逾期履行支付租金义务或者迟延履行其他付款义务,出租人按照融资租赁合同的约定要求承租人支付逾期利息、相应违约金的,人民法院应予支持。

应当采取一切合理的措施减轻其损失,如果出租人没有能够采取一切合理的措施减轻其损失,出租人不得就这部分损失收取损害赔偿。

(三)未经允许的转租情况下承租人应当承担的违约责任

我国《合同法》中并未就融资租赁合同的转租做出规定,但在实务中,转租行为是有可能出现的,比如在普通租赁合同中,在经过出租人的同意下,承租人可以将租赁物进行转租,而承租人与出租人的租赁合同不受影响,但是第三人对租赁物造成损失时,承租人应就该损失进行赔偿。《国际融资租赁公约》中对融资租赁合同所可能涉及的转租问题做出了规定:"只有在经出租人同意并不损害第三人利益的情况下,承租人方可转让其对设备的使用权或租赁协议规定的任何其他权利。"融资租赁合同仍带有租赁合同的性质,因此承租人对租赁物进行转租时必须得到出租人的同意。因为,承租人只是获得允许而暂时拥有租赁物的使用权和部分收益权,这些权属包括融资租赁物的所有权、处分权等权利的真正所有人是出租人。因此取得出租人的同意,是承租人进行转租的前提条件。如果未得到出租人的同意擅自转租,就属于侵犯出租人所有权的行为,属于侵权行为和违约行为的竞合。在这种情况下,出租人可以选择侵权之诉或违反合同之债之诉向承租人主张相应的救济措施。

(四)在占有租赁物期间造成租赁物的损害及灭失时承租人的责任

在融资租赁合同中,尽管租赁物的各种权属归出租人所有,但是承租人通过租赁的方式暂时取得如占有权在内的部分权属,此时融资租赁物被承租人实际占有。若合同中对于租期结束时融资租赁物的归属没有相应规定或规定不明之时,融资租赁物应当返还给出租人,这就要求承租人在将租赁物返还给出租人时应保证租赁物的完整性。因此,承租人在实际占有租赁物期间,应当保证融资租赁物不遭受损害,更不能让租赁物灭失。若出现以上情形,承租人就侵犯到了出租人对于租赁物的权利,也违反了合同中对于出租人对租赁物拥有所有权的规定。与上面相同,承租人此时的行为亦构成侵权行为与违约行为的竞合。在转租的情况下,承租人在融资租赁合同项下的义务并不转移给新的承租人,其仍然直接向出租人负责。若出现融资租赁物的损害及灭失,应当认定为承租人违约,应向出租人承担违约责任。原承租人负担了融资租赁合同项下的违约责任之后,可以向新的承租人就双方之间达成的租赁协议主张其权利。

(五)承租人的其他违约行为下应当承担的违约责任

承租人违约形态多种多样,除了以上几种主要的形态之外,还有如承租人将融资租赁物用于非法用途,从而致使出租人对于融资租赁物的权利处于一种危险状态之下;或是承租人未履行对于融资租赁物投保的义务,则融资租赁物出现毁损或灭失时,原本可以通过保险而分担的损失部分也应当由承租人负责赔偿等等。

第三节 免责事由

免责事由也称免责条件,是指当事人对其违约行为免于承担违约责任的事由。合同法上的免责事由可分为两大类,即法定免责事由和约定免责事由。

一、法定免责事由

（一）不可抗力

法定免责事由是指由法律直接规定、不需要当事人约定即可援用的免责事由,主要指不可抗力。与买卖合同中类似,融资租赁合同中当事人法定免责事由主要指的是不可抗力。不可抗力指在合同履行过程中,出现了不可预见、不能避免并且无法克服的客观情况。一般来说,在融资租赁合同的履行过程中,不可抗力主要有以下几种体现:1.因不可抗力导致出租人或者供货人不能履行提供租赁物的义务,或者提供租赁物迟延的,出租人免于承担不履行交货义务或延迟履行交货义务的责任;2.因不可抗力导致承租人支付租金迟延的,承租人免于承担迟延履行的违约责任;3.因不可抗力导致租赁物毁损、灭失的,承租人免于承担不能返还租赁物的违约责任。《合同法》第117条规定:"因不可抗力不能履行合同的,根据不可抗力的影响,部分或者全部免除责任,但法律另有规定的除外。当事人迟延履行后发生不可抗力的,不能免除责任。本法所称不可抗力,是指不能预见、不能避免并不能克服的客观情况。"虽然不可抗力原则上当事人均可免责,但亦存在例外的情形。结合融资租赁合同的实际,租赁物意外灭失、毁损的,承租人均无须承担赔偿责任。但是毕竟租赁物毁损灭失的事实已经发生,并且已经产生了实际损失;虽然通过不可抗力的规则可以将赔偿责任予以排除,但是关于该项损失应当如何来承担,涉及了解除和风险负担的问题。

关于租赁物因不可抗力毁损、灭失导致不能返还,法释〔2014〕3号第7、10、11和15条①构建起来以下规则:在融资租赁合同的租赁期间发生了不可归责于当事

---

① 第7条:承租人占有租赁物期间,租赁物毁损、灭失的风险由承租人承担,出租人要求承租人继续支付租金的,人民法院应予支持。但当事人另有约定或者法律另有规定的除外。

第10条:当事人约定租赁期间届满后租赁物归出租人的,因租赁物毁损、灭失或者附合、混同于他物导致承租人不能返还,出租人要求其给予合理补偿的,人民法院应予支持。

第11条:有下列情形之一,出租人或者承租人请求解除融资租赁合同的,人民法院应予支持:……(二)租赁物因不可归责于双方的原因意外毁损、灭失,且不能修复或者确定替代物的;

第15条:融资租赁合同因租赁物交付承租人后意外毁损、灭失等不可归责于当事人的原因而解除,出租人要求承租人按照租赁物折旧情况给予补偿的,人民法院应予支持。

人的租赁物的毁损、灭失的情形时,当事人双方均有权选择解除合同。如果一方或者双方选择解除合同,则出租人可依据第 10 条要求承租人对该租赁物进行补偿;如果双方未选择解除合同,则出租人可以要求承租人继续履行交付租金的义务,双方当事人有约定或者依照法律规定,租赁期届满后租赁物归属于出租人的,承租人须就在租赁期届满后向出租人支付相应的价款以替代履行返还租赁物的义务。

（二）出租人瑕疵担保的免责权

融资租赁合同中还有一种特殊的法定免责,主要表现在《合同法》第 244 条的出租人瑕疵担保的免责权,第 244 条规定:租赁物不符合约定或者不符使用目的的,出租人不承担责任,但承租人依赖出租人的技能确定租赁物或者出租人干预选择租赁物的除外。

与一般租赁合同和买卖合同不同的是,在一般买卖或租赁合同中标的物存在瑕疵时,出租人或者出卖人应当就此承担瑕疵担保责任。此种情况应当区别于融资租赁合同,在融资租赁合同中,出租人依照承租人对于租赁物、出卖人的要求进行缔结买卖合同,在获取租赁物的所有权后将该租赁物交付给承租人占有、使用,由承租人向出租人定期给付租金。由此可以看出,出租人对于租赁物本身并没有需求,而是基于租赁物的所有权而获得对合同债权的担保,其对于租赁物的具体状况并不是很了解并且没有必要进行了解;而与此形成鲜明对比的是,承租人占有、使用租赁物,其对于租赁物的现状具有最直观的了解,并且承租人占有、使用租赁物的目的在于从事生产经营,因此,对于租赁物的功能、效用等方面具有一定的技能,对于租赁物的瑕疵也能更为直接地解除和发现,所以,由承租人承担此瑕疵风险也更为合理,由此排除了出租人的瑕疵担保责任。因此,在融资租赁合同中,只约定了出租人订立买卖合同,交付租赁物的义务,并没有约定出租人有瑕疵担保责任。

需要注意的是,对出租人免除瑕疵担保责任的例外作一个全面的理解。并不是所有情况下,出租人均是免除瑕疵担保责任的,否则,会造成双方当事人之间一方享有全部利益,另一方承担所有义务,导致双方利益失衡的情形发生。在承租人依赖出租人的技能确定租赁物或者出租人干预选择租赁物的情况下,出租人的瑕疵担保责任不能因此而免除。在前者,出租人拥有对租赁物的专业知识,而承租人相对而言缺乏此类知识、技能;在后者,出租人未经承租人同意,而擅自变更了租赁物的选择,实质上已经侵犯了承租人的权利,构成违约,因此将承担由此造成的后果。① 基于上述情形,是为出租人免除瑕疵担保的例外。

---

① 黄立.民法债编总论.北京:中国政法大学出版社,2002:326.

二、约定免责事由

约定免责事由是指当事人约定的免责条款。但是通过协商而出现在合同中的免责条款不得与强行法相违背,否则无效。同时如果这些规定有显失公平,那么当事人也可主张其无效,进而导致违约方无法根据约定而免责。

案例分析

【案情】

2011 年 10 月 27 日,某融资租赁公司与广州市甲图文快印有限公司(以下简称甲公司)签订了一份租赁合同,约定由某融资租赁公司向甲公司出租施乐牌型号为 C800P/EFI(4color)打印设备一台,租赁期限为 60 个月,租金总额为 2,494,320 元,首付款为 690,000 元,每一个月为一个支付周期,每期租金为 30,072 元。租金在每个支付周期期末支付,迟延付款利息为月息 2%。若承租人违约,则应承担向承租人追讨因执行或保护本合同项下出租人权利而产生的费用,包括但不限于诉讼费、律师费等费用。后某融资租赁公司按约向甲公司自主选择的供应商某实业发展公司,购买了上述打印设备并交付给甲公司,甲公司在租赁物件接收确认书上盖章确认收到合同约定的租赁物并投入使用。至起诉日,甲公司已支付给某融资租赁公司首付款金额 690,000 元,8 期租金 240,576 元,未付租金为 1,563744 元,其中截止到起诉日的租金额为 210,504 元,未到期租金为 1,353,240 元。根据某融资租赁公司诉讼保全申请,法院于 2013 年 5 月 16 日依据生效的民事裁定书依法将涉案的租赁设备 C800P/EFI(4color)打印机扣押至某融资租赁公司指定的仓库中,并指定由某融资租赁公司负责保管。某融资租赁公司现起诉法院请求判令:(1)甲公司退还给某融资租赁公司施乐牌型号为 C800P/EFI(4color)打印设备一台;(2)甲公司给付某融资租赁公司设备租金 1,563,744 元;(3)甲公司支付给某融资租赁公司迟延利息 14,995.90 元;(4)甲公司承担律师代理费 109,462 元。2013 年 9 月 3 日,某融资租赁公司当庭变更诉讼请求为撤销要求甲公司归还设备的请求,其余诉讼请求不变。

甲公司辩称:由于某融资租赁公司提交的租赁物存在严重质量问题,所以甲公司有权行使不安抗辩权拒付租金,且该打印设备经某融资租赁公司多次维修后仍无法正常使用,所以某融资租赁公司违约在先,不同意某融资租赁公司的全部诉讼请求。

法院审理后认为,某融资租赁公司与甲公司订立的租赁合同,从合同性质上来看,应属于融资租赁合同法律关系,是双方当事人真实意思的表示,不违反法律及行政法规的强制性规定,合同依法有效,当事人应恪守履行。出租人某融资租赁公司按约定交付租赁物品,承租人甲公司接受租赁物品并投入经营使用后,未按约如期如数支付租金,构成违约,依法应当承担违约责任。但由于出租人某融资租赁公司申请财产保全措施后,上述租赁设备已被法院依法扣押并交由出租人某融资租赁公司代为保管,出租人某融资租赁公司再主张要求承租人甲公司支付设备被扣押之后的租金显然有失公平,因为,此时承租人甲公司已丧失以此设备收益的情形,而某融资租赁公司实际也以此行为表明接解除融资租赁合同的意思,双方合同实际上也不可能继续履行,故承租人甲公司应支付至租赁设备扣押之日前的租金,出租人某融资租赁公司要求承租人甲公司支付全部租金的请求本院难予以支持。承租人甲公司辩称的租赁设备质量问题和律师费用问题,由于当事人双方在租赁合同中都对此作了明确约定,且由于承租人甲公司违约以致某融资租赁公司提起诉讼产生费用,该费用并不违反规定。但因裁判结果少于出租人某融资租赁公司诉讼请求标的额,故出租人某融资租赁公司的律师代理费用应酌情扣除,综上,判决承租人甲公司偿付给某出租人融资租赁公司租金 300,720 元及逾期利息 21,772.13 元,律师代理费用 29,462 元。

【解析】

本案出租人某融资租赁公司与承租人甲公司签订的融资租赁合同,双方当事人主体适格,意思表示真实,不违反法律及行政法规的强制性规定,应当认定合法有效。合同签订后,供应商某实业发展公司向承租人甲公司交付了施乐牌型号为 C800P/EFI(4color)打印设备一套,但因该设备存在质量瑕疵,经多次维修后仍旧无法正常使用,严重影响承租人甲公司的正常经营和收益,因此某融资租赁公司为按照合同约定足额支付租金。出租人某融资租赁公司为此主张要求承租人甲公司及时支付租金,并请求法院判令解除合同,返还租赁物,支付租金及迟延利息。承租人甲公司援引不安抗辩权,以该租赁物无法使用为由进行抗辩,但法院并未认可其抗辩。本案出租人交付标的物存在严重瑕疵,构成不完全履行,但是并非没有履行,不符合不安抗辩权要求债务人丧失或可能丧失履行能力的情形,因此不安抗辩权的行使条件并不具备,承租人无法援引不安抗辩权进行抗辩。

承租人甲公司无法援引不安抗辩权拒绝支付租金,也无法要求出租人某融资租赁公司承担瑕疵担保责任。在融资租赁合同中,融资租赁合同中的出租人的主给付义务是提供融资,并不直接交付租赁物,对于融资租赁物的具体性能、使用方法、操作规范、注意事项等均不甚清楚,因此,租赁物若出现质量瑕疵,不符合合同该约定或不符合使用目的的,一般出租人并不向承租人承担瑕疵担保责任。但是,如果承租人依赖出租人的技能确定租赁物,或者出租人干预选择租赁物,则因为租赁物在很大程度上体现了出租人的自由意志,此时出租人才应向承租人承担瑕疵担保责任。本案出租人某融资租赁公司向承租人甲公司约定由出卖人交付的租赁具有严重瑕疵,经多次维修后仍旧无法使用,根本不符合融资租赁合同约定或法律规定的一般品质、价值和效用,致使承租人无法利用该租赁物进行正常的经营和收益。但是出租人某融资租赁公司并未干预承租人甲公司选择租赁物,承租人甲公司也并未依赖出租人某融资租赁公司的技能确定租赁物,因此,承租人甲公司并不能要求出租人某融资租赁公司承担瑕疵担保责任。

本案因出卖人某实业公司交付的租赁物具有严重质量瑕疵,经过多次维修仍旧无法正常使用,应当认定该租赁物已经不能修复,完全报废。租赁物具有严重瑕疵已经彻底毁损,出租人某融资租赁公司由此陷入给付不能,该给付不能系因出卖人原因造成,既不能归责于出租人某融资租赁公司,也不可归责于承租人甲公司,符合风险负担规则的适用条件。根据《融资租赁合同司法解释》第7条的规定,应当由承租人承担租金风险,也即意味着承租人仍需按照融资租赁合同要求继续支付租金。本案承租人甲公司可以以出卖人某实业公司交付的租赁物具有严重瑕疵无法修复,承租人陷入履行不能为由,解除融资租赁合同。出租人某融资租赁公司也可以履行不能为由解除融资租赁合同。合同解除后,承租人甲公司应当返还无法修复的租赁物施乐牌型号为C800P/EFI(4color)打印设备一台于出租人某融资租赁公司。由于出租人某融资租赁公司已经申请诉前财产保全,租赁物已经由出租人某融资租赁公司占有,故承租人甲公司已经返还该租赁物。融资租赁合同解除前已经发生的租金,因融资租赁合同为继续性合同,不具有溯及力,故承租人甲公司仍需要进行支付,还应当包括迟延给付的利息,而未发生的租金,则无须再行支付。

第十二章　特殊的融资租赁形式

第一节　售后回租

一、售后回租的概念及流程

（一）售后回租的概念

《金融租赁公司管理办法》第 5 条规定："本办法所称售后回租业务，是指承租人将自有物件出卖给出租人，同时与出租人签订融资租赁合同，再将该物件从出租人处租回的融资租赁形式。售后回租业务是承租人和供货人为同一人的融资租赁方式。"简言之，就是企业先把自己拥有的固定资产卖给租赁公司，再作为承租企业将所售固定资产租回并使用，并按期交付租金。由此可知，售后回租与直接融资租赁一样由买卖和租赁两个不可分割的交易构成。但不同于直接融资租赁交易的三方主体结构，售后回租交易中出卖人和承租人是同一主体，在功能偏重于融资。因此，对售后回租合同是否属于融资租赁合同存在争议。法释〔2014〕3 号解释第 2 条规定："承租人将其自有物出卖给出租人，再通过融资租赁合同将租赁物从出租人处租回的，人民法院不应仅以承租人和出卖人系同一人为由认定不构成融资租赁法律关系。"也即，在判定此类交易时，不能简单地因出卖人与承租人归于同一主体而否定其融资租赁本质。还需参照本解释第 1 条的规定，结合交易的全部条款探求双方当事人的真实意图，以正确界定双方的法律关系。

售后回租中的租赁物可以是不动产，也可以是动产。不动产售后回租中，租赁物的转移以登记为标准。动产售后回租中，租赁物的移转则以交付为标准。若租赁物是船舶、航空器、机动车等特殊动产的，未经登记不得对抗善意第三人。不论是特殊动产还是普通动产，在所有权转移上均适用《物权法》第 27 条关于占有改定的规则，即动产所有权自出租人与承租人之间的租赁合同生效时由出租人取得。但此时，必须要明确出租人与承租人之间具有买卖和租赁两个意思表示，即在买卖合同生效的同时，租赁合同亦生效，因此承租人只是抽象地将租赁物所有权转移给出租人，而自己仍可继续保持对租赁物的占有。此时，承租人占有租赁物的根据不再是所有权，而是租赁合同。

（二）售后回租的交易流程

售后回租交易法律关系如图 12-1：

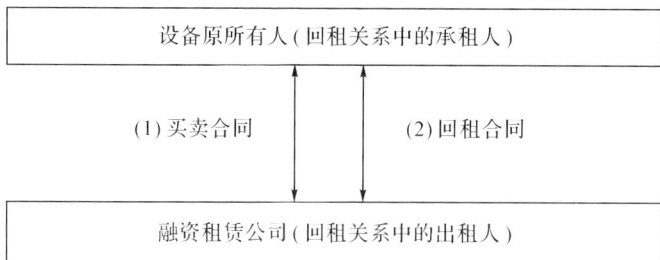

```
┌─────────────────────────────────────────────┐
│      设备原所有人（回租关系中的承租人）              │
└─────────────────────────────────────────────┘
         ↕                    ↕
    (1)买卖合同            (2)回租合同
┌─────────────────────────────────────────────┐
│      融资租赁公司（回租关系中的出租人）              │
└─────────────────────────────────────────────┘
```

图 12-1　售后回租交易法律关系

如上图 12-1 所示，售后回租的交易流程包括以下流程：

（1）设备的原所有人（回租关系中的承租人）与融资租赁公司（回租关系中的出租人）签订设备买卖合同，由融资租赁公司取得设备的所有权，但不转移设备的占有。

（2）融资租赁公司依据买卖合同向原设备所有人支付价款。

（3）设备原所有人与融资租赁公司签订回租合同，租回设备的使用权。

（4）回租合同中的承租人分期向融资租赁公司支付租金。

二、售后回租与抵押借款的关系

在实践中，售后回租是企业缺乏现金时，为改善其自身现金流量、财务状况而采取的一种融资的方式。通过售后回租，企业保留了对设备的占有和使用，不影响原有生产的正常进行，又解决了流动资金周转的困难。从某种角度看，租赁公司购买某厂房设备的价款相当于向企业提供的贷款，同时以厂房、设备作为贷款偿还的担保物，由企业按约定的条件分期以支付租金的方式偿还贷款。售后回租业务具有显著的融资特点，其与银行抵押贷款业务都是企业融资的一种方式，因此二者不可避免地存在一定程度的相似性。也因此，有许多学者将售后回租认定为抵押借款合同。正确的认识售后回租与抵押借款的关系有助于实践中融资租赁发展。

抵押借款合同法律关系如图 12-2。

对比售后回租和抵押借款可以发现，二者有许多相似之处，如都有两个合同、两个主体，此外在本质上也极其类似：售后回租的租金和租赁投资额是全额清偿的关系，承租人所支付的租金能够抵偿出租人所支出的成本及利润，相当于归还了借贷中的本金和利息。虽然售后回租合同和抵押借款合同具有相似性，但也应认识到二者的差异：

第一，合同性质不同。售后回租和抵押借款都涉及两个合同，但售后回租体现

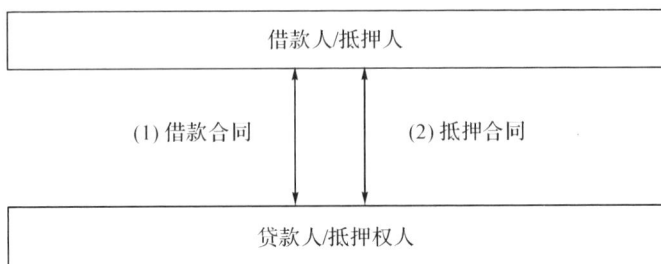

图 12-2　抵押借款合同法律关系

的是买卖合同与租赁合同的关系;抵押借款体现的是借款合同和抵押合同的关系。

第二,资产所有权不同。在售后回租交易中,租赁物的所有权在租赁期间内都属于出租人所有;银行抵押借款中,借款所形成的资产与银行(借款人)无直接权属关系,不存在所有权问题,但银行可通过对抵押物享有担保物权而获得保障。

第三,与标的物的关系不同。售后回租交易中承租人对租赁物有占有、使用、收益的权利;但抵押借款只涉及金钱的转移交付,不涉及物的使用。

第四,融资额度不同。一般向银行抵押借款只能获得抵押资产 70% 或以下的融资额度;但在售后回租中由出租人 100% 买入租赁物的所有权,可见,售后回租中的融资额度达到了 100%。但在实践中,出租人为了保障交易还可向承租人收取一定数额的保证金。

第五,融资期限不同。售后回租业务可以设置较长的租赁期限,中长期业务也没有硬性的监管限制;银行抵押借款通常都是短期、中期,也有相应的贷款结构性指标限制。

第六,租金构成与利息计算不同。售后回租的租金构成要包含设备成本、融资利息、手续费、税费以及出租人的利润等;抵押借款中利息计算必须要符合国家关于借款合同利率的规定。此外,售后回租的租金是分期支付的,而抵押借款中本金一般期满一次性支付。

通过以上分析可以发现,售后回租与抵押借款虽然具有相似性,但在更多细节上有显著的差异。售后回租业务在一定程度上比抵押借款更具有优越性。从出租人角度来看,出租人可以获得租赁物的所有权;从承租人的角度看,能获得 100% 的融资。

三、售后回租的特点

近年来,我国售后回租业务在整个融资租赁业务量中占有较大比重,同时增长势头迅猛。根据《2013—2014 年中国金融租赁行业发展报告》,售后回租在国内金融租赁公司中的业务高达 84%,在内资和外资中的占比也超过 60%。按此比例推算,2014年上半年售后回租合同业务规模已达到1.5万亿元,发展速度惊人。售后回租业务发展迅猛,除了其在实践中具有传统融资租赁的特点外,还因其具有独特优势:

第一,在售后回租交易中,承租人先将自己拥有的设备卖给出租人,再将其租回使用,在这个过程中并不转移租赁物的占有。因此,承租人可以不间断地占有和使用租赁物,不对生产经营活动造成影响。同时,售后回租的交易中不需实物的变动,交验手续较普通融资租赁更为简单。

第二,售后回租具有节税的特点。根据现行规定,售后回租业务中出售资产的行为,不属于营业税和增值税的征收范围。因此,不考虑其他因素,采用售后回租方式更节税。

第三,售后回租可盘活资产存货量,优化资产负债结构。通过回租,承租人将固定资产向流动资产转化,增强了长期资产的流动性,改善企业现金流量和财务状况,可以解决企业资金周转的困难,对于改善经营管理、搞活企业具有重大意义。同时,通过回租还可以减少当期的负债,填补亏损,能够起到美化资产负债表的作用。

第四,售后回租融资便利,手续简单。一般企业很难向银行借得100%的贷款购买设备,在企业有良好的信用且有抵押物的情形下,一般也只能获得抵押物机制70%的贷款。售后回租则可以获得相当于租赁公司融资100%的设备贷款。同时,与信用借贷相比较,融资性售后回租的手续十分简单,可以免去不少工作。

第五,融资资金用途灵活。企业通过售后回租取得的融资资金可以灵活使用,按企业的实际需要用于项目建设或流动资金等,突破了银行贷款只能用于生产经营周转,而不能用于固定资产投资的限制。

第六,从宏观上看,售后回租业务能够突破国家对银行信贷规模的限制。银监会和人民银行出台多项调控措施以控制银行信贷规模,实现均衡放贷。受银行贷款控制的影响,许多中小企业的生产经营活动也受到阻碍。通过售后回租,企业利用现有固定资产开展回租业务属于融资租赁的范畴,不需要审批授信额度。因此,这一交易方式能够突破信贷限制,规避银行信贷危险。

四、售后回租存在的问题

售后回租虽发展迅速,但在实践中也存在着一些风险和问题。从风险上看,售后回租具有一定的金融属性,因此会存在金融风险的共性;从行业经营来看,当前行业中存在以售后回租为名,行借款合同之实的交易方式;从交易本身看,存在租赁资产不实的问题。

（一）售后回租的金融风险

售后回租的金融风险问题是由其自身交易特性所决定的,回租具有借贷的属性,接近金融活动特性,因此也具有金融风险的共性。售后回租中承租人取得租赁物并获得与租赁物相当的资金,因此出租人要承受融资压力和经营风险,承租人通过支付租金来补偿出租人的风险成本。金融风险主要包含信用风险、市场风险、法律风险和操作风险。其中,前三种风险都属于外部风险,操作风险则属于内部风险。信用风险是指在回租中,出租人能否收得租金依靠的是承租人的自觉性,当存在承租人经营问题、道德问题等情况而不支付租金的情形时,出租人所需承担的风险。市场风险来自于企业外部,具有不可控性。即便企业自身经营良好,可能也会因为市场变化而遭受冲击,从而无法支付租金。法律风险是指国家和地区层面所发布的法律和政策对售后回租业务的影响,这一类风险通常造成较大冲击。操作风险是企业内部风险,主要指租赁公司缺乏管理经营经验,缺乏专业的人才,未设置有效的风险防控措施,致使企业自身遭受的风险。

应当看到,售后回租部分项目风险程度较高。租赁公司以售后回租业务形式介入了一些信用等级较低、银行融资困难、风险程度较高的项目,其租赁物的风险缓释作用极低,后期风险仍要注意。

（二）"假租赁真放贷"问题

许多企业对资金的需求远大于对设备的需求,部分融资租赁公司为扩大市场、获得更多利益而迎合这些企业的需求并签订虚假的售后回租协议。这些协议表面是融资租赁,实际上没有资产转让和抵押,实质上是借款合同。显然,签订虚假协议的方式增大了交易风险。售后回租行业中,以售后回租为名,行借款合同之实的交易方式主要包括以下两种:

第一,出租人与承租人签订售后回租式的融资租赁合同,但实际上并没有租赁物。融资租赁合同的本质特征之一就是融资和融物的结合,而这一类合同中出租人的所有权和承租人的使用权都没有实物载体,有违这一特性。根据《融资租赁企业监督管理办法》第 10 条:"融资租赁企业开展融资租赁业务应当以权属清晰、真实存在且能够产生收益权的租赁物为载体",上述交易方式中标的物非真实存在,违反了本条规定。因此,这一类交易不得认定为售后回租式融资租赁交易,应当认定为借款合同。

第二,出租人与承租人签订的售后回租式融资租赁合同中的租赁物是特殊标的物。《金融租赁公司管理办法》第 34 条规定:"售后回租业务的租赁物必须由承租人真实拥有并有权处分",即售后回租中标的物的所有权必须是承租人所有并可以转让给出租人。对于某些特殊的标的物,如城市公路等,其所有权在事实上或法律上无法转让给出租人,若对此进行融资租赁交易,实际上是仅有融资而没有租赁,不是真正的融资租赁交易。此种形式下订立的售后回租合同仅有融资租赁的表明,实则为借贷。

（三）租赁资产不实问题

在实践中，往往存在租赁物资产不实的问题。究其原因，一是因为整个售后回租交易中租赁物都由承租人占有，出租人对租赁物的实际情况并不十分清楚。一方面，若承租人将动产所有权转给出租人若属于无权处分，因其交付方式为占有改定，出租人很难根据《物权法》第 106 条第 1 款的规定主张对租赁物善意取得其所有权。另一方面，出租人的所有权可能会因第三人善意取得租赁物所有权或其他物权而消灭或受到限制。出租人通过占有改定虽然可以取得租赁物所有权，但是毕竟仍由承租人直接占有租赁物。一旦承租人无权处分租赁物，第三人又符合《物权法》第 106 条规定的善意取得的条件，则出租人对租赁物的所有权及其所担保的融资租赁债权难免不会受到损害。二是因为租赁物本身区分不明显，比如一条生产线中的零部件，即使有租赁物清单也难以仔细区分，因此会造成租赁物实际情况与合同不符的情形。三是因为实践中租赁物的转让往往按照设备账面净值来计算，而租赁公司内部通常没有专门的评估制度，外部评估又难以做到审慎客观，因此会存在低值高买的情况。

案例分析一

【案情】

万丰融资租赁有限公司（简称万丰租赁）与金太源公司（简称金太源）签订融资租赁合同，双方约定：万丰租赁出资人民币 5000 万元向金太源购买中密度板备料工段、锅炉之热能中心和锅炉之设备制作等三套设备，再将该三套设备租赁给金太源公司使用。同时由薛强作为保证人，为金太源的债务承担连带保证责任。合同签订后，万丰租赁按约扣减 750 万元的租赁保证金后向金太源公司支付了剩余的设备购买款 4250 万元。金太源公司之后如约支付了前 5 个月的租金，但此后再未向万丰租赁支付租金。

万丰租赁向法院诉请解除其与被告金太源公司签订的《融资租赁合同》；请求判令被告金太源公司支付原告租赁物回购款 4187 万元。

被告金太源公司辩称：原告与被告金太源公司签订的虽是《融资租赁合同》，但租赁物具体指向、评估价值等均不明确，且因被告金太源公司之前已将该合同项下的有关租赁设备抵押给了银行，再将设备出售给原告属无权处置，故该《融资租赁合同》是无效合同，原告由此没有取得租赁物的所有权，亦不能再将其出租给被告金太源公司，双方之间实际上是借贷关系，原告支付给被告金太源公司的钱款系借款，原告只能主张被告金太源公司返还扣除已付租金金额后的借款款项。

　　案外人湖北银行股份有限公司枝江支行向法院寄交了《情况说明》、《函告》、人民法院的《民事调解书》复印件及其执行案件受理通知书复印件、湖北银行股份有限公司枝江支行与被告金太源公司签订的《最高额抵押合同》及抵押物品清单的复印件,表明金太源公司已于 2011 年 11 月 15 日将本案所涉的租赁物即三套设备抵押给了湖北银行股份有限公司枝江支行,并办理了抵押登记,该银行事后知晓金太源公司又将抵押设备以售后回租方式与万丰融资租赁有限公司建立融资租赁关系,该银行对本案所涉租赁物享有优先受偿权。

　　法院审理认为,原告与被告之间是融资租赁合同关系,租赁物被抵押不影响售后回租合同的成立,遂支持了原告的诉讼请求。

【解析】

　　本案的争议焦点在于原告与被告金太源公司之间是融资租赁关系还是借贷关系以及该法律关系是否有效。融资租赁合同是出租人根据承租人对出卖人、租赁物的选择,向出卖人购买租赁物,提供给承租人使用,承租人支付租金的合同。《融资租赁企业监督管理办法》第 8 条规定:"融资租赁企业可以在符合有关法律、法规及规章规定的条件下采取直接租赁、转租赁、售后回租、杠杆租赁、委托租赁、联合租赁等形式开展融资租赁业务。"因此,售后回租属于合法的业务形式。综观本案原告与被告金太源公司签署的融资租赁合同及其附件的内容以及被告金太源公司原购买诉争租赁设备的发票,双方业务方式为售后回租,租赁物名称、数量及价值指向明确,租赁物真实存在,租金由租赁本金即原告向被告金太源公司支付的设备购买款和租赁利息组成,租金总额亦低于被告金太源公司原购买设备的总价款,并且租赁期限、租金支付方式以及其他权利义务的约定均符合《合同法》关于融资租赁合同的规定,故原告与被告之间的交易构成融资租赁法律关系,并非单纯的借贷关系。虽然被告金太源公司在与原告签署《融资租赁合同》前已将该合同项下的有关租赁设备抵押给了相关银行,相关银行和原告对此均是事后知晓,但根据抵押权人湖北银行股份有限公司枝江支行寄交本院的《情况说明》及《函告》的内容和作为抵押物受让人的原告在本案中的诉称意见,抵押权人和抵押物受让人即原告并没有对该抵押设备的转让主张无效,况且原告在本案中的诉讼请求亦不影响抵押权人的利益,被告金太源公司作为抵押人现以其自身擅自转让抵押物而主张融资租赁合同无效,缺乏法律依据,故被告将租赁物出售给原告时租赁物上已设抵押权的事实不影响原告对租赁物所有权的受让和本案融资租赁合同的效力。原告与被告金太源公司之间的融资租赁合同系双方真实意思表示,不违反法律、行政法规强制性规定,应为合法有效。

对于某一合同应当被认定为售后回租合同还是借款合同,主要看实践中是否存在真实的标的物以及该标的物是否能够由出租人取得所有权。即使在转让给出租人前标的物已经抵押的,并不影响售后回租合同的成立。

第二节　转租赁

一、转租赁的概念及流程

(一)转租赁的概念

转租赁是指以同一物件为标的物的多次融资租赁。在转租赁中交易中,上一租赁合同的承租人是下一租赁合同的出租人,又称为转租人。转租人将从他人处租得的租赁物转租给第三人,并收取租金,而租赁物的所有权属于第一出租人。《国际融资租赁公约》第 2 条对此作了规定:"在一次或多次转租交易涉及同一设备的情况下,本公约适用于每一项本应适用本公约的融资租赁交易……"。

转租赁与直接租赁的区别仅在于交易层次的多寡。直接租赁是一层交易,而转租赁是二层甚至多层交易。就如同在一个房屋租赁中,一个房东可以把房屋直接出租给租客,也可以先租给一个租客,再由该租客租给其他房客。转租赁也属于传统融资租赁的范畴。

(二)转租赁的交易流程

转租赁交易的基本模式可以通过图 12-3 表示:

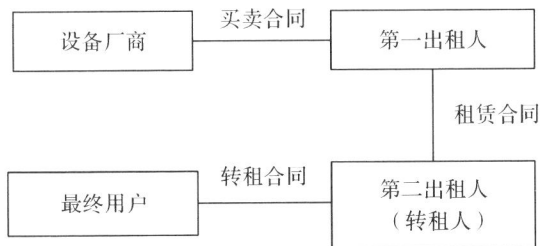

图 12-3　转租赁交易基本模式

如图 12-3 所示,转租赁的交易流程包括以下流程:

(1)用户根据自己的需要选择供应商和商品(未来租赁物),并告知转租人。

(2)转租人与用户签订第一个融资租赁合同,再与第一出租人签订第二个融资租赁合同。

（3）第一出租人根据转租人的要求（实际上是用户的要求）与设备厂商签订买卖合同。

（4）转租人指示供应商将特定商品交付给用户。

（5）每个融资租赁合同中的承租人向出租人支付租金。

在转租赁中，与用户签订融资租赁合同的转租人不是依靠自己的能力取得租赁物所有权再租给用户，而是通过与其他公司签订融资租赁合同租得租赁物后再转租给用户。转租赁中可以存在多次转租的情形，即流程（2）可多次叠加。

二、转租赁的特点

在转租赁的融资租赁交易中，应当注意到其有以下特点：

第一，转租赁中无论有多少个转租环节，每个转租环节的租赁物应当具有同一性。

第二，转租赁中涉及多个租赁合同，一般情况下各层次的租赁合同租赁期限应当相同。下一个层次的租赁合同租赁期限不得超过上一层次租赁合同的期限。

第三，融资租赁合同中关于租赁期间届满后租赁物归属问题的解决方式通常有三种：留购、续租或者回赎，转租赁中每个层次的租赁合同对这一事项的约定应当一致。

第四，与直接租赁相比，转租赁中信用风险的直接承担者不是第一出租人，而是与作为租赁物最终使用者的承租人相应的转租人。即使租赁物最终使用者不能向转租人支付租金，转租人也要向（第一）出租人支付租金。

第五，转租赁有时可以转换成融资租赁的基本交易模式。比如，在由两个租赁合同组成的转租赁中，第一出租人行使权利终止第一个租赁合同，或者第一个合同自动终止，如果在转租人与作为租赁物最终使用者的承租人缔结转租赁时，转租人严格按照第一出租人的授权转租，且它们之间转租赁未明示以第一个租赁合同的存在为前提，那么转租赁将会继续约束第一出租人与作为租赁物最终使用者的承租人。此时，租赁物最终使用者就不再是次承租人，而是按照转租赁的条件成为与第一出租人相对应的承租人。①

案例分析二

【案情】

康富国际租赁有限公司（简称康富租赁）与江西国际信托投资有限公

---

①　Ewan McKendrick, Goode on Commercial Law, 4th. ed., Lexis Nexis, London, 2009, p.777, note 45.

司(简称江西国投)、新余床上用品厂(简称新余厂)签订《租赁委托书》,载明江西国投委托康富租赁办理租赁事宜,并保证不委托第三方办理租赁。其后康富租赁与江西国投签订租赁合同,约定康复租赁根据江西国投的指示购买设备再租给后者使用,后者按期支付租金。在该租赁合同中,作为承租人签字的是江西国投,在其下面一行也有新余厂的盖章,但专门加了括号。合同签订后,江西国投指示富康租赁将款项汇到指定银行账号(新余厂账号)。其后江西国投与新余厂签订了租赁合同,并在合同中特别约定"江西国投委托新余厂直接将本金、利息直接支付给康富租赁公司"。江西国投拖欠康富租赁的租金多期,经康富租赁多次催告仍未支付。康富租赁起诉江西国投,请求判决被告立即支付租金及利息,并承担全部诉讼费用。

另查明,在三方签订租赁合同前,新余厂已经委托中国机械进出口总公司对外购买所需设备。且康富公司对新余厂委托他人购买设备一事是明知的,因此未按照合同约定购买租赁物交付给新余厂使用,其所支付的款项被挪作他用。

一审法院将新余厂追加为被告,并判决由新余厂支付租金及利息。康富租赁上诉并认为其三方是转租赁关系,因此其与新余厂无任何关系,租赁合同的唯一债务人是江西国投。江西国投答辩称康富租赁事实上未履行融资租赁合同,因合同中约定履行方式应当是出租人购买租赁物交付给承租人使用,但康富公司并没有购买过租赁物,其将资金汇给新余厂的行为不构成合同的履行。

最高法院审理认为:转租赁是指租赁公司作为承租人租入租赁物再转租给第三人,金融租赁公司以收取租金差额的一种交易形式。租赁物的所有权归第一出租人所有。本案有两份融资租赁合同,且租赁物相同,并都约定租赁物的所有权归康富租赁公司所有。但在签订融资合同前,康富公司已知最终的承租人——即新余厂已经通过中国机械进出口有限公司购买了设备。江西国投指示康富公司将款项汇给新余厂,说明其在签订合同时已知没有租赁物的交付,而要现汇。因此,这两份融资租赁合同签订时,当事人的真实意思均是康富租赁通过江西国投向新余厂提供融资。因此,融资租赁合同无效,康富租赁不享有合同约定取得租金的权利,但江西国投负有返还尚欠本息的责任。

【解析】

转租赁是对同一租赁物的多层次融资租赁,上一层次的承租人是下一层次的出租人。从交易实质来看,转租人起的是中介人的作用。但是从合同的法律关系来看,两个层次的租赁合同在权利义务关系上是相互独立的。本案中,两个租赁合同虽然都无效,但从法律关系上说,第一个融资租赁合同中康富租赁的债务人是江西国投。因此,江西国投对康富租赁负有返还本息的义务。

第三节　厂商租赁

一、厂商租赁概述

厂商租赁,又称卖主租赁,是由租赁物制造商或生产商发起和主导,由其选定承租人(潜在客户),并向出租人推荐的交易形态。厂商租赁是以设备促销为最终目的的融资租赁形式。其在实际操作中弱化了融资租赁公司的出租主体资格,更加注重的是以促进生产厂商的设备销售为最终目标。在厂商租赁中,厂商与出租人往往达成业务合作协议,约定出租人按照厂商对承租人的选定和推荐,购买厂商的产品,并使承租人获得产品的占有、使用和收益。在这种合作模式下,厂商和融资租赁公司是真正做到了风险共担、平等合作、互惠共赢。

《金融租赁公司管理办法》在经营主体资格认定方面确认主营业务为制造适合融资租赁交易产品的大型企业可以成为金融租赁公司的出资人,首次在法律上认可了制造厂商可以开展厂商租赁业务。该办法对金融租赁公司的股东资格、最低注册资本金、监管等方面都做了严格的规定。因此,目前我国仅有极少数厂商符合条件能够合法开展融资租赁业务,大多数厂商仍不能获得厂商租赁经营主体资格。

二、厂商租赁模式

厂商融资租赁模式如图 12-4 所示,一般也涉及三方主体,两方合同。但根据设备厂商与融资租赁公司之间结算方式不同,又可分为以下几种:

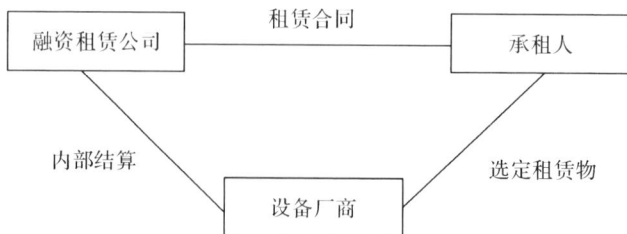

图 12-4　厂商租赁模式

（一）直租型厂商租赁

直租型厂商租赁是指融资租赁公司受到设备生产厂商的请求,为其下游客户从该生产厂商处购买指定的设备,以融资租赁方式租给客户,融资租赁公司按分期付款方式从该生产厂商的下游客户处收取租金的厂商租赁模式。通常融资租赁公司会与设备生产厂商就该项融资租赁标的资产签署回购协议,协议规定如果设备的承租方租金逾期达到一定的时限,设备生产厂商就必须启动回购协议,将设备从出租方处赎回,价格一般是剩余未交租金之和。

在这种模式中,由于承租企业一般是生产厂商的固有客户,并且企业规模一般来说不大,单靠承租企业的资质是不可能得到融资租赁公司的信任的。这就要求更多地依靠设备生产厂商的资质,因此,设备生产厂商与融资租赁公司之间签署回购协议或其他保障协议是促成这种厂商租赁业务开展的前提。而设备生产商为了扩大自己的销售,也愿意为其客户提供这种回购担保。融资租赁公司在提供资金之前,更多的是对设备生产厂商的考察,而非设备的承租方。直租型厂商租赁模式是以直接融资租赁为基础的传统厂商租赁模式,因此,融资租赁公司面对的项目一般都是承租方的新建项目或扩大再生产项目,设备采购金额一般较大,且设备采购频次不高。

（二）利润分享型厂商租赁

利润分享型厂商租赁模式是在直租型厂商租赁模式的基础上所衍生出来的,这种厂商租赁模式中,融资租赁公司可在每一笔交易获得的利润中得到一部分分成,且这部分利润分成并不包括在融资租赁公司正常的租金收取当中。此种模式的进行需要设备生产厂商额外支付一部分成本。但此种模式有利于激发融资租赁公司交易的热情,适用于厂商的新产品推广,能抢占产品的市场占有率。并且,若融资租赁公司从厂商处得到的利润分成达到或超过了自己的预期利润额,往往会通过减少承租人租金的方式来配合厂商的销售。利润分享型厂商租赁模式需要融资租赁公司与设备生产商之间在销售利润分成上达成一致,但这往往需要较长时间的博弈。若单笔销售规模过小,则融资租赁公司一般不会为了这样一小部分利润而花费过多的经历进行这种博弈,因此,此种模式的运用还需单笔业务金额可观。

（三）委托代理型厂商租赁

委托代理型厂商租赁中,承租人所交付的租金只是"流经"融资租赁公司而最终原封不动的流入到设备生产厂商,且租金的价格由厂商与承租方事先约定,同时租赁物的所有权归厂商所有。在这种交易模式中,融资租赁公司只是起到了一个"通道"的作用,不承担风险,只赚取融资租赁服务手续费。委托代理型厂商租赁不仅能够起到设备促销的作用,通常还会被公司当作消除关联交易的工具,特别是受关联交易影响较大的上市公司。

（四）回购融资型厂商租赁

当设备生产厂商的固有客户出现资金短缺而急需资金时，生产厂商为了保护已有客户（其目的是让客户能够健康发展，维持或提高自己的设备销售量），以提供回购担保等代价促使融资租赁公司将自己已经销售给此客户的设备买回，再以融资租赁方式租给客户使用，达到为客户融通资金的目的。这种租赁操作模式就叫回购融资型厂商租赁模式。

回购融资型厂商租赁模式的单笔操作金额一般较为可观，不仅可以为设备生产商的客户融通资金，还可以被设备生产厂商当作调整应收账款、增加销售利润的工具。

第四节　杠杆租赁

一、杠杆租赁的概述

（一）杠杆租赁的概念

随着科技的发展，人们对一些大型的资金密集型设备的需求越来越大，如飞机、船舶、输油管道、工厂、石油钻井平台、卫星系统、成套机器设备等。这些设备价值较高，租赁期限也较长，往往能使租赁公司获得较高的利润，但也存在更大的风险。为减小风险，租赁公司拉拢一些金融机构如保险公司、银行等进行投资，杠杆租赁便应运而生。

杠杆租赁是一种特殊的融资租赁形式，主要利用财务杠杆原理来操作。杠杆租赁是指在融资租赁中购置设备成本的小部分由出租人承担，大部分由银行等金融机构来提供贷款补足的交易方式。在杠杆租赁中，出租人只需支付租赁物价值的20％—40％，另外60％—80％的价款由金融机构贷款来支付。同时，出租人享有整个租赁物的所有权和100％的投资税收优惠，但需要以租赁物和收取租金的权利向银行等金融机构作担保。

（二）杠杆租赁的特点

杠杆租赁从融资租赁发展而来，顺应了社会发展潮流，反映了市场的需求。这种形式能够立足于租赁行业总结起来主要有以下特点：

第一，减少出租人的商业风险。当租赁物的价值较高时，如石油钻井平台、卫星系统、飞机、船舶等，动辄需要几千万甚至上亿，部分融资租赁公司无法承担或不愿独自承担风险。即便有租赁公司能够独自出资购买此类租赁物，一旦承租人破产致使出租人无法收回租金，可能会直接导致租赁公司破产。通过杠杆租赁，只需要付出20％～40％的租金就可以获得租赁物的所有权并收取租金，大大降低了租赁公司的风险。

第二,从承租人的角度看,在杠杆租赁中也可获得更多利益。首先,有了杠杆租赁这种交易形式,承租人可选择的新颖、高昂的设备范围更广。其次,一般情况下杠杆租赁中出租人都会将自己因免税减税而获得的利益以较低租金的形式转让一部分给承租人,使得承租人在杠杆租赁中获得更多优惠。

第三,在杠杆租赁中,贷款人参与人对出租人没有追索权。在一般的信贷中,出租人不仅要偿还贷款的利息,并且对贷款的偿还承担风险。因此,与一般信贷相比,杠杆租赁对出租人更为有利。

第四,对贷款参与人而言,也可获得双重保障。在杠杆租赁中,贷款参与人贷款给租赁公司,实际上是以租赁公司为中介贷款给各个中小企业。但在这种交易中,贷款参与人可以获得租赁公司和实物所有权的双重保障,大大减小了其自身的风险,同时又扩大了资金市场。

第五,从国家层面来看,鼓励杠杆租赁形式无疑会鼓励企业优化产业结构和产品结构。通过杠杆租赁交易,租赁公司能够将更多蕴含高技术的设备提供给国内企业使用。从长远来看,有利于提高经济增长质量和效益。

1. 杠杆租赁的当事人及合同

(1)简单的当事人关系及合同

杠杆租赁是一种极为复杂的融资租赁方式,其复杂性一方面就体现在涉及多方当事人,且关系复杂。最为简单的杠杆租赁将涉及四方当事人,如图 12-5 所示:

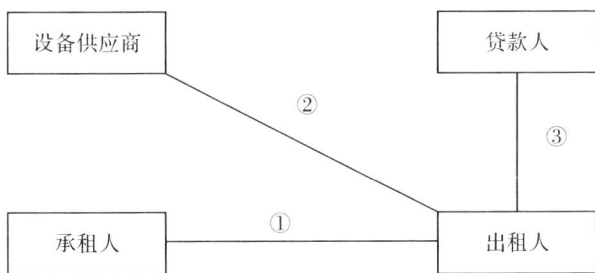

图 12-5　杠杆租赁四方当事人

图 12-5 中存在的四方当事人:

①承租人,即租赁物的最终用户,融资租赁合同的一方当事人。

②出租人,即与租赁物的供应商签订买卖合同、支付购置设备的成本,从而取得租赁物的所有权并将其出租给承租人。在杠杆租赁中,出租人只需投入设备价值 20%～40%的资本。

③设备供应商,即提供租赁物的人。

④贷款人,即指向出租人提供贷款的银行或者其他金融机构。

在这一当事人关系中,主要涉及三个合同,即:

①承租人与出租人签订融资租赁合同。

②出租人与设备供应商签订租赁物的买卖合同。

③贷款人与出租人签订贷款合同。

(2)复杂的当事人关系及合同

简化的杠杆租赁交易结构如图 12-6 所示:

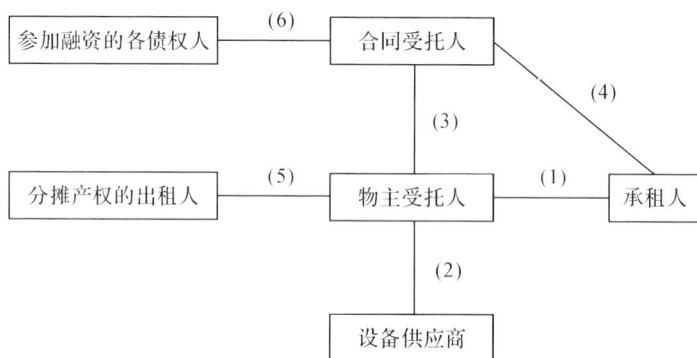

图 12-6　简化的杠杆租赁交易结构

同简单的当事人关系相比,复杂的当事人关系中出现了物主受托人、合同受托人的概念。

①物主受托人。在杠杆租赁中,租赁物通常都是资金密集型设备,即便出租人只需要承担 20%～40% 的资金,这也是一笔巨大的款项,难以由一个出租人支付。因此,在杠杆租赁中通常有多个出租人共同承担,他们按份享有租赁物的所有权,被称为物主出租人。在实践中,为了交易、管理方便,物主出租人会委托其中一位负责租赁物的管理工作,被称为物主受托人,其与其他物主出租人间是信托关系。物主受托人的管理工作主要包括:第一,作为出租人与承租人签订融资租赁合同;第二,作为借款人与银行或其他金融机构签订借款合同;第三,负责租赁物的具体管理工作,履行所有权人的义务并享受权利。

②合同受托人。由于杠杆租赁所需资金数额巨大,现实生活中也很少由一家银行或其他金融机构提供贷款,而是往往由多家银行或其他金融机构联合提供贷款,每一个贷款者都是债权人。同样,并不是所有的债权人都亲自参与处理具体事务。为了便于与出租人联络,各债权人共同委托一个机构处理债权管理事务,这一机构就被称为合同受托人。物主受托人将其租赁物、所签订的租赁合同以及收取租金的权利向合同受托人作抵押或者质押,作为融资的担保。合同受托人类似于银团贷款中的牵头银行,其主要工作包括:第一,核对债权证书,办理债权转让手续;第二,将债权人与物主出租人的资金交付给设备供应商;第三,接受承租人支付

的租金,再交给各债权人;第四,将租金余额交给物主受托人;第五,当承租人不履行支付租金的义务时,代表债权人行使担保物权。

此外,在杠杆融资租赁中可能还存在经纪人,即指专门寻找融资租赁项目,物色投资者,在出租人与承租人之间充当中间人,帮助签订融资租赁合同,从而收取佣金的人。

在这一当事人关系中所涉及的合同相当复杂,主要包括:

①融资租赁合同,由物主受托人与承租人签订。承租人选择设备及供应商,同时约定设备交付期、租期、租金、支付方式、设备投保、租赁期满后租赁物的处置等问题及其他当事人间的权利义务。

②买卖合同,由物主受托人代表所有出租人根据承租人的选择与设备供应商签署。设备一般由设备供应商直接交付给承租人使用。这类买卖合同通常也会约定,当设备质量出现问题时,承租人可直接向设备供应商提出异议,请求赔偿损失。

③合同信托协议,由物主受托人与合同受托人签订。主要内容是约定物主受托人将物主对租赁物的权利、收取租金的权利及租赁合同中的权利提供给合同受托人,作为融资的担保。此外,还要约定物主受托人向债权人签发债权证书。

④质押合同,由合同受托人与承租人签订。在一般的融资租赁合同中,承租人都直接向出租人交付租金。但在杠杆租赁中,为了保障出租人的权利,通常要与承租人签订质押合同,其对象是出租人收取租金的权利。究其原因,是因为在杠杆租赁中,各债权人对出租人的贷款没有追索权,也就是说当承租人破产时,各债权人无法向出租人追索贷款,其债权得不到保障。因此,通过将租金直接交给合同受托人的形式保障各债权人的债权。合同受托人在收取租金后,将偿还完债权人本息后剩余的部分交付给物主受托人。

⑤信托合同,分别由物主出租人与物主受托人、各债权人与合同受托人签署。物主受托人和合同受托人分别接受各出租人、债权人的委托,为他们的利益处理相关事务,并收取报酬。

通常情况下,杠杆租赁中各方当事人还会签订参加协议,或称之为融通资金协议,规定当事人承担的责任和义务,载明成交的条件,还规定各当事人之间的赔偿义务和签署其他协议的义务。

2. 杠杆租赁的风险

杠杆租赁交易中涉及多方当事人,且通常时间长,涉及的资金数目也较大,因此,其风险较其他的融资租赁形式更大。究其原因,杠杆租赁合同是一种"刚性"合同,一般禁止当事人在租赁期间届满之前解除。对出租人和贷款人而言,如果承租人在租赁期间因经营困难而难以支付租金,出租人和贷款人也不能收回租赁物出卖来减少损失。而对于承租人而言,在租赁期间其受到的损害只要不是出租人造成的,承租人都需要按期向承租人支付租金。因此,在杠杆租赁中出租人、贷款人与承租人都存在风险。杠杆租赁的风险主要包含信用风险、市场风险、法律风险等。

杠杆租赁常应用于国际的融资租赁中,且涉及多方当事人,又因为参与各方身处不同的国度,彼此对对方的信用不够了解。因此,十分容易产生信用风险。项目投产能够产生收益依靠的是市场上的销量及其他表现,产品在市场上销售情况的变化就是杠杆租赁的市场风险。杠杆租赁的履行时间较长,一般在十年以上,租赁期间越长,存在的不稳定的因素就越多,如:外汇汇率的变动、国家利率的调整、税收政策的变动以及外汇管理的变化情况。此外,各个国家的法律制度不尽相同,经济体制也各具特色,跨国借贷可能会因法律制度的不同而引发争议。

总之,杠杆租赁的运作过程是一项相当复杂的经济活动,它所涉及的方面相当广泛,有金融、外贸、法律、运输、保险、税务、商检、技术等许多部门。因此在进行杠杆租赁交易时,会产生各式各样的风险。

第五节　混合租赁

混合租赁是指在融资租赁交易中有数种交易方式,常见的有:直接租赁加回租的混合租赁、直接租赁加转租赁的混合租赁、转租赁加回租的混合租赁。

一、直接租赁加回租的混合租赁

(一)直接租赁加回租的法律关系

直接租赁加回租的法律关系如图 12-7 所示:

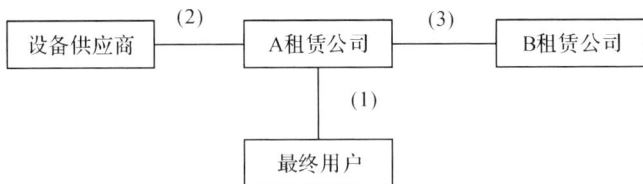

图 12-7　直接租赁加回租的法律关系

如图 12-7 所示,直接租赁加回租的交易中涉及四个主体、三个合同:

(1)A 租赁公司与用户签订融资租赁合同。

(2)A 租赁公司与设备供应商签订的买卖合同。

(3)A 租赁公司与 B 租赁公司签订回租合同。

(二)直接租赁加回租的交易流程

直接租赁加回租的混合租赁的基本交易流程:

（1）由用户（未来承租人）选择设备供应商及设备。

（2）A融资租赁公司与用户签订融资租赁合同。

（3）A融资租赁公司根据用户对设备和供应商的选择，与供应商签订设备的买卖合同。

（4）供应商向用户交付设备，用户占有使用设备并向A融资租赁公司支付租金。

（5）A融资租赁公司与B融资租赁公司签订买卖合同，由B融资租赁公司取得设备的所有权，但不转移设备的占有。

（6）A融资租赁公司与B融资租赁公司就该设备签订租赁合同，取得设备的必要处分权。

在上述流程中，流程（1）与流程（4）构成了一个完整的融资租赁交易，（5）（6）阶段构成了售后回租交易。同时，A融资租赁公司与用户的租赁关系在回租关系成立后转变为转租赁关系。

二、直接租赁加转租赁的混合租赁

（一）直接租赁加转租赁的法律关系

如图12-8所示，直接租赁加回租的交易中涉及四个主体、四个合同：

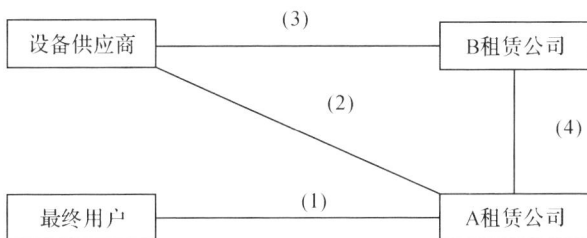

图12-8　直接租赁加回租交易的四个主体

（1）A租赁公司与用户签订融资租赁合同。

（2）A租赁公司与设备供应商签订的买卖合同。

（3）B租赁公司与设备供应商签订更新的买卖合同。

（4）A租赁公司与B租赁公司签订租赁合同。

（二）直接租赁加转租赁的交易流程

直接租赁加转租赁的混合租赁的基本交易流程：

（1）由用户（未来承租人）选择设备供应商及设备。

（2）A融资租赁公司与用户签订融资租赁合同。

（3）A融资租赁公司根据用户对设备和供应商的选择，与供应商签订设备的买卖合同。

（4）供应商向用户交付设备，用户占有使用设备并向 A 融资租赁公司支付租金。

（5）A 融资租赁公司与供应商及 B 融资租赁公司商定，将 A 融资租赁公司与供应商签订的买卖合同更新为 B 融资租赁公司与供应商的买卖合同，由 B 融资租赁公司取得设备的所有权，但设备仍由用户占有。

（6）A 融资租赁公司与 B 融资租赁公司就该设备签订租赁合同，取得设备的必要处分权。

在上述流程中，流程（1）与流程（4）构成了一个完整的融资租赁交易，A 融资租赁公司与用户的租赁关系在回租关系在（5）（6）完成后转变为转租赁关系。

无论是直接租赁加回租还是直接租赁加转租赁，混合租赁的交易方式都是为了解决融资租赁公司自身资金不足的问题。但由于混合租赁涉及多方主体，有多个合同，因此其在实践中往往更为复杂。

第三编　融资租赁物

第十三章　融资租赁物的属性与范围

第一节　融资租赁物的属性

融资租赁中的租赁物是指融资租赁合同的标的物,是融资租赁合同当事人各方权利义务指向的对象。融资租赁的租赁物是融资租赁法律关系中所必须涉及的内容,融资租赁物的属性直接影响到融资租赁合同的效力和当事人权利义务的实现。基于此,融资租赁的租赁物必须是现实存在的,这也是融资租赁合同与其他合同关系的区别之一。其他合同关系原则上只需具有抽象的标的即可,并不一定需有要标的物现实存在,例如我们可以针对未来之物订立买卖合同。根据融资租赁法律关系的特征,融资租赁物主要具有以下属性:

一、所有权和使用权可以分离

融资租赁的租赁物的所有权和使用权可以分离,即使用权能可以从所有权中分离出来,分别为不同当事人所享有。如果某物的所有权和使用权不可以分离,那么,该物不能作为融资租赁的租赁物。例如:作为固定充当一般等价物的货币,就不能作为融资租赁的租赁物。因为货币的所有权与使用权无法分离,货币的占有人即被推定为所有权人。基于此,货币也就无法由融资租赁关系中的出租人在享有货币所有权的同时再移交给承租人占有、使用。

二、可以自由流通

融资租赁的租赁物应当是可以自由流通之物。融资租赁法律关系涉及融资租赁合同和买卖合同两个合同,且这两个合同中的标的物指向同一租赁物。买卖合同必然涉及租赁物的转让,如果租赁物是国家禁止或限制流通之物,将因无法自由转让而不能成为融资租赁中的租赁物。例如:禁止流通的武器弹药、限制流通的麻醉药品等都无法成为融资租赁中的租赁物。

三、非消费物

融资租赁的租赁物应当是非消费物。所谓消费物,又称消耗物是指不能重复使用,一经使用即改变其原有形态、性质之物,柴米油盐等均为消费物;非消耗物是指经反复使用也不会改变其形态、性质之物,衣服、书籍、房屋、工具等皆为非消费物。[①] 若以消费物作为融资租赁的租赁物,不但融资租赁物所有权人(出租人)的所有权就无法保障,而且承租人想通过租赁物的使用权持续获益的目的也无法实现。

四、原则上应为有体物

在融资租赁法律关系中,租赁物一般为有体物,无体物或无形资产通常不能成为融资租赁的租赁物。根据我国银监会《金融租赁公司管理办法》第 4 条的规定:"适用于融资租赁交易的租赁物为固定资产"。一般认为:固定资产包括了动产和不动产,排除了无形资产。例如:知识产权不能够独立构成融资租赁的标的物。

但是,并非任何无体物或无形资产都不能成为融资租赁的租赁物,少数无体物或无形资产在法律有特别规定的情况下也可能成为融资租赁的租赁物。根据《外商投资租赁业管理办法》第 6 条第 1 款的规定:"各动产和交通工具附带的软件、技术等无形资产作为融资租赁的租赁物时,无形资产的价值不能超过租赁物总价值的二分之一"。据此,特定的无形资产等无体物在特定条件下或作为特殊形式存在时,可以作为融资租赁的租赁物,只不过,非实体物的价值不得超过非实体物所属租赁物总价值的二分之一。

第二节　融资租赁物的范围

融资租赁物的范围,是指能够成为融资租赁的租赁物和不能够成为融资租赁的租赁物的界限。融资租赁的租赁物范围具有广泛性和限定性特点。通过界定融资租赁的租赁物的范围,方可明确什么可以成为融资租赁的租赁物,什么不能够成为融资租赁的租赁物。

《金融租赁公司管理办法》第 4 条规定:"适用于融资租赁交易的租赁物为固定资产。"现行《外商投资租赁行业管理办法》第 6 条规定:"本办法所称租赁财产包括:(一)生产设备、通信设备、医疗设备、科研设备、检验检测设备、工程机械设备、办公设备等各类动产;(二)飞机、汽车、船舶等各类交通工具;(三)本条(一)、(二)项所述动产和交通工具附带的软件、技术等无形资产,但附带的无形资产价值不得超过租赁财产价值的二分之一。"《国际统一私法协会租赁示范法》规定:"租赁物,是指所有承租人用于生产、贸易及经营活动的财产,包括不动产、资本资产、设备、

---

① 参见梁慧星.民法总论(第四版).北京:法律出版社,2011:156.

未来资产、特制资产、植物和活的以及未出生的动物。"

由此可见,融资租赁租赁物涉及的范围非常广,从人造卫星、宇宙飞船、航空器、船舶、火车、地铁、石油钻井平台、大型设备的生产线等大型物件,到各种信息处理系统、通信设备和系统、精密仪器、工程机械、医疗设备、纺织设备、打印设备、环保设备、科研设备等中型物件,再到办公用品、个人消费的小型汽车等小型物件,都可以成为融资租赁的租赁物。

一、融资租赁物之限制

如前文所述,融资租赁租赁物涉及的范围非常广。但是,并不意味着任何物都可以成为融资租赁的租赁物。所有权和使用权无法分离、不可以自由流通、易消耗等物件都不可以成为融资租赁的租赁物。

（一）法律、法规明确禁止流通的物品不能成为融资租赁物

如前文所述,融资租赁的租赁物应当是可以自由流通之物。如果租赁物是国家禁止流通之物,将因无法自由转让而不能成为融资租赁的租赁物。

（二）消费物不能成为融资租赁物

前文论及,若以消费物作为融资租赁的租赁物,不但融资租赁物所有权人（出租人）的所有权无法保障,而且承租人想通过使用租赁物持续获益的目的也无法实现。

（三）无形资产不宜成为融资租赁物

对于融资租赁的租赁物的范围是否应包括无形资产,理论实务界争议不大,从法律条文中也可得出无形财产单独不能够成为融资租赁的租赁物。

根据《金融租赁公司管理办法》第 4 条关于"金融租赁公司融资租赁业务的租赁物为固定资产"的规定,和《外商投资租赁业管理办法》第 6 条第 1 款关于"本办法所称租赁财产"内容的规定,无形资产不宜成为金融类融资租赁公司融资租赁业务或项目的租赁物,动产和交通工具附带的软件、技术等无形资产超过动产和交通工具总价值的二分之一,动产和交通工具及其附带的软件、技术等无形资产也不能成为融资租赁的租赁物。

（四）所有权存在瑕疵的物件不宜成为融资租赁物

根据《金融租赁公司管理办法》第 32 条规定:"售后回租业务的标的物必须由承租人真实拥有并有权处分。金融租赁公司不得接受已设置任何抵押、权属存在争议或已被司法机关查封、扣押的财产或其所有权存在任何其他瑕疵的财产作为售后回租业务的标的物。"已设置抵押、权属存在争议、已被司法机关查封或扣押、或所有权存在任何其他瑕疵的物件或财产不得作为金融类融资租赁公司售后回租式融资租赁业务的租赁物。但是,目前没有法律、行政法规和部门规章规定,所有权存在瑕疵的物件或财产是否可以作为内资试点类融资租赁公司或外商投资类融

资租赁公司融资租赁业务的租赁物,或者是否可以作为金融类融资租赁公司非售后回租式融资租赁业务的租赁物。笔者认为,将所有权存在瑕疵的物件作为融资租赁的租赁物,不利于保障融资租赁各方当事人的利益。而且存在融资租赁合同无效的风险。因此,所有权存在瑕疵的物件也不宜作为融资租赁的租赁物。

二、不动产能否作为租赁物

不动产能否作为租赁物?这是实务界普遍关注的重要问题。对此,最高法院《融资租赁司法解释(征求意见稿)》第4条曾规定:"有下列情形之一的,人民法院应认定融资租赁合同无效:……(二)以房屋等不动产作为租赁物的",但是在最后颁布施行的正式稿中前述规定被删除了,实务界有观点认为,根据"法无禁止即可为"的一般原则,司法解释并不禁止不动产作为融资租赁的标的物,该观点有一定的道理,但不完全符合司法解释的本意。

从融资租赁在我国发展的历史看,最早融资租赁引进我国是出于利用外资的目的,而外资企业的设立是由当时的对外经济贸易委员会(现为商务部)负责审批,所以,外资融资租赁公司的设立也是由对外经济贸易委员会审批的,现在是由商务部审批而内资融资租赁公司的设立一般是由银监会审批,有特殊情况仍由商务部审批。所以,在我国对于外资融资租赁公司和内资融资租赁公司的租赁物范围是不一致的,我国银监会《金融租赁公司管理办法》第3条第2款规定:"适用于融资租赁交易的租赁物为固定资产"。"固定资产"为会计学上的概念,一般认为,其在法学上的体现是有形资产,包括动产和不动产,仅排除了无形资产。而我国商务部《外商投资租赁业管理办法》第6条规定的融资租赁物的范围不包括房屋等不动产。可见,由银监会审批设立的内资融资租赁公司从事融资租赁业务的租赁物范围要大于由商务部审批设立的外资融资租赁公司的租赁物范围。

笔者认为,对于融资租赁是否能够介入不动产范围,应当区分情况具体对待。对于外商投资的融资租赁公司,依据《外商投资租赁业管理办法》规定:其租赁物不能够介入不动产范围。对于内资的融资租赁公司,其可以介入不动产。但是,该不动产仅是指土地上"定着物",土地本身是不可以作为融资租赁的租赁物的,而且作为其租赁物的土地上的"定着物"必须要权属清晰,必须可归出租人所有。

三、不符合融资租赁物要求的融资租赁合同如何处理

《最高人民法院关于审理融资租赁合同纠纷案件适用法律问题的解释》的第1条开宗明义规定:"人民法院应当根据合同法第237条的规定,结合标的物的性质、价值、租金的构成以及当事人的合同权利和义务,对是否构成融资租赁法律关系做出认定。对名为融资租赁合同,但实际不构成融资租赁法律关系的,人民法院按其实际构成的法律关系处理。"在此,司法解释调整了规范合同效力的方式,不再简单

地以"不是有效就是无效"的标准来考察效力问题,而是以法律关系的构成要件为判断标准,以是否执行融资租赁内含的权利义务关系作为纠纷裁判的方法。按此规定,我们可以这样理解不动产融资租赁的效力问题,即,以不符合融资租赁物要求的融资租赁虽然不会直接因为标的物的原因而被认定合同无效,但是却可能不被认定为融资租赁法律关系,因此导致融资租赁公司预期的合同利益得不到全面保护。

通常较为常见的是名为融资租赁合同,实为借款合同的合同。以其为例,按照该司法解释的思路,则是以借款合同进行处理。如果该合同存在《合同法》规定的无效情形时,如存在欺诈损害国家利益,则应当认定为无效但如果存在当事人所要掩盖的行为不是非法行为,而是合法行为时,此时应当以当事人所要掩盖的合法行为进行认定。

第十四章　融资租赁物的权利结构

第一节　出租人对融资租赁物的权利

一、租赁物的所有权

　　融资租赁租赁物的所有权是指所有权人依法对融资租赁的租赁物所享有的占有、使用、收益和处分的权利。租赁物的所有权,依据《合同法》第 242 条的规定在融资租赁期间内由出租人享有。当事人可以在融资租赁合同中约定,融资租赁期限届满后,租赁物归谁所有。若当事人没有约定,根据《合同法》第 242 条的规定,融资租赁合同期限届满后融资租赁物的所有权归出租人所有。

　　完全的所有权包含四项权能:占有权能、使用权能、收益权能和处分权能。在融资租赁期间,出租人虽然名义上享有对融资租赁租赁物的所有权,但租赁物的占有权、使用权和收益权都归承租人享有。出租人的所有权已被严重弱化,甚至可以说剥离了所有权的实质仅剩外衣。正确地认识出租人弱势地位和权利风险的存在,才能给予出租人权利系统的救济和保护。

二、租赁物的取回权

　　融资租赁兼具"融资"、"融物"两大属性。租赁物取回权与其"融物"特征直接相关。根据我国《合同法》第 242 条规定:"出租人享有租赁物的所有权。承租人破产的,租赁物不属于破产财产。"即在融资租赁期间,租赁物的所有权由出租人享有,若承租人出现法定或约定的违约事由,出租人享有收回租赁物的权利;若承租人破产,租赁物不属于破产财产,出租人对租赁物也享有取回权。

　　此外,《合同法》第 52 条以及《最高人民法院关于审理融资租赁合同纠纷案件适用法律问题的解释》第 4 条规定了融资租赁合同无效的情形以及合同无效下的法律后果。① 在此种情况下,出租人取回权的行使不是根据违约责任,而是一种物上请求权,并且租赁物返还的主动权根据融资租赁合同当事人的过错程度和租赁物的实际状态不同存在实际差异。

租赁物的取回权对于保障出租人的权利十分重要。但为了平衡出租人和承租人的利益,出租人行使租赁物取回权应以特定事件的发生为前提:

(一)承租人违约时出租人行使取回权的情形

《合同法》第248条规定:"承租人应当按照约定支付租金。承租人经催告后在合理期限内仍不支付租金的,出租人可以要求支付全部租金;也可以解除合同,收回租赁物。"在融资租赁业务中,承租人适当的履行其义务对整个交易有着实质意义。承租人违约也多表现在没有履行应承担的义务,具体而言,承租人违约时出租人行使取回权的情形包括以下几种:

1. 侵犯出租人所有权

一般在融资租赁合同中都会规定,承租人取得租赁物的占有权和使用权,除非经出租人同意或授权,承租人没有进一步处分租赁物的权利。我国《合同法》也规定出租人应当保证承租人的占有和使用权。然而在实践中,承租人实际占有、使用租赁物,出租人一般难以及时的获知租赁物的状态,承租人经常会利用对租赁物的形式上的"所有",处分租赁物,侵犯出租人的所有权。

根据《最高人民法院关于审理融资租赁合同纠纷案件适用法律问题的解释》第12条第1款和第22条的规定,承租人未经出租人同意,将租赁物转让、转租、抵押、质押、投资入股或者以其他方式处分租赁物的,出租人请求解除融资租赁合同的,人民法院应予支持。《国际融资租赁公约》中规定:只有在征得出租人的同意并且不损害第三人利益的情况下,承租人才能转让对设备的使用权。因此,承租人侵犯出租人所有权的行为属于违反合同约定的行为。出租人有权收回租赁物,要求损害赔偿。

2. 拒付或迟付租金

融资租赁中,出租人的主要目的是为了获取租金,承租人的主要合同义务是交付租金,租金问题是整个交易的关键所在。而在实践中最常见的违约情况,就是承租人违反该合同义务,拖欠租金也是案例中最常见的情形。

根据《最高人民法院关于审理融资租赁合同纠纷案件适用法律问题的解释》第12条第2款和第22条的规定,承租人未按照合同约定的期限和数额支付租金,符

---

① 《最高人民法院关于审理融资租赁合同纠纷案件适用法律问题的解释》第4条规定:"融资租赁合同被认定无效,当事人就合同无效情形下租赁物归属有约定的,从其约定;未约定或者约定不明,且当事人协商不成的,租赁物应当返还出租人。但因承租人原因导致合同无效,出租人不要求返还租赁物,或者租赁物正在使用,返还出租人后会显著降低租赁物价值和效用的,人民法院可以判决租赁物所有权归承租人,并根据合同履行情况和租金支付情况,由承租人就租赁物进行折价补偿。"

合合同约定的解除条件,经出租人催告后在合理期限内仍不支付的,出租人请求解除融资租赁合同,同时请求收回租赁物并赔偿损失的,人民法院应予支持。

在《国际融资租赁公约》、我国《合同法》以及各国立法例中,一般都认为租金的拒付、延付租金可以直接引起取回权的行使,通常情况下,只要承租人的违约是可以补救的,出租方一般不会轻易地解除合同,行使取回权。

3. 无正当理由拒收或迟收货物

融资租赁交易中,作为供应合同之买方当事人,出租人负有及时接收货物的义务,但根据租赁合同和供应合同的约定,出租人直接将接收货物的权利与义务转由承租人承担,故承租人负有接收货物的义务。

承租人不得在没有正当理由的情况下拒绝受领,除非符合租赁合同约定或者法律规定的特殊情形,根据《最高人民法院关于审理融资租赁合同纠纷案件适用法律问题的解释》第 5 条的规定:出卖人违反合同约定的向承租人交付标的物的义务,承租人因下列情形之一拒绝受领租赁物的,人民法院应予支持:(一)租赁物严重不符合约定的;(二)出卖人未在约定的交付期间或者合理期间内交付租赁物,经承租人或者出租人催告,在催告期满后仍未交付的。除了上述情形外,承租人不得拒收或延迟接受货物。否则,承租人的行为就可以认定为对融资租赁合同义务的违反。

(二)承租人破产时出租人行使取回权的情形

根据《合同法》第 242 条规定承租人破产的,租赁物不属于破产财产。在租赁物归属于出租人的情况下,由于承租人不享有租赁物的所有权,该租赁物当然不属于承租人的破产财产。但如果基于双方的约定将租赁物归属于承租人的情况下,该租赁物是否属于破产财产呢?答案应当是否定的。这里所指的承租人破产是在融资租赁合同履行期间而言的,承租人此时处于破产状态,其并不可能具备相应的履行能力,因此,往往会导致合同履行障碍甚至是合同解除的结果;此时,若将租赁物归属于承租人,列为破产财产,那么出租人基于合同所期待的利益不但没有实现,其对于租赁物的所有权以及其利润也将丧失。

依据《物权法》第 34 条的规定:"无权占有不动产或者动产的,权利人可以请求返还原物。"《破产法》第 38 条规定:"人民法院受理破产申请后,债务人占有的不属于债务人的财产,该财产的权利人可以通过管理人取回。"

出租人在行使取回权时,需要符合以下条件:第一,取回权的标的物只能是租赁物,且该租赁物必须现实存在;第二,取回权的行使对象是清算组,在承租人破产后,其财产的实际占有人为清算组,故出租人只能向清算组主张取回权;第三,取回权的原因应合法,其行使应遵循相关法律规定。

第二节　承租人对融资租赁物的权利

一、选择融资租赁物的权利

承租人是租赁物的最终占有者和使用者。根据我国《合同法》第 237 条和第 241 条的规定,在融资租赁合同中,承租人有对租赁物选择的权利,出租人根据承租人的选择订立买卖合同,向出卖人购买租赁物。未经承租人同意,出租人不得变更与承租人有关的合同内容。

为充分实现合同目的,通常情况下,由承租人根据自身对所需融资租赁物的型号、性能、质量等的要求,凭借自身所掌握的信息、实践经验来确定买卖合同标的物及供应方。只有在少数情况下,承租人才会依赖于出租人的专业知识和市场信息来确定租赁物及供应方。

二、拒绝受领租赁物的权利

融资租赁兼具融资与融物双重属性,通过融资,为出卖人和承租人之间的融物提供了桥梁作用。出卖人不但应向承租人履行标的物交付义务,而且还须对交付的租赁物承担瑕疵担保责任。

根据我国《合同法》第 239 条和《最高人民法院关于审理融资租赁合同纠纷案件适用法律问题的解释》第 5 条的规定,出卖人应当按照约定向承租人交付标的物,如出卖人违反合同约定的向承租人交付标的物的义务有以下情形的,承租人可拒绝受领租赁物:(一)租赁物严重不符合约定的;(二)出卖人未在约定的交付期间或者合理期间内交付租赁物,经承租人或者出租人催告,在催告期满后仍未交付的。

三、平静占有租赁物的权利

在租赁期间内,承租方对租赁物享有完全的占有权和使用权,且应由出租人保证,不受有其他权利的第三人的干扰。承租人订立融资租赁合同的主要目的在于,实现对租赁物的占有和使用,从而获得收益。因此,出租人必须保证承租人能够平静地占有和使用租赁物。

我国《合同法》第 245 条明确规定:"出租人应当保证承租人对租赁物的占有和使用。"根据该条规定,承租人依照融资租赁合同约定对融资租赁物享有占有、使用和收益的权益,出租人不得妨碍,也不得擅自变更承租条件。

如出租人违反平静占用的担保义务,根据《最高人民法院关于审理融资租赁合同纠纷案件适用法律问题的解释》第 17 条的规定,即"(一)无正当理由收回租赁物;(二)无正当理由妨碍、干扰承租人对租赁物的占有和使用;(三)因出租人的原因导致第三人对租赁物主张权利;(四)不当影响承租人对租赁物占有、使用的其他情形。"承租人可依据《合同法》第245条的规定,要求出租人承担损害赔偿责任。

案例分析:取回权与平静担保义务之纷争

【裁判要旨】

融资租赁合同期限未届满,出租人虽然享有租赁物的所有权,但是,承租人基于融资租赁合同有权占有租赁物,出租人不得向其主张返还原物请求权。出租人负有保证承租人对租赁物的占有和使用义务,如无正当理由擅自取回租赁物的,承租人可以向出租人请求损害赔偿。

【基本案情】

2008年2月28日,卡特公司与张计江签订了一份融资租赁协议。该协议约定,卡特公司根据张计江要求向利星行机械有限公司购买一台307C挖掘机,租赁给张计江使用首付租金为92,116.02元,以后每期租金为13,876.48元,共36期,手续费为6746.4元,保证金为22,487.15元。2008年4月1日利星机械有限公司按照合同约定向张计江交付了租赁物,张计江检验后签收,并在2008年5月14日交清了首付租金92,116.02元,后来又依约定支付了手续费6746.14元,保证金22,487.15元。合同履行期间,张计江多次通过电汇、龙卡转账的方式向卡特公司指定的账户不定时不定额地交付租金,前后共支付了后8期租金87,680元。2008年11月20日,张计江与一窑厂主签订一份土方工程承包协议。该协议约定,由张计江承租的挖掘机为窑厂主的窑开挖、运输土方35,000方,每方价格10元,2008年12月1日开始施工,60日内完工,延期一天张计江应支付违约金2000元。2008年12月15日,卡特公司曾发律师函给张计江,函中称张计江拖欠卡特公司租金和违约金,并要求张计江支付。2008年12月26日,卡特公司在未通知张计江的情况下拖走了挖掘机,致使张计江承包的工程被迫停工,张计江在多方打听后才知道是卡特公司拖走的。后卡特公司于2008年12月31日给张计江出具了交纳3~9期的租金发票,将保证金折抵为租金,并在第9期发票上注明期满。张计江多次与卡特公司交涉,卡特公司均拒绝返还租赁物挖掘机,后又将挖掘机卖掉。由于挖掘机被拖走,张计江无法履行与窑厂主之间的合同,窑厂主要求张计江支付违约金16万元,并拒绝给付张计江挖土而应得的10万元。现张计江以卡特公司的行为侵犯了其对租赁物的正常使用权为由,要求卡特公司赔偿因擅自拖走租赁物而给其造成的经济损失 582,888.27 元。

卡特公司辩称卡特公司在与张计江签订融资租赁协议并交付车辆后,张计江长期拖欠租金,经卡特公司多次催要,张计江仍置之不理,卡特公司无奈依法将设备拖回。张计江的解约拖车行为系依法实施,不存在侵权,请求法院依法驳回张计江的诉讼请求。

【法院判决】

法院认为,公民、法人的合法的民事权益受法律保护,任何组织和个人不得侵犯。本案中,卡特公司和张计江之间的融资租赁协议依法有效。融资租赁协议第 4.2.2 条、第 4.2.3 条约定付款方式为先付,首付租金应当在设备交付日之前支付。但在实际履行协议时,设备交付之日 2008 年 4 月 1 日(即起租日)张计江并未交清首期租金,而是于 2008 年 5 月 14 日才交清了首期租金。这就说明,履行时双方已变更了付款方式,变更为每期租金按月支付,日期不确定,因此,张计江未在挖掘机交付日每月的相应日期支付租金的行为并不违约,卡特公司要求张计江支付违约金无任何依据。

况且张计江实际使用卡特公司的设备近 9 个月,而从卡特公司给张计江出具的发票可以看出,张计江也支付了 9 期租金,张计江并未拖欠卡特公司租金。卡特公司在合同有效期间内,在张计江不知情的情况下,擅自拖走租赁物,侵犯了张计江对租赁物的正常使用权,由此给张计江造成的经济损失,卡特公司应予以赔偿。由于卡特公司的拖车行为,张计江与窑厂主的合同无法继续履行,窑厂主拒绝给付张计江因给其挖土而应得的款项 10 万元。卡特公司应赔偿因其擅自拖车行为而给张计江造成经济损失 10 万元。张计江实际使用租赁物近 9 个月,理应支付 9 个月的租金 124,888.32 元。而张计江在履行与卡特公司签订的融资租赁协议的过程中共交付给卡特公司首付款、手续费、保证金、保险费、分期租金各种款项共计 232,888.27 元。卡特公司应返还张计江交纳的各项费用 232,888.27 元扣除实际租金 124,888.32 元的剩余款项 107,999.95 元,也就是卡特公司共计应赔偿张计江经济损失 207,999.95 元。张计江要求卡特公司赔偿窑厂主向其主张的违约金 16 万元,因张计江并未给付窑厂主,法院并不予以支持。卡特公司辩称其是依约定拖车,不应赔偿张计江的损失的辩解理由不能成立,不予采信。经法院审判委员会讨论决定,判决卡特公司赔偿张计江各项损失 207,999.95 元。

【裁判解析】

本案,卡特公司与张计江签订一份融资租赁协议,约定由卡特公司以融资租赁方式出租并交付租赁标的物挖掘机一台予张计江使用,融资租赁合同依法成立,并不违反法律强制性规定,发生效力,应受法律保护。后承租人张计江出具《租赁物交付与验收证明书》一份,确认《租赁合同》设备清单中所有设备已经交付,并进行了必要的测试,予以验收。根据融资租赁协议第4.2.2条、第4.2.3条约定,承租人张计江应先付租金,首付租金应当在设备交付日之前支付。但在实际履行协议时,设备交付之日即2008年4月1日承租人张计江并未交清首期租金,而是于2008年5月14日才交清了首期租金。承租人张计江实际使用租赁物约9个月,支付租金亦达9期。法院认定,双方已经将付款方式变更为每期租金按月支付,日期不确定,并且认定承租人张计江已经履行合同按期按时支付租金的义务。2008年12月16日,出租人卡特公司在承租人张计江毫不知情的情况下,擅自拖走租赁物,由此,导致承租人张计江无法履行与窑厂主之间签订的挖土合同,并产生其他损失。承租人张计江为此要求法院主张该损害赔偿,双方为此发生争议。本案的争议焦点为,出租人卡特公司擅自取回租赁物,是否需要向承租人张计江承担损害赔偿责任。

融资租赁合同,出租人负有为承租人占有、使用租赁物提供便利,不得妨碍其行使有关权利的义务。该项义务,又被称为出租人平静担保义务。承租人订立融资租赁合同的主要目的在于,实现对租赁物的占有和使用,从而获得收益,因此,出租人必须保证承租人能够平静地占有和使用租赁物。国际统一私法协会《国际融资租赁公约》第8条规定:"出租人担保承租人的平静占有将不受享有优先所有权或权利,或者请求享有优先所有权或权利并根据法院授权行为的人的侵扰,除非这一所有权、权利或者请求是由于承租人的行为或者不行为所致"。《美国统一商法典》中有关融资租赁的部分规定:"在融资租赁交易中,承租人依据租赁而取得租赁物的占有权和使用权,出租人、制造商、供货人均应承诺并保证承租人对租赁物的使用权不受侵犯"。2006年,由第十届全国人大财经委支持起草的《中华人民共和国融资租赁合同法(草案)》(第三次征求意见稿)第21条规定,"出租人应当保证承租人对租赁物的占有和使用,不因出租人的原因而受第三人主张权利的干扰"。我国《合同法》第245条亦明确规定,"出租人应当保证承租人对租赁物的占有和使用"。根据该条规定,承租人依照融资租赁合同约定对租赁物享有占有、使用和收益的权益,出租人不得妨碍,也不得擅自变更承租条件。

问题是,出租人违反平静占有的担保义务,承租人如何获得救济?1996年5月,最高人民法院颁布并施行了《关于审理融资租赁合同纠纷案件若干问题的规定》,以司法解释的形式对融资租赁合同的性质、当事人各方的权利义务关系以及违约责任等重要问题作了相应规定。其第

11 条规定："在融资租赁合同有效期间内,出租人非法干预承租人对租赁物的正常使用或者擅自取回租赁物,而造成承租人损失的,出租人应承担赔偿责任"。该规定,进一步细化了和明确了出租人违反平静担保的占有义务的情形时,承租人可以获得的救济方式为要求出租人承担损害赔偿责任。但此次最高人民法院在合同法施行 15 年后,颁布并施行《融资租赁合同司法解释》,其第 26 条明确废止了 1996 年 5 月出台的《关于审理融资租赁合同纠纷案件若干问题的决定》,而重新对融资租赁合同的性质、当事人各方的权利义务关系以及违约救济等重要问题作了规定。

《融资租赁合同司法解释》第 17 条规定,出租人无正当理由收回租赁物,影响承租人对租赁物的占有和使用,承租人可以依据《合同法》第 245条的规定,要求出租人承担损害赔偿责任。该损害赔偿责任的性质,应为违约损害赔偿责任。

学理上认为,承租人向出租人主张损害赔偿请求权,从构成要件上来看,需要有违约行为、损害事实、违约行为与损害事实之间的因果关系三个构成要件。第一,出租人须有违约行为。违约行为的发生是损害赔偿请求权发生的前提,出租人违反《合同法》第 245 条所规定的平静担保义务,在融资租赁合同存续期间,无正当理由擅自从承租人处取回租赁物,可以认定为构成违约。所谓无正当理由,系排除出租人对租赁物的正常检查、维护等情形,避免承租人以妨碍租赁物的占有使用为由,拒绝出租人行使取回权或者对租赁物进行必要的检验。出租人有正当理由取回租赁物的,不构成违约行为,第二,出租人违约给承租人造成的损害,包括所受损失和可得利益。承租人所受损害,仅指财产损失,不包括人身伤亡、精神损害。该损害是具有财产价值,能够用金钱加以计算的损害。承租人可得利益,相当于合同履行后可以获得的利益。第三,违约行为与损害事实之间具有因果关系。因果关系,是指损害后果的发生与违约行为具有相互联系,它是违约责任归责的重要前提。一方面,任何人都必须对自己的行为所造成的损害后果承担责任,而确定责任,必须确定引起损害后果发生的真正原因;另一方面,因果关系对于损害赔偿的范围确定具有重要意义。只有具备这三个构成要件,承租人才能向出租人主张损害赔偿请求权。

本案,融资租赁合同期限并未届满,出租人卡特公司虽然享有租赁物的所有权,但是,承租人张计江基于融资租赁合同有权占有租赁物,出租人并不能向其主张原物返还请求权。出租人卡特公司未经承租人张计江同意,擅自取回租赁物,违反《合同法》第 245 条所确立的平静担保义务,构成违约。因出租人卡特公司擅自取回租赁物,致使承租人张计江无法履行其与窑厂主之间签订的挖土合同,产生可得利益的损失。因此,承租人张计江可以向出租人卡特公司主张损害赔偿请求权。窑厂主因承租人张计江违反与其签订的挖土合同,向其主张违约金,但承租人张计江实际并未支付该笔赔偿金,法院以此为由,否定了承租人张计江就违约金部分向出租人卡特公司主张损害赔偿请求权,于法有据,值得赞同,需注意的是,若本案承租人张计江向窑厂主支付了该笔违约金,则该笔支出,可以认定为承租人张计江因出租人卡特公司违约而遭受的损失,得向出租人卡特公司主张该笔损害赔偿请求权。

第十五章 融资租赁物的公示

第一节 融资租赁物公示概述

在我国,融资租赁作为一种新型的金融形式,与申请银行贷款相比,由于其程序简便快捷,融资方案灵活而获得了日益广阔的发展空间。对于广大的中小企业,特别是那些除了高端装备制造、新能源汽车等领域均以中小企业为主的战略性新兴产业来说,既需要大量研发和升级资金,用于担保的资产又不多,更适合采用融资租赁的方式融资融物,节省企业资金投入。在融资租赁关系中,由于租赁物实际为承租人所占有使用,存在着承租人处分租赁物权以获得再融资的风险。除了那些有明确登记机关的飞机、轮船、汽车、企业厂房等可以登记公示的租赁物,其他租赁物都要以占有为公示方式,在承租人对外转让租赁物时,善意第三人所取得的租赁物的物权是受到法律保护的,从而使出租人合法权益受损。因此,融资租赁公示制度的建立是解决租赁物物权纠纷的有效方式,我国亟须完善融资租赁物登记制度方面的法律制度。

由于融资租赁活动的特殊性,我国鼓励融资租赁公司在开展融资租赁业务时,在融资租赁登记公示系统办理融资租赁登记,公示融资租赁物权利状况,事先防范因融资租赁物占有与所有分离导致的租赁物权属冲突。早在 2010 年 6 月 21 日,中国人民银行、银监会、证监会、保监会联合发布的《关于进一步做好中小企业金融服务工作的若干意见》就曾明确指出:要大力发展融资租赁业务,完善融资租赁公示登记系统,加强融资租赁公示系统宣传,提高租赁物登记公信力和取回效率,为中小企业融资租赁业务创造良好的外部环境。我国目前主要存在两个全国性的租赁物登记平台,即中国人民银行征信中心动产融资统一登记系统(网址:http://www.zhongdengwang.org.cn)、商务部全国融资租赁企业管理信息系统(网址:http://leasing.mofcom.gov.cn)。

不过,融资租赁登记公示系统是应市场需求所建立的,并无法律法规依据作为强有力的支撑,这成为融资租赁登记公示系统发展的一个瓶颈。中国人民银行 2014 年 3 月 20 日发布的《关于使用融资租赁登记公示系统进行融资租赁交易查询的通知》第 2 条规定:"融资租赁公司等租赁物权利人开展融资租赁业务时,可以在融资租赁登记公示系统办理融资租赁登记,公示融资租赁物权利状况,避免因融资租赁物占有与所有分离导致的租赁物权属冲突。"商务部 2013 年 10 月 1 日实施的《融资租赁企业监督管理办法》第 18 条规定:"按照国家法律规定租赁物的权属应当登记的,融资租赁企业须依法办理相关登记手续。若租赁物不属于需要登记的财产类别,鼓励融资租赁企业在商务主管部门指定的系统进行登记,明示租赁物所有权。"可见,对于融资租赁公司而言,不管是金融租赁公司还是普通融资租赁公司,目前只停留在鼓励企业主动去登记的阶段,登记与否不影响融资租赁合同的效力和融资租赁业务的开展。换句话说,该登记是非强制性的,对融资租赁公司不具有强制约束力。

但另一方面,中国人民银行《关于使用融资租赁登记公示系统进行融资租赁交易查询的通知》第 3 条也规定:"银行等机构作为资金融出方在办理资产抵押、质押和受让等业务时,应当对抵押物、质物的权属和价值以及实现抵押权、质权的可行性进行严格审查,并登录融资租赁登记公示系统查询相关标的物的权属状况,以避免抵押物、质物为承租人不具有所有权的租赁物而影响金融债权的实现。"

第二节　融资租赁物公示程序

中国人民银行征信中心根据业界需求,建设了融资租赁登记公示系统,于 2009 年 7 月 20 日上线运行。融资租赁登记公示系统,是一个基于互联网运行的、全国集中统一的电子化登记系统。该系统如实保存系统用户的所有登记信息,不对交易合同等材料进行审查。登记当事人对登记内容的真实性、合法性和准确性负责。社会公众可通过互联网查询相关登记内容。

中国人民银行征信中心于 2014 年 6 月 30 日发布《中征动产融资统一登记平台操作规则》,随后又发布了《动产融资统一登记系统登记指引》,对该操作规则进行细化和补充,明确了租赁登记由出租人与承租人约定的一方办理,或委托他人代为办理登记,并规定,登记内容包括基本信息、承租人信息、出租人信息和租赁财产信息。根据中国人民银行征信中心的操作规则和指引,融资租赁物公示程序大致如下:

一、网上注册

输入网址 www.zhongdengwang.org.cn,进入中登网首页,点击链接"动产融资统一登记系统"进入登记系统,点击"用户注册",进入用户注册页面,选择点击"常用户注册"后,按照页面提示填写申请机构有关信息,填写完毕,提交系统,记录相应的登录名和登录密码,完成常用户注册信息填写。

二、分中心现场审核

申请机构完成注册信息填写后,需到住所地的中国人民银行征信分中心进行身份资料的现场审核。

申请机构,应向所在地中国人民银行征信分中心提交以下材料:

(1)机构的注册文件,具体指:

金融机构提供经营金融业务许可证和工商营业执照副本的复印件,并出示工商营业执照副本原件;

企业提供工商营业执照副本复印件并出示原件;

事业单位提供事业单位法人登记证复印件并出示原件;

其他机构提供注册管理部门颁发的注册登记证书复印件并出示原件;

(2)填写完整并签字盖章的《常用户开通申请表》;

(3)组织机构代码证书复印件,并出示原件;

(4)法定代表人或负责人的身份证件复印件;

(5)经办人的身份证件复印件,并出示原件;

(6)单位介绍信。

常用户为金融机构的,无须提交第(3)项所指材料。

上述的机构注册文件复印件、《常用户开通申请表》、组织机构代码证书复印件、单位介绍信应加盖公章。

三、创建操作员

获得申请资料的审核通过后,申请机构即取得常用户资格。登记系统首次赋予的登录名是常用户管理员的登录名。管理员没有登记和查询的权限,需要创建操作员,由操作员进行登记与查询的操作。操作员按权限可以分为三类,即登记操作员、查询操作员、登记及查询操作员。管理员可按照实际需要创建相应权限的操作员。

创建本机构常用户下的操作员时,登录登记系统首页,点击"用户登录",使用管理员的登录名和密码登录系统,点击"用户管理",打开"操作员管理"页面,点击"创建操作员",按照提示正确填写相关信息,然后提交系统,完成操作员的创建。

操作员设置的数量不受限制,各机构可以随时为需要办理登记和查询业务的部门或分支机构创设操作员。

四、办理登记和查询

操作员仅可在登记权限范围内登录平台办理相关登记或查询业务。具有相应权限的操作员办理登记时,进入登记系统首页,点击"用户登录",用自身的登录名和密码登录系统,即可进入登记或查询页面。

案例分析:融资租赁物的公示效力

【裁判要旨】

　　因人民银行征信系统并非法律、行政法规、行业或者地区主管部门规定的进行融资租赁交易查询机构,即使案涉车辆出租人拉赫兰顿融资租赁(中国)有限公司将《租赁协议》和租赁设备均登记于人民银行征信系统,也不产生中信银行应当知道案涉车辆(抵押物)为租赁物的法律后果。

【基本案情】

　　2010 年 3 月 26 日,拉赫兰顿融资租赁(中国)有限公司与兆峰公司签订《租赁协议》,约定由拉赫兰顿融资租赁(中国)有限公司购买德国产格鲁夫牌全路面汽车起重机出租给兆峰公司使用,租赁物所有权归拉赫兰顿融资租赁(中国)有限公司,兆峰公司须按合同约定分期向拉赫兰顿融资租赁(中国)有限公司,兆峰公司未经拉赫兰顿融资租赁(中国)有限公司书面同意不得抵押上述设备。同时拉赫兰顿融资租赁(中国)有限公司和兆峰公司书面约定为方便兆峰公司办理车辆营运证,以兆峰公司名义办理了车辆登记证,兆峰公司保证该登记不影响拉赫兰顿融资租赁(中国)有限公司的所有权。为保障自己的所有权,拉赫兰顿融资租赁(中国)有限公司已在 2010 年 5 月将上述《租赁协议》和租赁设备均登记于人民银行征信系统。2012 年 3 月 12 日,在拉赫兰顿融资租赁(中国)公司不知情的情况下,中信银行与兆峰公司签订最高额抵押合同,约定由兆峰公司对 2011 年 3 月 21 日至 2016 年 3 月 30 日期间发生的因中信银行向兆峰公司发生的一系列债权提供最高额抵押担保,兆峰公司提供给中信银行的抵押物包括了车牌号为辽 BC0722 的前述格鲁夫重型专项作业车一辆,抵押担保的范围为包括主合同项下的债务本金、罚息、复利、违约金及为实现债权的费用和其他所应支付费用。2012 年 3 月 17 日,中信银行与兆峰公司对上述抵押物在公安局交通警察支队办理了抵押登记。遂引发拉赫兰顿融资租赁(中国)有限公司诉讼。

【法院判决】

　　法院认为,案涉车辆在机动车登记机关登记在兆峰公司名下,兆峰公司以案涉车辆为其中信银行借款提供抵押担保,并在车辆管理部门办理了抵押登记,至此,中信银行对案涉车辆依法取得抵押权。即使车辆管理部门的登记并不是车辆所有权登记,因车辆属动产,占有为所有权的主要公示方式,兆峰公司占有案涉车辆抵押给中信银行并办理了抵押登记,中信银行根据善意取得制度取得案涉车辆的抵押权。《最高人民法院关于审理融资租赁合同纠纷案件适用法律问题解释》第9条规定，承租人或者租赁物的实际使用人，未经出租人同意转让租赁物或者在租赁物上设立其他物权，第三人依据物权法第106条的规定取得租赁物的所有权或者其他物权，出租人主张第三人物权权利不成立的，人民法院不予支持，但有下列情形之一的除外：（一）出租人已在租赁物的显著位置做出标识，第三人在与承租人交易时知道或者应当知道该物为租赁物的；（二）出租人授权承租人将租赁物抵押给出租人并在登记机关依法办理抵押权登记的；（三）第三人与承租人交易时，未按照法律、行政法规、行业或者地区主管部门的规定在相应机构进行融资租赁交易查询的；（四）出租人有证据证明第三人知道或者应当知道交易标的物为租赁物的其他情形。本案中，租赁公司称案涉车辆出租人于2010年5月将《租赁协议》和租赁设备均登记于人民银行征信系统，符合《最高人民法院关于审理融资租赁合同纠纷案件适用法律问题解释》第9条规定的除外情形，认为中信银行取得案涉车辆的抵押权不构成善意取得。因人民银行征信系统并非法律、行政法规、行业或者地区主管部门规定的进行融资租赁交易查询机构，即使案涉车辆出租人拉赫兰顿融资租赁（中国）有限公司将《租赁协议》和租赁设备均登记于人民银行征信系统，也不产生中信银行应当知道案涉车辆（抵押物）为租赁物的法律后果。综上，租赁公司撤销之诉理由不成立，其诉讼请求，该院不予支持。

【裁判解析】

我国《物权法》第23条规定："动产物权的设立和转让，自交付时发生效力，但法律另有规定的除外。"可见，对于动产的物权变动，我国法律并未像不动产那样将登记作为必要条件，而是以交付的时点作为动产物权变动的时点，以占有作为向社会不特定的第三人表彰物权的方式。为了适应社会生活的复杂多变，法律上所称之占有，除了直接占有之外，还有观念上的间接占有，即由他人对动产进行事实上的管领支配，而所有权人凭借返还请求权在其所有的动产之上成立间接占有。由于所有权人和直接占有人在物理上的分离，给不特定的第三人判断所有权人带来技术上的难题。如果直接占有人利用控制动产之便而与第三人进行以设立或者变更该动产物权为目的之交易，便面临着保护实际所有权人与社会交易安全之间的矛盾和冲突。在此问题上，立法在二者之间进行了平衡，基于交易安全对资源流转直至社会发展进步的重要意义，向交易安全做出了一定的倾斜，侧重于保护因信赖物权的外观表彰而与无权处分人进行交易的善意第三人。《合同法》第51条规定："无处分权的人处分他人财产，经权利人追认或无处分权的人订立合同后取得处分权的，该合同有效"。
《物权法》第106条第1款规定："无处分权人将不动产或者动产转让给受让人的，所有权人有权追回……"上述法律规定的是无处分权的人处分他人财产所产生的法律后果的制度。同时，为了保护动态交易安全，维护交易秩序，我国《物权法》第106条又规定了物权的善意取得制度。根据该条规定，善意取得的构成要件有三：第一，在动产或者不动产之上设立物权或者受让物权时是善意的；第二，支付了合理的对价；第三，设定或者受让的物权依照法律规定应当登记的已经登记，不需要登记的已经交付。虽然我国善意取得制度规定在《物权法》"所有权编"，但根据该条规定，当事人善意取得其他物权的，可参照适用。

结合本案的具体情况，中信银行的抵押权符合善意取得的构成要件，可以认定中信银行善意取得了该抵押权。

首先，中信银行取得抵押权的同时已经履行了相关贷款给付义务，抵押权担保的主债权已经成立，应当视为已经支付合理对价。其次，双方对前述抵押物在公安局交通警察支队办理了抵押登记。根据《担保法》第42条的规定，以航空器、船舶、车辆抵押的，抵押权的登记部门为运输工具的登记部门，其中，以机动车为标的物的抵押权登记部门即是指公安部门的车辆管理机构。租赁公司辩称，公安部门车辆登记不是所有权登记，从而认为中信银行的抵押权不成立的再审申请理由，显然混淆了所有权登记与抵押权登记这两个不同概念。中信银行在公安局交通警察支队办理了抵押登记，依法应当视为已经履行了相关登记义务。最后，中信银行在整个过程中是善意的。本案中，如果以占有作为外观权利的表彰，案涉车辆已经交付给兆峰公司实际使用，将兆峰公司当作所有权人应是占有外观的自然判断结果。如果以登记作为判断案涉车辆所有权人的外观权利表彰，案涉车辆已经登记在兆峰公司名下，不管公安部门的车辆登记是不是所有权登记，由于《担保法》将公安部门规定为车辆抵押权的登记机关，中信银行只能信赖该登记，其因信赖所产生的交易利益应当得到保护。况且租赁公司并未能举证证明，中信银行明知案涉车辆所有权属于租赁公司，仍然与无权处分人兆峰公司进行设定抵押权的交易。至于租赁公司主张商业银行等机构在办理资产抵押、质押和受让等业务时应根据中国人民银行《关于使用融资租赁系统进行融资租赁交易查询的通知》的要求，登录融资平台查询相关标的物的权属状况。且不论该通知是否属于2014年3月1日起施行的最高人民法院《关于审理融资租赁合同纠纷案件适用法律问题的解释》第9条所称"行业主管部门的规定"，单从时间上就可以排除该通知的适用：该通知下发的时间为2014年3月20日，只能约束此后的相关金融交易行为，而案涉抵押合同签订及抵押登记办理的时间为2012年3月，此时，尚无法律、行政法规、行业或者地区主管部门的规定要求办理抵押登记时需要登录融资平台进行查询，更无合同约定或者其他依据。在这种情况下,中信银行没有登录融资平台进行相关查询,显然不存在过失,不能因此否认其善意。

但该通知对其发布之日后商业银行等机构办理资产抵押、质押和受让等业务的行为会发生实质性的影响,商业银行等机构在开展相应业务时应按规定登录融资平台查询相关标的物的权属状况。

第四编　融资租赁合同的担保

第十六章　典型担保

所谓担保,是指根据法律规定或者合同的约定,为确保债权的实现而由合同的债务人或者第三人向债权人提供的财产保障,确保债权人的债权得以实现的一种法律制度。担保关系一经成立,即在相关当事人之间产生一定的权利义务关系,并凭借担保关系的保护,债权人在债务不履行债务时,仍能够确保其债权得以实现。

在融资租赁合同中,出租人的主要义务是向承租人提供租赁物,其主要权利为收取租金;承租人的主要权利为取得租赁物的占有、使用和收益,其主要义务是支付租金。出租人只要履行了将租赁物交付给承租人的义务后,剩下的就是如何确保自己可以收取租金的权利得以实现,如何确保承租人能够按照合同约定履行支付租金的义务,确保在承租人不履行支付租金义务时自己收取租金的权利不受损害。

在融资租赁合同中,担保的对象通常都是出租人的租金债权,毕竟融资租赁合同的核心目的在于融资,因此担保工具也主要保障融资目的的实现。根据《担保法》的规定,担保的方式有:保证、抵押、质押、留置、定金。这些法定担保方式及相关法律规范均可适用于融资租赁合同。在融资租赁合同中,由于融资租赁合同租期较长,出租人收回投资、获得利润完全依靠承租人使用租赁设备的收益情况,为了降低交易及信用风险,出租人通常会要求承租人提供一定的担保,而担保主要采取保证、抵押和质押三种方式。但是为了适应行业发展的需要以及理解上的全面性,本书将实践中使用较少的定金和留置也一并做简要介绍。

第一节　保　证

一、保证的概念

保证是指保证人和债权人约定,当债务人不履行债务时,保证人按照约定履行债务或者承担责任的行为。正确理解保证的概念,应注意以下几个要点:第一,保证是一种单独成立的特别担保,不同于债务人以自己责任财产承担的一般担保;第二,保证人的责任在于当债务人不履行合同义务时,代替债务人履行或者承担连带责任,如保证合同中约定保证人代为履行非金钱债务的,如果保证人不能实际代为履行,对债权人因此造成的损失,保证人应当承担赔偿责任;第三,保证人承担保证责任后,对债务人有追偿权。

保证为担保债权实现而成立,目的在于赋予债权人对保证人的请求权,以便在债务人不履行债务时实现债权或救济损失,表面上看是保证人与债权人之间的关系,实质上是保证人、债权人、债务人三者之间的法律关系如图16-1所示:

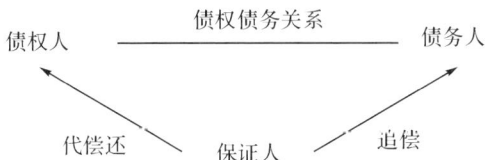

图 16-1　保证人、债权人与债务人之间的法律关系

第一层次是债权人与债务人之间的债权债务关系,如借贷、买卖等民事关系,通常称为主债权债务关系。这是保证关系成立和存在的前提,主债关系的内容实际上便是保证关系需要予以保证的内容。保证作为一种担保方式,目的在于确保主债权的实现,因此其具体内容与所担保的债权债务关系原则上是一致的。主债权债务关系在这三重法律关系中居于基础性地位。

第二层次是保证人与债务人之间形成的委托关系。保证人为何向债权人提供担保? 通常的原因都是受到债务人的委托而承担保证人的责任。也就是说,保证人与债务人之间存在委托合同关系。基于保证而形成的委托关系是内部性的,仅存于保证人和债务人之间,与债权人没有直接关系。对于债权人而言,只要有人为其债权承担担保责任即可,至于保证人出于什么原因提供保证,均在所不问。而保证人在履行债务后向债务人行使的代位追偿权,是保证关系的效力使然,也不是内部性的委托关系的法律后果。

第三层次是保证人与债权人之间形成的保证关系。这是保证关系的主要方面所在,即通常所说的保证关系。存在于保证人与债权人之间的保证关系是担保法调整的基本法律关系,为慎重起见,法律要求应当采取书面形式订立保证合同,以明确约定双方的权利义务关系。

二、保证的属性

(一)债权性

保证属于债权性担保,这是保证区别于物权性担保的抵押、质押之所在。保证是专为担保债权实现而设立,故以债权的存在为基础和前提。债权人由此获得了一种担保权,也即在其原债权请求权之外多了一项担保请求权。从财产权角度而言,保证是用成立一项新的保证债权来担保原主债权的,其主要有三个方面的意思：一是保证人只是以其一般责任财产作为担保，而没有划定担保物的范围，因此用于担保的财产具有不特定性，债权人只能就保证人的一般责任财产请求清偿债权。二是债权人对于保证人的财产没有优先受偿权，仅能作为保证人的普通债权人出现，与其他债权人的地位平等，如保证人的责任财产不足以清偿全部债务，债权人只能按照相应的比例受偿。三是保证合同发生纠纷时，债权人只能借助于债权的保护方法寻求救济，而不能运用物权手段支配或处分保证人的财产。

（二）人身性

保证属人的担保，因而具有一定的人身性特征。这里的人身是指与自然人或法人的人格、身份密不可分，或者说是以人身信用为基础而成立和存续的。保证的人身性具有两种含义，一是保证离不开保证人与债务人之间的相互信任的委托关系。没有这种信任委托关系，即当债务人找不到愿为他作保的保证人时，保证担保便无从谈起。二是就保证关系的性质来讲，纯属债权关系。而债权是对人权而非对世权，故与物权不同，实为人与人之间的请求权关系，不是人对物的支配关系。所以说保证与其他债权债务关系一样，具有人身属性。

（三）从属性

保证是为担保债权而设立，故有从属性。这是保证的最重要特征，具体表现在以下几个方面：

1. 保证成立上的从属性

保证的成立，一般以主债权的存在为前提。

2. 保证存续上的从属性

保证的存续一般以债权的合法有效存在为条件。主债务无效时，保证也无效，主债务消灭时，保证也随之消灭。

3. 保证范围上的从属性

保证担保的范围原则上与主债务相同，保证人与债权人可约定的担保的范围小于主债务，但约定大于主债务或未做约定时，保证担保的范围应解释为与主债务相同，对此担保法并未作规定，但从保证的从属性本身要求做这样的解释。但依《担保法》第 24 条的规定，如债权人与债务人协议变更主合同，无论是扩大抑或缩小债务范围，除保证合同另有约定外，只要未经保证人的书面同意，保证人不再承担保证责任。

4. 转移上的从属性

从权利随主权利的移转而移转，但从权利不得与主权利分离而单独让与，在保证之债中，保证债权为担保主债权而存在，若与主债权分离，则丧失了其担保性，故保证债权不得与主债权分离而单独让与。

5. 保证的从属性还体现在债务人根据主合同所享有的抗辩权，保证人也同样享有

（四）补充性

保证的补充性体现在保证法律关系中，债务人是第一债务人，保证人是第二债务人，只有在债务履行期届满而债务人不履行债务时，保证人才负保证责任。《担保法》第 18 条、第 19 条规定，一般保证责任只存在保证合同有明确约定时才承担，保证合同没有约定保证方式或约定不明确时，一律视为连带责任保证。这一规定体现了本法侧重于保护债权人利益的立法意图，与原来的补充性具有一定的矛盾。但立法如此规定，仍应先尊重其规定。

（五）相对独立性

保证之债虽从属于主债，但其本身也是有一定的独立性，其主要体现在：一是允许就主债的某一部分成立保证，或者可以限制保证的责任范围；二是保证人可就自己的保证债务提供担保，如规定保证合同的违约金或提供另外的特别担保等；三是保证合同的无效、撤销或解除，主债关系并不因此而受影响；四是保证合同特有的抗辩权，只为保证人所独有，主债务人无此权利。

保证所具有的以上性质，使得保证有别于担保的其他方式，应特别注意，以规避不必要的风险，从而更好地维护自身的合法利益。

三、保证人

《担保法》第 7 条规定：具有代为清偿债务能力的法人、其他组织或者公民，可以作保证人。保证人只能是严格意义上的第三人，所以肯定享有对债务人的追偿权；物保人可以是第三人也可以是主债务人本人。保证人承担无限责任，物保人的有限责任（保证的含义就是愿意对债务人不能履行的债务承担履行责任或者赔偿责任，承担责任的范围不以个别财产为限，而必须是保证人的全部财产。）

（一）保证人的资格

1. 法人

法人有企业法人和非企业法人。非企业法人有机关法人、事业法人和社会团体法人。企业法人可以作为保证人当无疑问，但企业法人的分支机构、职能部门原则上不得作为保证人，企业法人的分支机构可以在法人授权的范围内提供保证。国家机关由于其宗旨、性质和职能，不得为保证人，但经国务院批准为使用国际经济组织贷款进行转贷的除外。出于维护社会公共利益的需要，学校、幼儿园、医院等以公益为目的的事业单位、社会团体不得为保证人。

2. 其他组织

其他组织是指依法成立，有一定组织机构和财产，但又不具备法人资格的组织。包括依法登记领取营业执照的个人独资企业、合伙企业、中外合作经营企业等；经民政部门核准登记领取社会团体登记证的社会团体；法人依法设立并领取营业执照的分支机构；各商业银行设在各地的不具有法人资格的分支机构；中国人民保险公司设在各地的不具有法人资格的分支机构；经核准登记领取营业执照的乡镇、街道、村办企业等。在诸多组织中，属企业分支机构的，提供担保应在法人授权的范围内。

3．自然人

许多自然人具有雄厚的经济实力，可以作为保证人。农村承包经营户、个体工商户等也可以作为保证人。

（二）共同保证

共同保证，是指数个保证人为同一债务提供担保的情形。具体规定可参见《担保法》第 12 条。

四、保证合同

保证人与债权人应当以书面形式订立保证合同。保证人与债权人可以就单个主合同分别订立保证合同，也可以协议在最高债权额度范围内就一定期间内连续发生的借款合同或某项商品交易合同订立一个保证合同，后者被称为最高额保证。

（一）保证合同成立的方式

根据《担保法》第 13 条、法释〔2000〕44 号第 22 条的规定，保证合同有四种主要的成立方式：

（1）单独的书面保证合同。

（2）在主合同中约定保证条款，保证人签字。

（3）在主合同上没有保证条款，但第三人以保证人身份签字。

（4）第三人单方以书面形式向债权人出具担保书，债权人接受且未提出异议。

（二）保证合同的内容

保证合同的内容应当具体全面，以避免不必要的争议。通常应包含以下几个的主要内容：

1．被保证的主债权的种类、数额。

主债权的种类，应着重从发生债的具体原因来确定，一般应区分借贷、买卖、租赁等。要特别注意的是，主债权的数额与被担保债权的数额不是同一概念。被担保的主债权的数额，是保证人承担保证债务的尺度，它可以等同于主债权的数额，也可以小于主债权的数额。如果不明确被担保债权的数额，则无法确定保证人的担保义务，既有可能损害债权人的保证利益，也有可能加大保证人的负担。

2．债务人履行债务的期间。

在主债务人履行期限届满而主债务未清偿时，保证合同才发生代偿的效力。因此，债务人履行债务的期限具有至关重要的意义。当然，一般保证的保证人具有先诉抗辩权，不立即发生代偿问题，与连带责任保证立即发生保证责任的情形还有些区别。

3. 保证的方式、范围、期限。

保证的方式是指保证人提供一般保证还是连带保证。两种保证,对保证人来说,其承担的义务和风险是各不相同的。保证的范围是指对全部债权提供担保还是对部分债权提供担保。保证的范围超过了主债权的范围,超过部分便失去了保证的意义。因此,保证范围不能超过主债权的范围,但可等于或小于主债权的范围。

五、保证的种类

(一)一般保证

1. 一般保证与先诉抗辩权。

当事人在保证合同中约定,债务人不能履行债务时,由保证人承担保证责任的,为一般保证。一般保证债务的补充性比较明显,只有债务人不能履行债务时,保证人才承担保证责任。根据《担保法》第 17 条第 2 款的规定,一般保证的保证人享有先诉抗辩权,即在主合同纠纷未经审判或者仲裁,并就债务人财产依法强制执行仍不能履行债务前,对债权人可以拒绝承担保证责任。

出现下列法定情形之一的,保证人不得行使先诉抗辩权:

(1)债务人住所变更,致使债权人要求其履行债务发生重大困难的。仅有债务人住所变更的事实还不足以使保证人丧失先诉抗辩权,该事实还必须是给债权人主张债权造成重大障碍的事实。重大困难是指难以克服或花费过巨的情况。为保护债权,担保法规定债权人可以直接要求保证人代为清偿,保证人不得主张先诉抗辩权。

(2)人民法院受理债务人破产案件,中止执行程序的。在此情况下,债权人便不能依照合同从债务人处获得清偿,此时若允许保证人行使先诉抗辩权,则有违保证的宗旨。故债权人可直接向保证人要求清偿,此时保证人无先诉抗辩权。

(3)保证人以书面形式放弃先诉抗辩权的。保证人享有先诉抗辩权,既可以行使,也可以放弃。放弃应采用书面形式。保证人口头声明放弃先诉抗辩权的,不产生丧失先诉抗辩权的法律效果。

2. 连带责任保证

当事人在保证合同中约定保证人与债务人对债务承担连带责任的,为连带责任保证。当事人对保证方式没有约定或约定不明确的,推定为连带责任保证。连带责任保证的保证人,不享有先诉抗辩权。连带责任保证的债务人在主合同规定的债务履行期届满没有履行债务的,债权人可以要求债务人履行债务,也可以要求保证人在其范围内承担保证责任。

一般而言,连带责任保证债务的范围与主债务的范围是一致的,但主债权人与保证人也可约定保证范围小于债务范围,保证人在其保证范围内承担连带责任。

主债务人在合同规定的期限届满没有履行债务的,债权人才可以要求保证人履行债务。从诉讼角度看,债权人提起诉讼,既可以主债务人为被告,也可以保证人为被告,也可以债务人和保证人为共同被告。

3. 一般保证与连带保证的认定与区别。

首先是在法律效果上的区别。一般保证通常应在保证合同中明确约定,债务人不能履行债务时由保证人承担保证责任。要明确体现保证的补充性色彩。而连带保证则在保证合同中约定保证人与债务人对债务承担连带责任或在当事人对保证方式没有约定或约定不明确的,按照连带责任保证承担保证责任。

其次是在诉讼上的区别。在一般保证中债权人可以只单独起诉债务人,而不得先单独起诉保证人,也可以将债务人和保证人列为共同被告。而在连带保证中,债权人既可以只单独起诉债务人,也可以先起诉保证人,当然也可以将债务人和保证人列为共同被告。

4. 按份保证和连带共同保证的认定与区别

存在多个保证人时需要区分按份共同保证与连带共同保证的区别。一般情况下,明确约定按份承担保证责任的则为按份共同保证,如果约定为连带或者约定不明时,则属于连带共同保证。按份共同保证的多个保证人间可以对承担保证责任的份额做出约定,没有约定或者约定不明的,推定为按照平均份额承担保证责任。

5. 最高额保证

最高额保证是指保证人与债权人可以就单个主合同分别订立保证合同,也可以协议在最高债权额度内就一定期间连续发生的借款合同或者某项商品交易合同订立一个保证合同。保证人依照《担保法》第14条规定就连续发生的债权作保证,未约定保证期间的,保证人可以随时书面通知债权人终止保证合同,但保证人对于通知到债权人前所发生的债权,仍应承担保证责任。

最高额保证的两个特征是担保合同成立在前,所担保的主债务发生在后;所担保的债务数额具有最高限定性与不确定性。

6. 保证人享有债务人的抗辩权

一般保证和连带责任保证的保证人享有债务人对债权人的抗辩权。保证人享有债务人的抗辩权,对保护保证人和债务人的合法权益都具有重要意义。保证人担保债务人的债务,亦应享有债务人的权利。保证人应以自己的名义行使抗辩权而非以债务人的名义行使抗辩权。债务人的抗辩权是指债权人行使债权时,债务人根据法定或者约定事由,可以对抗债权人行使请求权的权利。

(1)同时履行抗辩权

同时履行抗辩权,是指在法律或合同未规定哪一方当事人先履行合同义务的情况下,一方当事人可以拒绝履行给付的权利。只有双务合同才能产生同时履行抗辩权,买卖合同就是典型的双务合同,当买卖合同未规定买方和卖方的履行顺序时,按公平原则的要求,任何一方当事人可以行使同时履行抗辩权。

（2）不安抗辩权

不安抗辩权,是指具有先给付义务的一方当事人,在对方出现经营状况严重恶化、转移财产、抽逃资金以逃避债务、丧失商业信誉等丧失或者可能丧失履行债务能力的情形,不能保证其对待给付时,可以拒绝履行给付的权利。

（3）权利未发生的抗辩权

权利未发生的抗辩权是当事人主张债权无效而拒绝履行合同的权利。当创设债权的买卖合同无效时,债务人可主张权利未发生的抗辩权。

（4）权利已消灭的抗辩权

权利已消灭的抗辩权是当事人主张债权已经消失而拒绝履行合同义务的权利。买卖合同创设的债权,不仅可以因履行而消灭,还可因抵销、提存、免除等原因消灭。主债权消灭,主债务同时消灭。保证人可以行使主债权已经消灭的抗辩权。

六、保证责任

（一）保证担保的范围

（1）根据担保法的规定,保证的范围包括主债权及利息、违约金、损害赔偿金和实现债权的费用。

（2）保证担保的范围,采用约定优于法定的规则,即当事人约定的担保范围可以不受担保法规定的限制。

（二）债权债务转让时的保证责任

在保证期间内,债权人依法将主债权转让给第三人的,保证人在原保证担保范围内继续承担保证责任。保证合同另有约定的,按照约定。

（三）主合同内容变更时的保证责任

主合同内容变更是主合同债权人、债务人不发生变化的前提下,对合同内容做出的改变。内容的变更,实质上是当事人权利义务关系的变化。目前理论上将内容变更范围解释的很广,把标的种类、品质的变更、标的数量增减、债的性质变化、履行期限地点、方式的变更等统统列入变更的范围。另外,内容的变更可能增加了保证人的负担,因而《担保法》第24条规定:债权人与债务协议变更合同的,应当取得保证人书面同意,未经保证人书面同意的,保证人不再承担保证责任。保证合同另有约定的,按照约定。当然,合同变更也并不必然增加保证人的负担,因此担保法的规定未免过于绝对。法释〔2000〕44号第30条规定,主合同内容变更如果减轻了债务人的债务的,即使未经保证人同意,保证人仍应对变更后的合同承担保证责任;如果加重债务人的债务的,未经保证人同意,保证人对加重的部分不承担保证责任。这一规定无疑比担保法的规定更加公平、合理。

（四）保证期间

保证期间是为了保障保证人的利益而设。保证期间是保证法律关系特有的制度，是指保证人根据约定或者法律规定承担保证责任的期限，债权人未在此期限内行使权利，即发生保证责任免除的法律后果。保证期间区分为一般保证的保证期间和连带保证责任的保证期间。

一般保证的保证人与债权人未约定保证期间的，保证期间为主债务履行期届满之日起六个月。连带责任保证的保证人与债权人未约定保证期间的，债权人有权自主债务履行期届满之日起六个月内要求保证人承担保证责任。保证合同约定的保证期间早于或者等于主债务履行期限的，视为没有约定，保证期间为主债务履行期届满之日起六个月。保证合同约定保证人承担保证责任直至主债务本息还清时为止等类似内容的，视为约定不明，保证期间为主债务履行期届满之日起二年。主合同对主债务履行期限没有约定或者约定不明的，保证期间自债权人要求债务人履行义务的宽限期届满之日起计算。保证期间不因任何事由发生中断、中止、延长的法律后果。

保证期间具有如下几个特点：

1. 保证期间届满导致权利消灭的法律后果

一般保证，在合同约定的保证期间或法律规定的保证期间内，债权人未对债务人提起诉讼或申请仲裁的，保证人免除保证责任。连带保证责任，在合同约定的或者法律规定的保证期间内，债权人未要求保证人承担保证责任的，保证人免除保证责任。

2. 保证期间可由当事人约定

当事人可以自由约定保证期间，没有约定或者约定不明时适用法定保证期间。保证人与债权人未约定保证期间的，保证期间为主债务履行期届满之日起六个月。保证合同约定的保证期间早于或者等于主债务履行期限的，视为没有约定，保证期间为主债务履行期届满之日起六个月。保证合同约定保证人承担保证责任直至主债务本息还清为止等类似内容的，视为约定不明，保证期间为主债务履行期届满之日起二年。

3. 保证期间属不可变期间

保证期间属于除斥期间，不因任何事由发生中断、中止、延长的法律后果。保证期间与诉讼时效不同，诉讼时效期间届满后，虽然债权的请求权并未消灭，但债务人可主张时效届满之抗辩权，拒绝履行债务；保证期间属于除斥期间，消灭的是实体权利。因此，人民法院应主动审查保证责任是否超过保证期间；而诉讼时效则应根据债务人主动提出时效抗辩权而进行审理。

4. 保证期间与诉讼时效的关系

一般保证的债权人在保证期间届满前对债务人提起诉讼或者申请仲裁的，从判决或者仲裁裁决生效之日起，开始计算保证合同的诉讼时效。

连带责任保证的债权人在保证期间届满前要求保证人承担保证责任的，从债权人要求保证人承担保证责任之日起，开始计算保证合同的诉讼时效。

保证人对已经超过诉讼时效期间的债务承担保证责任或者提供保证的，又以超过诉讼时效为由抗辩的，人民法院不予支持。

5. 主债务诉讼时效与保证之债的诉讼时效的关系

一般保证中，主债务诉讼时效中断，保证债务诉讼时效中断；连带责任保证中，主债务诉讼时效中断，保证债务诉讼时效不中断。

一般保证和连带责任保证中，主债务诉讼时效中止的，保证债务的诉讼时效同时中止。

6. 关于保证期间的几个实务提示

(1)关于保证人在保证期届满后又在债权人的催款通知书上签字的法律效力问题。根据最高人民法院《关于人民法院应当如何认定保证人在保证期间届满后又在催款通知书上签字问题的批复》(法释〔2004〕4 号)的规定，保证期间届满债权人未依法向保证人主张保证责任的，保证责任消灭。保证责任消灭后，债权人书面通知保证人要求承担保证责任或清偿债务，保证人在催款通知书上签字的，人民法院不得认定保证人继续承担保证责任。但是，该催款通知书内容符合合同法和担保法有关担保合同成立的规定，并经保证人签字认可，能够认定成立新的保证合同的，人民法院应当认定保证人按照新保证合同承担责任。

(2)关于债权人在保证期间以特快专递向保证人发出逾期贷款催收通知书但缺乏保证人对邮件签收或拒收的证据能否认定债权人向保证人主张权利的问题。

根据最高人民法院关于债权人在保证期间以特快专递向保证人发出逾期贷款催收通知书但缺乏保证人对邮件签收或拒收的证据能否认定债权人向保证人主张权利的请示的复函(〔2003〕民二他字第 6 号)的规定，债权人通过邮局以特快专递的方式向保证人发出逾期贷款催收通知书，在债权人能够提供特快专递邮件存根及内容的情况下，除非保证人有相反证据推翻债权人所提供的证据，应当认定债权人向保证人主张了权利。

(3)关于在保证期间内保证人在债权转让协议上签字并承诺履行原保证义务能否视为债权人向担保人主张过债权及认定保证合同的诉讼时效如何起算的问题。

根据最高人民法院关于在保证期间内保证人在债权转让协议上签字并承诺履行原保证义务能否视为债权人向担保人主张过债权及认定保证合同的诉讼时效如何起算等问题请示的答复(〔2003〕民二他字第 25 号)的规定，保证人于保证期间内，在所担保的债权转让协议上签字并承诺"继续履行原保证合同项下的保证义务"即属《担保法》第 26 条第 1 款所规定的债权人要求保证人承担保证责任的规定精神。依照本院《关于适用〈中华人民共和国担保法〉若干问题的解释》第 34 条第 2 款的规定,自债权人要求保证人承担保证责任之日起,保证合同的诉讼时效开始计算。

案例分析一

远东国际租赁有限公司与浙江长兴市政工程有限公司、浙江浦能电源科技有限公司等融资租赁合同纠纷案

【案情】

原告远东国际租赁有限公司诉称,2013 年 11 月 27 日,原告与被告长兴市政工程公司签订了《售后回租赁合同》(合同编号:IFE-LC13D053C51-L-01) 及《所有权转让协议》(合同编号:IFE-LC13D053C51-P-01)。原告与被告长兴市政工程公司之间形成融资租赁法律关系,原告为出租人,被告长兴市政工程公司为承租人。为担保被告长兴市政工程公司履行《售后回租赁合同》,作为连带责任保证人,被告浦能电源科技公司于 2013 年 11 月 27 日与原告签署了《保证合同》(合同编号分别为:IFELC13D053C51-U-01),被告杨云山、杨娅萍、杨亚琦于同日分别签署并向原告出具了《保证函》。根据上述合同约定,被告长兴市政工程公司将其所有的设备出让给原告,原告取得了该设备的所有权,并将设备作为租赁设备出租给被告长兴市政工程公司使用。另根据《保证合同》《保证函》的约定,被告浦能电源科技公司、杨云山、杨娅萍、杨亚琦为被告长兴市政工程公司上述所有应付款项的支付承担连带清偿责任。

起租后,被告长兴市政工程公司自 2014 年 8 月起未支付到期租金,已严重违约,为此原告诉至本院,请求:判令连带保证人承担连带清偿责任——如所得价款不足清偿上述债务,则不足部分由被告长兴市政工程公司继续清偿;判令被告浦能电源科技公司、杨云山、杨娅萍、杨亚琦对被告长兴市政工程公司上述第 3 项付款义务承担连带清偿责任;判令五被告承担本案案件受理费、财产保全申请费等全部诉讼费用。

另查明,被告浦能电源科技公司与原告签订的《保证合同》,以及被告杨云山、杨娅萍、杨亚琦向原告出具的《保证函》,均承诺为被告长兴市政工程公司《售后回租赁合同》项下应付的租金、利息、违约金、损害赔偿金、留购价款及其他应付款项承担连带保证责任,保证期间至主债务履行期届满之日满两年。《保证合同》还约定,如果承租人未能按照租赁合同的约定支付任何被担保款项,受益人无须事先向承租人或其他任何第三人提出付款要求或对承租人或其他任何第三人提起诉讼或申请仲裁,或采

取任何其他措施以实现权利,即可直接要求保证人立即履行其在本保证合同项下的保证责任,不论租赁合同项下受益人是否拥有其他任何形式的抵押、质权、保证、定金、保证金等。

【解析】

原告与被告浦能电源科技公司签订的《保证合同》以及被告杨云山、杨娅萍、杨亚琦向原告出具的《保证函》,均系各方当事人的真实意思表示,依法成立有效,缔约各方应予履行,被告浦能电源科技公司、杨云山、杨娅萍、杨亚琦应在约定的保证担保范围内承担连带清偿的保证责任。依相关法律规定判决如下(节选此部分内容):

1. 原告远东国际租赁有限公司可就上述第二项判决所述的租赁物与被告浙江长兴市政工程有限公司协议折价或将该等设备拍卖、变卖,所得价款用于清偿被告浙江长兴市政工程有限公司上述第3项付款义务;如所得价款不足清偿上述债务,则不足部分由被告浙江长兴市政工程有限公司继续清偿,如所得价款超过上述债务,则超过部分归被告浙江长兴市政工程有限公司所有;

2. 被告浙江浦能电源科技有限公司、杨云山、杨娅萍、杨亚琦对被告浙江长兴市政工程有限公司上述第3项付款义务承担连带清偿责任,被告浙江浦能电源科技有限公司、杨云山、杨娅萍、杨亚琦对被告浙江长兴市政工程有限公司履行保证责任后,有权向被告浙江长兴市政工程有限公司追偿。

案件受理费 99,557 元,财产保全费 5,000 元,公告费 560 元,共计 105,117 元,由被告浙江长兴市政工程有限公司、浙江浦能电源科技有限公司、杨云山、杨娅萍、杨亚琦共同负担。①

第二节　抵　押

一、抵押的概念

抵押,是指债务人(即融资租赁合同的承租人)或者第三人(统称抵押人)不转移对抵押财产的占有,将该财产作为债权的担保。债务人不履行到期债务或者发生当事人约定的实现抵押权的情形,债权人(即出租人)有权就该财产依照法律规

---

① 参见(2014)浦民六(商)初字第 15636 号,远东国际租赁有限公司与浙江长兴市政工程有限公司、浙江浦能电源科技有限公司等融资租赁合同纠纷一审民事判决书。

定对该财产进行折价或以拍卖、变卖的价款优先受偿。

二、关于抵押物

抵押物是指债务人(抵押人)为担保某项义务的履行而移转给债权人(抵押权人)的担保物。担保物的确立范围应严格遵守我国现行的《担保法》《物权法》及其司法解释等相关法律的规定,禁止非法抵押。

(一)可以用作抵押的财产

以下财产可以用于抵押:抵押人所有的建筑物和其他土地附着物;抵押人所有的生产设备、交通运输工具、原材料、半成品、产品和其他财产;抵押人依法有权处分的建设用地使用权;抵押人依法承包并经发包方同意抵押的荒山、荒沟、荒丘、荒滩等荒地的土地使用权;正在建造的建筑物、船舶、航空器;法律、行政法规未禁止抵押的其他财产。抵押人可以将上述财产一并抵押。

(二)不能用作抵押的财产

以下财产不得用于抵押:土地所有权;耕地、宅基地、自留地、自留山等集体所有的土地使用权,但法律规定可以抵押的除外;学校、幼儿园、医院等以公益为目的的事业单位、社会团体的教育设施、医疗卫生设施和其他社会公益设施;所有权、使用权不明或者有争议的财产;依法被查封、扣押、监管的财产;法律、行政法规规定不得抵押的其他财产。

(三)以房地产抵押的特殊要求

以建筑物抵押的,该建筑物占用范围内的建设用地使用权一并抵押。以建设用地使用权抵押的,该土地上的建筑物一并抵押。抵押人未依照前述规定一并抵押的,未抵押的财产视为一并抵押。

乡镇、村企业的建设用地使用权不得单独抵押。以乡镇、村企业的厂房等建筑物抵押的,其占用范围内的建设用地使用权一并抵押。

(四)浮动抵押的规定

经当事人书面协议,企业、个体工商户、农业生产经营者可以将现有的以及将有的生产设备、原材料、半成品、产品抵押,债务人不履行到期债务或者发生当事人约定的实现抵押权的情形,债权人有权就实现抵押权时的动产优先受偿。

三、抵押合同

(一)抵押人和抵押权应当以书面形式订立抵押合同

抵押合同应当包括以下内容:被担保债权的种类和数额;债务人履行债务的期限;抵押财产的名称、数量、质量、状况、所在地、所有权归属或者使用权归属;担保的范围。

但须注意,抵押权人在债务履行期届满前,不得与抵押人约定债务人不履行到期债务时抵押财产归债权人所有。

（二）关于抵押登记的规定

1. 不动产抵押登记

以《物权法》第 180 条第 1 款第 1 项至第 3 项规定的财产或者第 5 项规定的正在建造的建筑物抵押的，应当办理抵押登记。抵押权自登记时设立。

2. 特殊动产抵押登记

以《物权法》第 180 条第 1 款第 4 项、第 6 项规定的财产或者第 5 项规定的正在建造的船舶、航空器抵押的，抵押权自抵押合同生效时设立；未经登记，不得对抗善意第三人。

3. 动产浮动抵押登记

企业、个体工商户、农业生产经营者以《物权法》第 181 条规定的动产抵押的，应当向抵押人住所地的工商行政管理部门办理登记。抵押权自抵押合同生效时设立；未经登记，不得对抗善意第三人。依照《物权法》第 181 条规定抵押的，不得对抗正常经营活动中已支付合理价款并取得抵押财产的买受人。

（三）抵押与租赁的关系

订立抵押合同前抵押财产已出租的，原租赁关系不受该抵押权的影响。抵押权设立后抵押财产出租的，该租赁关系不得对抗已登记的抵押权。

四、抵押转让的规定

（一）抵押期间转让抵押财产

抵押期间，抵押人经抵押权人同意转让抵押财产的，应当将转让所得的价款向抵押权人提前清偿债务或者提存。转让的价款超过债权数额的部分归抵押人所有，不足部分由债务人清偿。抵押期间，抵押人未经抵押权人同意，不得转让抵押财产，但受让人代为清偿债务消灭抵押权的除外。

（二）抵押权转让或者作为其他债权担保

抵押权不得与债权分离而单独转让或者作为其他债权的担保。债权转让的，担保该债权的抵押权一并转让，但法律另有规定或者当事人另有约定的除外。

五、抵押权的实现

（一）抵押权实现的条件、方式和程序

债务人不履行到期债务或者发生当事人约定的实现抵押权的情形，抵押权人可以与抵押人协议以抵押财产折价或者以拍卖、变卖该抵押财产所得的价款优先受偿。协议损害其他债权人利益的，其他债权人可以在知道或者应当知道撤销事由之日起一年内请求人民法院撤销该协议。抵押权人与抵押人未就抵押权实现方式达成协议的，抵押权人可以请求人民法院拍卖、变卖抵押财产。抵押财产折价或者变卖的,应当参照市场价格。

（二）抵押财产确定

1. 财产确定的规定情形

依法设定抵押的,抵押财产自发生如列情形之一时确定:债务履行期届满,债权未实现;抵押人被宣告破产或者被撤销;当事人约定的实现抵押权的情形;严重影响债权实现的其他情形。

2. 对孳息的规定

债务人不履行到期债务或者发生当事人约定的实现抵押权的情形,致使抵押财产被人民法院依法扣押的,自扣押之日起抵押权人有权收取该抵押财产的天然孳息或者法定孳息,但抵押权人未通知应当清偿法定孳息的义务人的除外。前述规定的孳息应当先充抵收取孳息的费用。

3. 变现后的分配

抵押财产折价或者拍卖、变卖后,其价款超过债权数额的部分归抵押人所有,不足部分由债务人清偿。

4. 抵押财产毁损或减少的应对

抵押人的行为足以使抵押财产价值减少的,抵押权人有权要求抵押人停止其行为。抵押财产价值减少的,抵押权人有权要求恢复抵押财产的价值,或者提供与减少的价值相应的担保。抵押人不恢复抵押财产的价值也不提供担保的,抵押权人有权要求债务人提前清偿债务。

（三）抵押权的清偿顺序

同一财产向两个以上债权人抵押的,拍卖、变卖抵押财产所得的价款依照如列规定清偿:抵押权已登记的,按照登记的先后顺序清偿;顺序相同的,按照债权比例清偿;抵押权已登记的先于未登记的受偿;抵押权未登记的,按照债权比例清偿。

抵押权人可以放弃抵押权或者抵押权的顺位。抵押权人与抵押人可以协议变更抵押权顺位以及被担保的债权数额等内容,但抵押权的变更,未经其他抵押权人书面同意,不得对其他抵押权人产生不利影响。

债务人以自己的财产设定抵押,抵押权人放弃该抵押权、抵押权顺位或者变更抵押权的,其他担保人在抵押权人丧失优先受偿权益的范围内免除担保责任,但其他担保人承诺仍然提供担保的除外。

（四）以建设用地使用权抵押的特别规定

建设用地使用权抵押后,该土地上新增的建筑物不属于抵押财产。该建设用地使用权实现抵押权时,应当将该土地上新增的建筑物与建设用地使用权一并处分,但新增建筑物所得的价款,抵押权人无权优先受偿。

（五）抵押权实现的特别规定

依照《物权法》第180条第1款第3项规定的土地承包经营权抵押的,或者依照本法第183条规定以乡镇、村企业的厂房等建筑物占用范围内的建设用地使用权一并抵押的,实现抵押权后,未经法定程序,不得改变土地所有权的性质和土地用途。

六、抵押权的存续期间

抵押权人应当在主债权诉讼时效期间行使抵押权;未行使的,人民法院不予保护。

七、最高额抵押

最高额抵押是指为担保债务的履行,债务人或者第三人对一定期间内将要连续发生的债权提供担保财产的,债务人不履行到期债务或者发生当事人约定的实现抵押权的情形,抵押权人有权在最高债权额限度内就该担保财产优先受偿。最高额抵押权设立前已经存在的债权,经当事人同意,可以转入最高额抵押担保的债权范围。

最高额抵押担保的债权确定前,部分债权转让的,最高额抵押权不得转让,但当事人另有约定的除外。

最高额抵押担保的债权确定前,抵押权人与抵押人可以通过协议变更债权确定的期间、债权范围以及最高债权额,但变更的内容不得对其他抵押权人产生不利影响。

最高额抵押权所担保债权需要确定由抵押权人根据如下事由来确定债权:约定的债权确定期间届满;没有约定债权确定期间或者约定不明确,抵押权人或者抵押人自最高额抵押权设立之日起满二年后请求确定债权;新的债权不可能发生;抵押财产被查封、扣押;债务人、抵押人被宣告破产或者被撤销;法律规定债权确定的其他情形。

案例分析二

维信融资租赁(苏州)有限公司与杨震宇、杨金明追偿权纠纷案
【案情】
原告维信融资租赁(苏州)有限公司诉称:2013年7月,被告杨震宇与东亚银行(中国)有限公司苏州分行(以下简称东亚银行)签订了一份《汽车融资租赁贷款合同》,主要约定由被告杨震宇向东亚银行借款人民币376320元,借款期限自2013年7月29日起至2016年7月29日止;原告对此提供保证担保,并在该合同第6.10条约定了因被告杨震宇违约未如期归还借款而导致原告代偿的,则被告杨震宇应承担的违约责任。

原告与被告杨震宇于2013年7月19日另行签订一份《车辆抵押合同》,约定由被告杨震宇以其所有的苏E奥迪A8L轿车作为抵押物,对原告提供反担保。同时,被告杨金明向原告出具了一份《担保函》,为原告向被告杨震宇有权追偿的全部债务提供不可撤销的连带责任担保。上述合同签订后,东亚银行按约向被告杨震宇发放了贷款。因被告未按约还款,故原告代偿了本息合计387357.87元。故原告诉至法院,要求判令被告杨震宇立即支付代偿款387357.87元、利息111049.66元(暂算至起诉时止),并支付违约金37632元;判令原告对被告杨震宇所有的苏E奥迪A8L轿车折价或者拍卖、变卖款享有优先受偿权;判令被告杨震宇承担原告的律师费17743元;被告杨金明对上述第1项及第3项诉讼请求承担连带偿还责任;诉讼费用由两被告承担。

上述事实,有原告提交的《汽车融资租赁贷款合同》、收款凭证、车辆抵押合同、机动车登记证书、担保函、提前还款通知、代偿凭证及证明、聘请律师合同以及当事人在庭审中的陈述予以证明。

【解析】

最后法院认为,原、被告及东亚银行签订的《汽车融资租赁贷款合同》系各方真实意思表示,合法成立有效。东亚银行按约放款后被告杨震宇未按约还款。现原告依照上述合同约定,代为偿还了借款本息及费用合计人民币387357.87元,故其有权根据上述合同约定,向被告杨震宇追偿。

对原告要求以被告杨震宇名下的苏E轿车实现抵押权的主张,因符合合同约定,本院予以准予,原告有权对上述抵押物进行拍卖、变卖,并以所得价款优先受偿。①

第三节　质　押

一、动产质押担保

(一)概念

动产质押担保,是指债务人或者第三人将其动产移交债权人占用,将该动产作为债权的担保。承租人不履行债务时,出租人有权依照法律规定以该动产折价或

---

① 参见苏州工业园区人民法院一审(2015)园商初字第00617号,维信融资租赁(苏州)有限公司与杨震宇、杨金明追偿权纠纷一审民事判决书。

以拍卖、变卖该动产的价款优先受偿。《物权法》第 208 条规定:为担保债务的履行,债务人或者第三人将其动产出质给债权人占有的,债务人不履行到期债务或者发生当事人约定的实现质权的情形,债权人有权就该动产优先受偿。前款规定的债务人或者第三人为出质人,债权人为质权人,交付的动产为质押财产。如图 16-2。

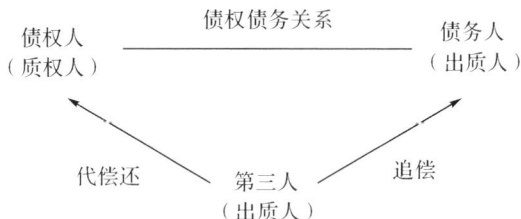

债权人　　　　债权债务关系　　　　债务人
(质权人)　━━━━━━━━━━━━　(出质人)

代偿还　　　　第三人　　　　追偿
　　　　　　(出质人)

图 16-2

债务人或第三人为出质人,债权人为质权人,移交的动产为质物。为债务人质押担保的第三人,在质权人实现质权后,有权向债务人追偿。质权因质物灭失而消灭。因灭失所得的赔偿金,应当作为出质财产。质权与其他担保的债权同时存在,债权消灭的,质权也消灭。

(二)动产质押合同

出质人和质权人应当订立书面形式的质押合同。质押合同自签订时生效,质押权自质物交付于质权人占有时生效。

设立质权,当事人应当采取书面形式订立质权合同。质权合同一般包括下列条款:被担保债权的种类和数额;债务人履行债务的期限;质押财产的名称、数量、质量、状况;担保的范围;质押财产交付的时间。

订立质押合同时,出质人和质权人在合同中不得约定在债务履行期届满质权人未受清偿时,质物的所有权转移为债权人所有。

(三)质押担保的范围

质押担保的范围主要包括:主债权及利息、违约金、损害赔偿金、实现质权的费用。抵押合同另有约定的,按照合同约定。

质权人有权收取质物所生的孳息。质押合同另有约定的,按照约定。孳息应当先抵充收取孳息的费用。

(四)质权人的权利和义务

(1)质权人在质权存续期间,未经出质人同意,擅自使用、处分质押财产,给出质人造成损害的,应当承担赔偿责任。

(2)质权人负有妥善保管质押财产的义务;因保管不善致使质押财产毁损、灭失的,应当承担赔偿责任。质权人的行为可能使质押财产毁损、灭失的,出质人可以要求质权人将质押财产提存,或者要求提前清偿债务并返还质押财产。

(3)因不能归责于质权人的事由可能使质押财产毁损或者价值明显减少,足以危害质权人权利的,质权人有权要求出质人提供相应的担保;出质人不提供的,质权人可以拍卖、变卖质押财产,并与出质人通过协议将拍卖、变卖所得的价款提前清偿债务或者提存。

(4)质权人在质权存续期间,未经出质人同意转质,造成质押财产毁损、灭失的,应当向出质人承担赔偿责任。

(5)质权人可以放弃质权。债务人以自己的财产出质,质权人放弃该质权的,其他担保人在质权人丧失优先受偿权益的范围内免除担保责任,但其他担保人承诺仍然提供担保的除外。

(6)债务人履行债务或者出质人提前清偿所担保的债权的,质权人应当返还质押财产。债务人不履行到期债务或者发生当事人约定的实现质权的情形,质权人可以与出质人协议以质押财产折价,也可以就拍卖、变卖质押财产所得的价款优先受偿。质押财产折价或者变卖的,应当参照市场价格。

(7)出质人可以请求质权人在债务履行期届满后及时行使质权;质权人不行使的,出质人可以请求人民法院拍卖、变卖质押财产。出质人请求质权人及时行使质权,因质权人怠于行使权利造成损害的,由质权人承担赔偿责任。

(8)质押财产折价或者拍卖、变卖后,其价款超过债权数额的部分归出质人所有,不足部分由债务人清偿。

二、权利质押担保

(一)概念

权利质押担保是指债务人以其可以转让的权利作为债权的担保。承租人不履行债务时,出租人有权依照法律规定,以该权利折价或拍卖、变卖该权利的价款优先受偿。

(二)可质押担保的权利

债务人或者第三人有权处分的下列权利可以出质:

汇票、支票、本票;债券、存款单;仓单、提单;可以转让的基金份额、股权;可以转让的注册商标专用权、专利权、著作权等知识产权中的财产权;应收账款;法律、行政法规规定可以出质的其他财产权利。

(三)不同权利进行质押担保的注意事项

(1)以汇票、支票、本票、债券、存款单、仓单、提单出质的,当事人应当订立书面合同。质权自权利凭证交付质权人时设立;没有权利凭证的,质权自有关部门办理出质登记时设立。

汇票、支票、本票、债券、存款单、仓单、提单的兑现日期或者提货日期先于主债权到期的,质权人可以兑现或者提货,并与出质人协议将兑现的价款或者提取的货物提前清偿债务或者提存。

(2)以基金份额、股权出质的,当事人应当订立书面合同。以基金份额、证券登记结算机构登记的股权出质的,质权自证券登记结算机构办理出质登记时设立;以其他股权出质的,质权自工商行政管理部门办理出质登记时设立。基金份额、股权出质后,不得转让,但经出质人与质权人协商同意的除外。出质人转让基金份额、股权所得的价款,应当向质权人提前清偿债务或者提存。

(3)以注册商标专用权、专利权、著作权等知识产权中的财产权出质的,当事人应当订立书面合同。质权自有关主管部门办理出质登记时设立。知识产权中的财产权出质后,出质人不得转让或者许可他人使用,但经出质人与质权人协商同意的除外。出质人转让或者许可他人使用出质的知识产权中的财产权所得的价款,应当向质权人提前清偿债务或者提存。

(4)以应收账款出质的,当事人应当订立书面合同。质权自信贷征信机构办理出质登记时设立。应收账款出质后,不得转让,但经出质人与质权人协商同意的除外。出质人转让应收账款所得的价款,应当向质权人提前清偿债务或者提存。

案例分析三

重庆市交通设备融资租赁有限公司与重庆坤源船务有限公司、重庆市港航管理局船舶融资租赁合同纠纷申请再审案

【案情】

融资公司申请再审称,本案存在《中华人民共和国民事诉讼法》第200条第1项、第6项规定的情形,应当再审。具体理由如下:(一)二审判决认定重庆港航局与重庆市交通设备租赁有限公司之间签订的《战略合作框架协议》的一方当事人重庆市交通设备租赁有限公司与融资公司无关联性,《战略合作框架协议》对融资公司与重庆港航局之间不产生约束力。现融资公司查询取得的工商档案资料可以证明,重庆市交通设备租赁有限公司是融资公司的原用名称,二者系同一民事主体,故《战略合作框架协议》对融资公司与重庆港航局具有约束力。(二)一、二审法院错误地适用了《最高人民法院关于适用〈中华人民共和国担保法〉若干问题的解释》(以下简称担保法解释)第3条的规定,认定融资公司、坤源公司、重庆港航局三方于2011年5月3日签订的《保证金质押担保合同》无效,驳回了融资公司要求重庆港航局承担质押担保责任的请求。我国现行有效的《中华人民共和国物权法》(以下简称物权法)、《中华人民共和国担保法》(以下简称担保法)及相关行政法规,仅仅规定以公益为目的的事业单

位不能对外提供保证担保和不能以公益设施提供抵押或者质押担保,并不禁止以公益为目的的事业单位提供资金质押担保。本案中,重庆港航局以资金提供质押担保并不违反任何法律、行政法规的强制性规定,不应当适用担保法解释第3条的规定。

重庆港航局提交意见称:(一)融资公司申请再审期间提交的证据不属于再审当中的"新证据"。(二)重庆港航局为重庆市交通委员会直属的事业单位,其经费来源全部为国家财政划拨,属于公益性事业单位。一、二审法院关于此节事实认定清楚。(三)一、二审判决认定《保证金质押担保合同》无效,适用法律正确。首先,根据担保法解释第3条,重庆港航局作为公益性事业单位,按照法律规定不能向融资公司提供质押担保。其次,物权法并未规定现金可以作为保证金设定担保。重庆港航局将600万现金直接打入融资公司的账户,既不符合物权法、担保法关于保证金质押担保的规定,也不符合《重庆市交通委员会重庆市财政局关于印发重庆市水运发展专项资金管理办法的通知》当中应当由重庆市三峡库区产业信用担保有限公司提供担保的规定。(四)即使融资公司与重庆市交通设备租赁有限公司系同一民事主体,《战略合作框架协议》由于违反担保法、物权法的强制性规定和《重庆市交通委员会重庆市财政局关于印发重庆市水运发展专项资金管理办法的通知》的担保主体规定,和本案当中的《保证金质押担保合同》一样,也属于无效合同,对融资公司不产生约束力。(五)在坤源公司具备充分的还债实力的情况下,融资公司应当向重庆港航局返还600万元保证金,以免国有资产流失。

【解析】

本案为船舶融资租赁合同纠纷。根据融资公司的再审申请及重庆港航局的陈述意见,本案争议焦点:重庆港航局作为公益性事业单位是否可以提供现金质押担保。担保法解释第3条明确规定,以公益为目的的事业单位违反法律规定提供担保的,担保合同无效。据此,公益性事业单位在自己拥有的财产上设定抵押权或质权,提供担保的行为应属无效,除非法律做出不同规定。本案中重庆港航局为公益性事业单位,其使用的现金经费和公益设施均属于为保障机构正常运转而由国家统一划拨的财产,依法均不得设定抵押或质押。其提供600万现金设定质押的行为违反了担保法解释第3条规定,一、二审法院据此认定涉案《保证金质押担保合同》无效并无不当。融资公司申请再审期间提交的证据虽然证明重庆市交通设备租赁有限公司更名为融资公司的事实,但这一事实并不影响涉案质押担保合同效力的认定。据此,融资公司提出现行法律仅禁止公益性事业单位以公益设施提供抵押或者质押担保,并未禁止提供资金质押担保,故本案现金质押担保合同有效的主张没有事实和法律依据,其再审申请理由不能成立。①

第四节　留　置

一、留置担保的概念

留置,是指债权人按照合同约定占有债务人的动产,债务人不按合同约定的期限履行债务的,债权人有权依照法律规定留置该财产,以该财产折价或者以拍卖、变卖该财产的价款优先受偿。

二、留置权的限制

债权人留置的动产,应当与债权属于同一法律关系,但企业之间留置的除外。

法律规定或者当事人约定不得留置的动产,不得留置。

留置财产为可分物的,留置财产的价值应当相当于债务的金额。

三、留置担保的范围

留置担保的范围:主债权及利息、违约金、损害赔偿金、留置物保管费用和实现留置权的费用。当事人另有约定的,按照约定。

留置的财产为可分物的,留置物的价值应当相当于债务的金额。

四、留置权人的权利和义务

(1)留置权人有权收取留置财产的孳息。但孳息应当先充抵收取孳息的费用。

(2)留置权人负有妥善保管留置财产的义务;因保管不善致使留置财产毁损、灭失的,应当承担赔偿责任。

五、留置权的实现和消灭

(一)留置权的实现

留置权人与债务人应当约定留置财产后的债务履行期间;没有约定或者约定不明确的,留置权人应当给债务人两个月以上履行债务的期间,但鲜活易腐等不易

---

① 参见最高人民法院民事裁定书(2014)民申字第 1921 号,重庆市交通设备融资租赁有限公司与重庆坤源船务有限公司、重庆市港航管理局船舶融资租赁合同纠纷申请再审民事裁定书。还可具体参见湖北省高级人民法院(2014)鄂民四终字第 91 号判决书。

保管的动产除外。债务人逾期未履行的,留置权人可以与债务人协议以留置财产折价,也可以就拍卖、变卖留置财产所得的价款优先受偿。留置财产折价或者变卖的,应当参照市场价格。

债务人可以请求留置权人在债务履行期届满后行使留置权;留置权人不行使的,债务人可以请求人民法院拍卖、变卖留置财产。

留置财产折价或者拍卖、变卖后,其价款超过债权数额的部分归债务人所有,不足部分由债务人清偿。

(二)留置权与抵押权或者质权的关系

同一动产上已设立抵押权或者质权,该动产又被留置的,留置权人优先受偿。

(三)留置权的消灭

留置权人对留置财产丧失占有或者留置权人接受债务人另行提供担保的,留置权消灭。

关于能否对连带责任保证人所有的船舶行使留置权的问题

根据最高人民法院关于能否对连带责任保证人所有的船舶行使留置权的请示的复函(〔2001〕民四他字第5号))的规定,可以对连带责任保证人所有的船舶行使留置权,并先于抵押权人受偿。

第五节　共同担保

为担保同一个债权的实现,存在两个以上的担保方式的,称为共同担保,具体分为共同保证、共同物保、人保物保并存等类型。

一、共同保证

同一债务有两个以上保证人时,保证人应当按照保证合同约定的保证份额,承担保证责任。没有约定保证份额时,保证人承担连带责任,债权人可以要求任意一个保证人承担所有的保证责任,保证人负有担保实现全部债权的义务。已经承担保证责任的保证人,有权向债务人追偿,或者要求承担连带责任的其他保证人清偿其应当承担的份额。连带共同保证的债务人在主合同规定的债务履行期届满没有履行债务的,债权人可以要求债务人履行债务,也可以要求任意一个保证人承担全部保证责任。连带共同保证的保证人承担保证责任后,向债务人不能追偿的部分,由各连带保证人按其内部约定的比例分担。没有约定的,平均分担。

(一)按份共同保证

两个以上的保证人分别、共同与债权人约定了各自的担保份额的。那就各自承担自己的份额。

（二）连带共同保证

两个以上的保证人明确与债权人约定为连带、没有约定担保份额，或者保证人之间内部约定了各自的份额的，都认定为连带共同保证。

在外部，连带共同保证人对外承担连带责任，债权人可以任意选择其中一人承担全部或部分担保责任。在内部，其中一人承担责任后，可以向债务人追偿，也可以向其他保证人追偿，关系是，顺序有先后；请求清偿的数额也不同。

二、共同物保

同一债权有两个以上抵押人的，债权人放弃债务人提供的抵押担保时，其他抵押人可以请求人民法院减轻或者免除其应承担的担保责任。同一债权有两个以上抵押人时，当事人对其提供的抵押财产所担保的债权份额或者顺序没有约定或者约定不明的，抵押权人可以就其中任一或者各个财产行使抵押权。抵押人承担担保责任后，可以向债务人追偿，也可以要求其他抵押人清偿其应当承担的份额。

（一）分类

从担保方式角度可分为共同抵押（两个以上的抵押）；共同质押（两个以上的质押）；抵押质押共存（一个以上的抵押及一个以上的质押）。

从担保人角度则分为主债务人提供的物保与第三人提供的物保竞存；两个第三人提供的物保竞存。

而从共同担保人之间的责任份额有无明确约定的层面则分为按份共同抵押与连带共同抵押两种不同的方式。物上担保人与主债权人约定各担保物的担保顺序、份额的，为按份共同物保；物上担保人与主债权人没有约定各担保物的担保顺序、份额的，为连带共同物保。

（二）连带共同抵押

物上担保人内部约定各自担保责任的份额的，其约定具有内部效力。即各物上担保人对主债权人依然承担连带担保责任，而其内部的约定，可作为连带责任承担之后的追偿依据。在内部，其中一人承担责任后，可以向主债务人追偿，也可以向其他物保人追偿，关系是，顺序没有先后（因为法律没有规定），可以选择其中任何一人；请求清偿的数额不同：向主债务人追偿全部，向其他物保人追偿相应的份额。

三、人保与物保竞存

被担保的债权既有物的担保又有人的担保的，债务人不履行到期债务或者发生当事人约定的实现担保物权的情形，债权人应当按照约定实现债权；没有约定或者约定不明确，债务人自己提供物的担保的，债权人应当先就该物的担保实现债权；第三人提供物的担保的，债权人可以就物的担保实现债权，也可以要求保证人承担保证责任。提供担保的第三人承担担保责任后,有权向债务人追偿。

同一债权既有保证又有物的担保时,保证人对物的担保以外的债权承担保证责任。债权人放弃物的担保时,保证人在债权人放弃权利的范围内免除保证责任。

同一债权既有保证又有第三人提供物的担保的,债权人可以请求保证人或者物的担保人承担担保责任。当事人对保证担保的范围或者物的担保的范围没有约定或者约定不明时,承担了担保责任的担保人,可以向债务人追偿,也可以要求其他担保人清偿其应当分担的份额。同一债权既有保证又有物的担保的,物的担保合同被确认无效或者被撤销,或者担保物因不可抗力的原因灭失而没有代位物的,保证人仍应当按合同的约定或者法律的规定承担保证责任。债权人在主合同履行期届满后怠于行使担保物权,致使担保物的价值减少或者毁损、灭失的,视为债权人放弃部分或者全部物的担保。保证人在债权人放弃权利的范围内减轻或者免除保证责任。

第六节 定 金

一、定金的概念

定金是依据法律的规定或者当事人的约定,当事人一方为担保合同的订立、成立生效、履行而事先向另一方给付一定的金钱。定金具有以下含义:

(1)定金为合同债权的担保。

(2)定金为金钱担保。

(3)定金为依照法律规定或者双方约定由一方向对方交付的金钱。

(4)定金于债务人履行债务后应当抵作价款或者回收。

《担保法》第89条规定,当事人可以约定一方向对方给付定金作为债权的担保。债务人履行债务后,定金应当抵作价款或者回收。给付定金的一方不履行约定的债务的,无权要求返还定金;收受定金的一方不履行约定的债务的,应当双倍返还定金。

定金作为一项合同制度,既有履行担保功能,也有违约救济功能。定金应当以书面形式约定。定金具有金钱性、预付性、担保性、从属性和实践性等特征。

二、定金的种类

根据定金的性质、效力以及适用范围不同,定金可以分为以下几种:

(1)成约定金:作为合同成立要件的定金。

(2)证约定金:作为合同订立证据的定金。

　　(3)违约定金:作为违约补偿的定金。

　　(4)解约定金:作为保留合同解除权代价的定金。

三、定金合同的特征

(一)从属性

　　定金是债的担保方式之一,定金合同是当事人为担保主合同的履行而订立的合同,因此定金合同与其他担保合同一样,都是主合同的从合同,定金合同的生效以主合同的有效为前提。当然,定金合同也有自身的相对独立性。

(二)实践性

　　定金合同要求从实际交付定金之日起生效。实际交付的定金数额多于或少于约定数额,视为变更定金合同;收取定金一方提出异议并拒绝接受定金的,定金合同不生效。

(三)要式合同

　　定金应当以书面形式约定为原则,但是如果当事人一方未采用书面形式,而一方已经履行主要义务,对方接受的,该合同成立。

四、定金的数额

　　定金的数额可以由当事人约定,但是不得超过主合同标的额的百分之二十。

五、定金罚则

　　定金罚则是指定金对违约方经济利益惩罚的规则,即指给付定金的一方不履行债务的,无权要求返还定金;接受定金的一方不履行债务的,应当双倍返还定金。

　　定金罚则的适用须具备以下几个条件:

(一)有定金担保的存在

　　只有存在有效的定金担保才能发生定金罚则的适用。如果当事人没有交付定金,则定金合同并未成立,即不能适用定金罚则。

(二)主合同有效

　　定金合同是担保主合同债权实现的,只有主合同有效,定金才能有效。如主合同不成立或无效,定金合同作为从合同则自然无效,也就无法适用定金罚则了。

(三)出现当事人违约致使合同目的无法实现

　　因当事人一方延迟履行或者其他违约行为,致使合同目的不能实现,可以适用定金罚则。但法律另有规定或者当事人另有约定的除外。当事人一方不完全履行合同的,应当按照未履行部分所占合同约定内容的比例,适用定金罚则。

(四)不属于免责的例外

　　因不可抗力、意外事件致使主合同不能履行的,不适用定金罚则。因合同关系以外的第三人的过错,致使主合同不能履行的,适用定金罚则。受定金处罚的一方当事人,可以依法向第三人追偿。

案例分析四

龙工(上海)融资租赁有限公司与李才训、李明宗租赁合同纠纷案

【案情】

2010 年 3 月 18 日,李才训向龙工公司交付购买龙工挖掘机定金 145400 元。同年 3 月 20 日,双方签订《融资租赁合同》,出租人龙工公司按照承租人李才训的选择和决定出资购买租赁物,并将租赁物出租给承租人使用,由承租人支付除租赁物购置款之外的一切费用,违约金为租金到期日起每日按累计所欠逾期租金的千分之一计算。附《租赁物件采购申请书》,由龙工公司向江西敏建汽车贸易有限公司融资购买龙工 LG6225 型挖掘机。附《租赁要件表》,起租日为 2010 年 3 月 20 日,租赁期 36 个月,每月支付一期,从 2010 年 5 月 20 日支付第一期,每期支付金额为 23606.5 元,租赁物指定使用地云南鲁甸。当日,龙工公司与李才训以及江西敏建汽车贸易有限公司签订《产品购买合同》,龙工公司向江西敏建汽车贸易有限公司购买龙工 LG6225 型挖掘机,并将该挖掘机交付李才训。同日,李明宗向龙工公司承诺:为被担保人李才训与贵公司订立的《融资租赁合同》及其所有附件项下被担保人所负一切债务提供不可撤销的连带责任保证。至 2011 年 9 月 16 日,李才训只向龙工公司支付租金 201721.34 元,龙工公司于当日将租赁物龙工 LG6225 型挖掘机收回。现龙工公司以其向李才训进行催告,但李才训仍未还款为由起诉,要求判令解除其与李才训签订的融资租赁合同;由李才训支付到期租金 195462 元及违约金 19829 元;由李明宗对上述款项承担连带责任。

【解析】

龙工(上海)融资租赁有限公司(以下简称龙工公司)与李才训、李明宗租赁合同纠纷案一案的争议的焦点是,李才训向龙工公司交纳的 145400 元是否属于定金;在李才训所欠龙工公司的租金中是否应当扣除 145400 元。

法院认为在 2010 年 3 月 18 日龙工公司向李才训出具的《收款收据》上,虽然载明收到李才训所交的 145400 元系购买挖掘机的定金,但对于该 145400 元是否属于定金,本案是否应当适用定金罚则的问题,应当结合当事人对于定金的理解以及合同的约定来看。龙工公司作为一个专门从事融资租赁的企业法人,与只具有小学文化程度的李才训相比,龙工公

司对于法律的认知程度明显高于李才训。龙工公司在收取李才训所交的145400元时,并未告知李才训适用定金罚则将产生的法律后果。且由于《融资租赁合同》系龙工公司提供的格式条款,在《融资租赁合同》中,双方并没有对定金做出约定,只约定了首付款和保证金。《融资租赁合同》第6条约定,若承租人违反合同,不支付租金和不履行合同规定的其他付款义务时,出租人有权将保证金折抵租金或其他应付款的全部或一部分,承租人应立即补足保证金。因此,李才训向龙工公司所交的145400元应为保证金,并不属于定金。龙工公司认为李才训向其交的145400元系定金,应适用定金罚则规定的上诉理由不成立,本院不予支持。李才训未按时支付租金的行为,违反了双方的合同约定,其应当向龙工公司支付所欠租金,并承担违约责任。因双方当事人均对原判决认定李才训所欠龙工公司租金为172835.2元的事实无异议,原审法院扣除李才训已交的保证金145400元后,判决由李才训向龙工公司支付租金及利息42307.4元,该判决并无不当。李明宗系李才训与龙工公司签订《融资租赁合同》的担保人,其应当按照约定承担连带保证责任。故维持原判。[①]

第七节　反担保

在担保合同中,除上述多种担保方式,反担保也是经常用的一种方式。《担保法》第4条规定:第三人为债务人向债权人提供担保时,可以要求债务人提供反担保。反担保适用本法担保的规定。《物权法》第171条规定:债权人在借贷、买卖等民事活动中,为保障实现其债权,需要担保的,可以依照本法和其他法律的规定设立担保物权。第三人为债务人向债权人提供担保的,可以要求债务人提供反担保。反担保适用本法和其他法律的规定。因此,有关反担保的设立、有效条件、反担保当事人的权利义务、反担保的实现等,均适用法律的有关规定。

一、反担保的概念

反担保是指由被担保人向其担保人提供的,保证由被担保人支付超过担保人原来为其担保数额部分的款项的担保。在担保业务中,当一方当事人(保证人)向另一方当事人(权利人)提供的付款担保,不足以支付时,担保方可以将他的担保的数额增加一定的数量,而这一增加的数额,则由第三方(被保证人)向原来为其担保

---

① 参见昭通市中级人民法院二审(2013)昭中民三终字第210号,龙工(上海)融资租赁有限公司与李才训、李明宗租赁合同纠纷二审民事判决书。

的一方(保证人)进行反担保。这就是说,当原来作为担保人的一方当事人在其支付的款项超过了他为被担保人提供担保数额的范围时(超过了他应负责的范围之时),被担保人应当自行负责这一超出部分。

二、反担保的方式

《担保法解释》第 2 条规定,反担保方式可以是债务人提供的抵押或质押,也可以是其他人提供的保证、抵押或者质押。

可见,反担保可以是债务人自己担保,也可以是其他第三人担保,其实质内容和设立程序都与担保完全一样。反担保可以采取保证、抵押、质押三种形式。留置、定金不能作为反担保的方式。

三、反担保合同的生效要件

(一)具备合同成立的一般有效要件

反担保合同的有效成立,应当具备合同成立的一般有效要件,即主体适格、合同内容符合法律规定、当事人意思表示真实等。

(二)主合同和本担保合同均合法有效

由于担保和反担保的从属性,主合同无效,本担保合同无效。本担保合同无效,就不存在追偿权,反担保合同也就当然无效。

(三)担保合同符合法定形式

根据《担保法》的规定,保证、抵押、质押担保均应采用书面形式,因此反担保合同也必须采用书面形式才能发生法律效力。

四、反担保责任的承担

(一)反担保责任的方式

反担保责任的方式与本担保中保证、抵押、质押担保责任的方式相同,但在实践中,最常见的反担保形式是保证反担保,根据《担保法》的规定,保证反担保也有一般保证和连带责任保证两种方式。

1. 一般保证反担保

一般保证的保证人享有先诉抗辩权,即在主债务纠纷未经审判或仲裁,并就债务人财产依法强制执行仍不能履行债务前,保证人对债权人可以拒绝承担保证责任。当本担保方式为一般保证时,反担保方式只能采用连带责任保证,否则就失去了反担保的意义。因为在本担保为一般保证的情况下,只有当债务人无法履行债务时保证人才履行保证责任。若反担保方式也采用一般保证则意味着本担保人对债务人的追偿权无法实现时,反担保人才承担反担保。但是本担保人在履行保证责任时,就已经说明债务人无能力履行债务了,于是在反担保中本担保人没有向债务人追偿的必要，而可以直接向反担保人追偿，因此必须为连带责任保证。

2. 连带责任保证反担保

因为连带责任保证人没有先诉抗辩权，债权人可以选择债务人或保证人请求全部给付，所以如果本担保为连带责任保证时，则反担保由当事人选择可以采取一般保证或连带责任保证的责任形式。

（二）反担保责任期间

1. 反担保责任期间的起算

根据《担保法》的规定，反担保责任期间的起算，应当适用《担保法》关于保证责任期间的有关规定。当事人约定反担保责任期间的，按照当事人的约定，如果当事人没有约定反担保责任期间，应如何确定反担保责任期间？

根据《担保法》第25条、26条规定，未约定保证期间的，保证期间为主债务履行期届满之日起6个月。但在反担保中，并不存在主债务期限届满的问题。因为当反担保的效力发生时，已经进入了主债务期限届满的阶段。在反担保中，当本担保人承担了担保责任时，就取得了向反担保人和债务人追偿的权利，反担保人的保证期限应当由此开始。也就是说，本担保人承担担保责任时，就是反担保责任期间的起始日。

2. 反担保的责任期间长短

反担保责任期间的长短，应当与本担保的责任期间相同。因为如果本担保人没有实际承担责任，反担保人也不存在任何责任；如果反担保人应承担责任的期间在本担保人承担全部担保责任之前即已结束，则反担保就失去了法律意义。所以应依据《担保法解释》第32条第1款之规定处理，如果反担保约定的保证期间早于或者等于本担保责任期间的，应视为没有约定，反担保保证期间为自本担保责任履行期限届满之日起6个月。

五、反担保与担保的区别

反担保与担保都属于担保的范畴，但是两者因为设立的目的而存在差别，主要体现在以下几个方面：

（一）担保对象不同

担保所担保的对象是主债权，而这种债权是在担保设立时，其数额已经确定，至少其债权范围是确定的；但是反担保的对象则是担保人对被担保人在承担保证责任后的追偿权，属于一种附延缓条件的未来债权。这样的债权在反担保设立时，其数额和范围都是不确定的，当然，其数额和范围应当以担保责任额为限。

（二）当事人不同

在担保中，担保权人是债权人，担保人为主债务人或者第三人；而在反担保中，担保权人只能是担保中的担保人而不能是主债务的债权人或者主债务人，而担保人可以是主债务人也可以是第三人。

（三）担保方式不同

在担保中，担保的方式可以是保证、抵押、质押、留置、定金等典型担保，也可以是让与担保、所有权保留等非典型担保；而反担保的方式只能是保证、抵押、质押。

（四）担保责任的承担条件不同

在担保中，担保人承担担保责任的条件是债务人不履行债务；而在反担保中，担保人承担反担保责任的条件是债务人不履行债务而使担保人承担了担保责任。

（五）适用范围不同

在担保中，担保可以是依法律规定而产生的法定担保，也可以是依当事人约定而产生的约定担保；而反担保只能是约定担保，而不能是法定担保。

案例分析五

浙江成峰工程机械有限公司与陈珊、颜海生追偿纠纷案

【案情】

本案主要事实如下：一、浙江成峰工程机械有限公司（以下简称成峰机械）与国银金融租赁有限公司（以下简称国银公司）、深圳安仕德资产管理有限公司签订合作协议，约定国银公司向承租人租赁挖掘机，成峰机械为承租人在融资租赁合同项下的全部债务承担不可撤销的连带责任保证以及权益回收责任。二、2011 年 7 月 9 日，成峰机械、陈珊、颜海生签订工程机械、车辆融资租赁担保服务协议，成峰机械为陈珊融资租赁国银公司机械设备所产生的债务提供担保服务，颜海生作为反担保人，为成峰机械对陈珊享有的担保债权承担连带担保责任。三、同年 8 月 13 日，成峰机械与陈珊、国银公司签订工程机械融资租赁合同，成峰机械为出卖人、国银公司为出租人、陈珊为承租人，约定陈珊向国银公司融资租赁一台三—SY215C 型挖掘机，融资金额（工程机械总价款）为 870000 元。成峰机械向国银公司出售三—SY215C 型挖掘机，挖掘机由成峰机械直接向陈珊交付。合同项下国银公司购买工程机械的余额为 783000 元。租金由租赁本金和租赁利息组成，租金本金总额为 870000 元，租赁利率为中国人民银行发布的同期人民币贷款基准利率上浮 10%，合同签订时中国人民银行发布的 3 年期人民币贷款利率为 6.65%，租赁利率为 7.315%，并随基准利率的调整而调整。租赁期限为 36 个月，自起租日 2011 年 8 月 15 日起计算，首期租金为 87000 元，后期租金每 1 个月支付一次，共付 36 次。每期租金金额按等额年金法计算确定，每期租金金额＝当期应偿还租赁本金＋当期应偿还租赁利息，国银公司据此形成合同附件三《租金支

付表》。陈珊如未能按约定按时足额支付租金,应当向国银公司支付违约金,违约金计算方式:租赁物单机购买价格在1000000元或以下的:自出现逾期之日起,逾期未满10天的(含),按200元/每台每期计算违约金,逾期超过(不含)10天未满20天的,按400元/每台每期计算违约金,逾期超过20天未满30天的,按600元/每台每期计算违约金,以此类推。四、陈珊签订协议后,分别支付了首期租金87000元、担保服务费23490元、保险费27072元、公证费1000元、履约保证金54810元。合计193372元。五、2012年4月11日,成峰机械与陈珊、颜海生签订了垫付(借款)协议,陈珊因资金支付困难,向成峰机械申请垫付。双方约定垫付利息按月息1.25分计算,陈珊到2012年4月为止,须支付6期租金,陈珊自行支付2期,余下4期租金97342.56元经双方协商由成峰机械垫付,陈珊在2013年1月5日之前归还2期租金48671.28元及4期利息10000元,2014年1月5日前归还余下2期租金48671.28元及剩下2期利息7500元,成峰机械不再向陈珊另外收取因陈珊逾期支付上述6期租金而产生的违约金,成峰机械在陈珊向国银公司支付2期租金之后一个工作日之内将挖掘机解锁。在双方签订协议后5日内,成峰机械将4期租金97342.56元汇入陈珊向国银公司的还款账户,视同上述款项已由成峰机械给付陈珊。陈珊应当按照还款计划按时足额归还欠款,否则承担逾期金额万分之五每天的违约金。如陈珊逾期支付任何一期欠款超过一个月的,成峰机械即有权要求陈珊提前支付全部欠款。颜海生为陈珊的上述债务承担连带责任担保。协议签订后,成峰机械履行了垫付义务,为陈珊向国银公司支付了4期租金97342.56元及违约金2600元。协议约定由陈珊自行支付的2期租金因陈珊逾期未付,成峰机械于2012年3月31日、2012年5月31日又为陈珊向国银公司垫付2期租金48671.28元及违约金1400元。陈珊至今未按协议约定向成峰机械支付垫付款。

【解析】

在本案中浙江成峰工程机械有限公司(以下简称成峰机械)与国银金融租赁有限公司(以下简称国银公司)、深圳安仕德资产管理有限公司签订合作协议,约定国银公司向承租人租赁挖掘机,成峰机械为承租人在融资租赁合同项下的全部债务承担不可撤销的连带责任保证以及权益回收责任。2011年7月9日,成峰机械、陈珊、颜海生签订工程机械、车辆融资租赁担保服务协议,成峰机械为陈珊融资租赁国银公司机械设备所产生的债务提供担保服务,颜海生作为反担保人,为成峰机械对陈珊享有的担保债权承担连带担保责任。同年8月13日,成峰机械与陈珊、国银公司签订工程机械融资租赁合同,成峰机械为出卖人、国银公司为出租人、陈珊为承租人,约定陈珊向国银公司融资租赁一台三—SY215C型挖掘机,融资金额(工程机械总价款)为 870000 元。成峰机械向国银公司出售三—SY215C型挖掘机,挖掘机由成峰机械直接向陈珊交付。后陈珊至今未按协议约定向成峰机械支付垫付款。因陈珊未按约履行融资租赁合同的付款义务,成峰公司作为其保证人则有义务按照合同约定代为偿还。根据业已查明的事实,陈珊未按约履行的合同义务,成峰公司已代为履行。虽成峰公司代为履行的行为部分发生在双方签订《垫付(借款)协议》之前,但该垫付行为客观存在,国银公司亦未再行向作为承租人的陈珊主张权利,且垫付行为是为了避免损失的进一步扩大,对于陈珊而言并未由此造成其利益受损。因此,成峰公司依据实际已经履行保证责任之事实向陈珊主张追偿权,向颜海生主张反担保应承担的民事责任有事实依据和法律依据。故上诉法院对原审判决予以维持。[①]

本章结语

可见,保证、抵押、质押、留置、定金担保分别都有自己不同的成立方式和存在形式,都可以在不同程度上保证出租人的债权实现。这就需要出租人在结合融资租赁合同的特别交易形式选择合适的履行方式。根据租赁物的不同、承租人的权利和义务的不同、交易风险的不同等因素综合考虑,与承租人约定选用一种或多种恰当的担保方式,从而最大限度地降低融资租赁的风险,保障其利益的实现,减少实际的纠纷。根据融资租赁模式的不同,此等担保形式同样适用在出租人在采购、融资等不同环节,也适用在承租人或第三人的身上,从而能更好地控制交易风险。

---

① 参见浙江省杭州市中级人民法院,民事判决书(2013)浙杭商终字第 1472 号,浙江成峰工程机械有限公司与陈珊、颜海生二审民事判决书。

第十七章　非典型担保

在普通的担保合同或者担保形式中,使用保证、抵押、质押、留置、定金等不同的担保形式已是常态,但由于融资租赁合同的特殊性,在其交易过程中也存在其特殊的担保形式,及所谓的非典型担保。非典型担保的形式主要有在租赁过程中签订到期回购条款的担保约定或者是有履行保证的保证金,如租赁保证金、回购保证金、合作保证金是回购型融资租赁业务中常见的保证金类型。

回购型融资租赁是一种新兴的融资租赁业务类型,与传统的融资租赁以承租人为主导地位,以融资为侧重点的业务模式不同,回购型融资租赁业务大多以出卖人为主导地位,以促销为侧重点,出卖人为出卖设备,先寻求客户资源,之后再向融资租赁公司寻求资金支持,最终促成融资租赁合同的签订。

在回购型融资租赁业务中,出租人(租赁公司)为寻求债权的安全性,要求承租人、出卖人(通常也是回购人)提供更多的保障,包括回购担保,以及收取各类保证金。本章节分为回购担保和回购型保证金担保两大内容,分别介绍其不同于一般担保的内容之处及注意事项。

第一节　回购担保

一、概念

出租人经营融资租赁业务时,为防范承租人履约风险,通常会在交易结构中引入回购人(一般为租赁设备的出卖人),当承租人发生严重违约时,由回购人对租赁物进行回购。回购常见于直接租赁式和厂商融资租赁式融资租赁交易结构中,出租人以此作为一种担保和风险防范措施。回购型融资租赁,是指出租人与租赁设备的制造商、销售商(以下简称"厂商")约定,当发生承租人未按融资租赁合同的约定支付租金等违约情形时,回购条件成就,在厂商收到出租人发出的回购通知后,由厂商无条件向出租人支付约定的价款,出租人向其转让租赁设备所有权的交易行为(见图 17-1),在融资租赁实务中,回购多以回购合同、回购担保合同等合同形式予以体现出租人通过设立回购,以厂商介入融资租赁交易的方式,最大限度地降低融资风险,保障租金债权的安全,而厂商以回购为代价实现设备销售目的。[①]

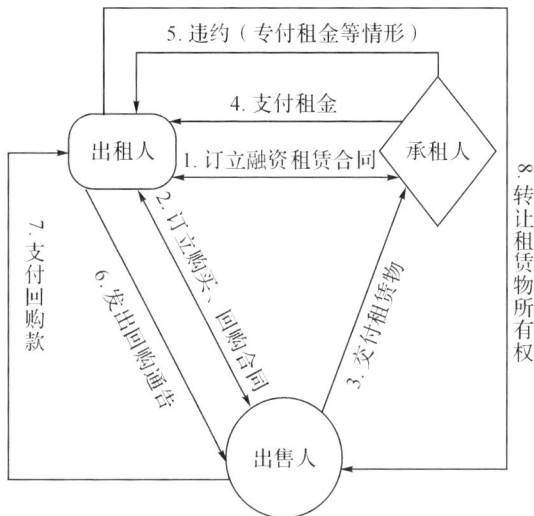

图 17-1 回购单保关系图

二、操作流程

通常而言,采取回购型融资租赁方式,其操作流程主要为以下几个步骤[②]:

(1)承租人与出租人签订融资租赁合同,确定融资租赁关系。

(2)出租人与出售人签订购买合同和回购合同(或者由回购人向出租人出具回购承诺函)。在一些厂商融资租赁业务中,设备制造商会与融资租赁公司签署框架协议,就其提供的租赁设备承担回购义务,之后在具体项目中,依据框架协议另行签署回购合同。

(3)由出售人将租赁物交付给承租人。

(4)承租人依约定向出租人支付租金。

(5)发生特定情形(如承租人违约、租赁物灭失等)时,触发回购条件。

(6)出租人通知出售人(回购人)履行回购义务。

(7)出售人(回购人)向出租人支付租赁设备回购价款。

(8)出租人与出售人(回购人)办理租赁设备交接手续。

---

① 可参见周益平.周苤.回购型融资租赁纠纷法律适用之透视.金融教学与研究,2013 年第 6 期.

② 注:不同的回购合同,对于租赁物交接与回购价款的支付两者的先后顺序存在不同的差异.

三、回购条款主要内容

涉及回购担保的主要内容即为回购条款主要内容的设计,相关条款的约定直接关系回购保证实现的效果,影响到彼此利益的实现。以下就从回购条件的约定、回购通知的发出、回购价款的计算、租赁物的交付等不同方面进行简要介绍。

（一）回购条件的约定

回购条件可由出租人与回购人自行约定。回购条件主要分为两方面,一是承租人发生严重违约,通常为逾期支付或不支付融资租赁合同项下租金;二是租赁物发生灭失或毁损,导致融资租赁合同无法履行。

关于租赁物发生灭失或毁损的情况时,根据融资租赁司法解释,承租人占有租赁物期间,租赁物毁损、灭失的风险由承租人承担,出租人要求承租人继续支付租金的,人民法院应予支持（另有约定除外）。设立该条件的初衷,是由回购人连带承担租赁物毁损灭失的风险。这样一来,即使承租人无力偿债,出租人仍有权要求回购人承担责任。当然,由于法律界对回购并没有形成统一认识,在租赁物毁损灭失的情况下,回购合同是否能够继续履行这一问题,仍有待商榷。考虑到回购的双重属性,不能仅按照常规的买卖合同来解释,还应充分考虑回购的担保特征,以便更好地反映设置该条件的合理性。

（二）回购通知

回购合同大都约定,回购条件成就时,以承租人未支付的价款和违约金、利息、罚息为回购人的回购价款。在此时,出租人通知回购人的及时性,将直接对利息、罚息等回购价款的确定性产生重大影响,而这就导致一个问题,当回购条件成就时,出租人何时才算及时合理的通知回购人。如果出租人在回购条件满足后未及时通知回购人的,回购人在履行回购义务时会以通知迟延为由,要求对承租人违约期间产生的罚息进行调整。审判实践对出租人的回购通知义务是否应以"及时"为条件,以及及时的标准如何确定等问题存在不同认识。

当回购条件成就时,考虑到回购人并非融资租赁合同的当事人,可能无法及时知晓承租人的履约情况,回购合同一般约定,由出租人以书面形式通知回购人履行回购义务。问题来了,回购条件成就时,出租人是否必须立即启动回购程序呢?在此情况下,应遵循约定优先。有约定从约定;没有约定,出租人有权在法律规定的期限内,通知回购人履行回购义务,在此期限内,出租人有权自行选择何时通知回购人进行回购。不过,考虑到租赁物的折旧问题,出租人怠于行使通知权有可能造成回购人取得的租赁物价值贬损,因此还是建议出租人在回购条件满足时,及时通知回购人。

（三）回购价款

回购价款是回购合同中最核心的内容。鉴于回购的担保性质,回购价款具有一定的补偿性,其计算方式通常与承租人的违约情形相挂钩,出租人根据《回购合同》的约定,要求销售商、制造商支付回购价款时,其主张的回购价款一般主要是融资租赁合同项下承租人未支付的租金总额、迟延给付利息和违约期间产生的罚息。回购租赁物价格以下列金额之和确定:

(1)承租方未支付的剩余租金总额。

(2)按照《融资租赁合同》约定承租方违约应承担的迟延利息。

从法院的审判实践看,对于回购价款的计算方式,并没有非常严格的标准,而是尊重当事人的意思自治,以约定为准。

(3)违约期间产生的罚息。

(四)租赁物交付

关于回购租赁物的交付,主要涉及两方面,一是租赁物交付和支付回购价款的顺序,其次是交付方式的选择,不同交付顺序或不同交付方式的选择都会存在一定的风险,需要结合租赁物的实际情况妥善选择符合自身利益以及交易习惯的方式。

1. 租赁物交付与支付回购对价的顺序

我国《合同法》规定,当事人互负债务,有先后履行顺序,先履行一方未履行的,后履行一方有权拒绝其履行要求。对于融资租赁回购而言,租赁物交付与支付回购对价的顺序,决定了出租人是否有权直接向回购人主张回购价款。许多回购纠纷中,当事人的争议焦点正是两者之间的先后顺序。融资租赁业务中,出租人在租赁期间,对于租赁物现实上属于"失控"状态,如由其自行取回租赁物并交付回购人,势必会有一定障碍。如果合同中未约定租赁物交付与支付回购对价的顺序,或者交付在前、付款在后,均会影响出租人行使回购合同的权利。

2. 租赁物的交付方式

租赁物的交付方式一般分为两类:现场交付和直接签署租赁物交付证书(所有权凭证),两者均能发生租赁物所有权转移的效果。两者的主要区别在于,现场交付涉及取回租赁物的问题,需要承租人配合,而这一点在承租人发生逾期违约的时候很难实现;直接签署租赁物交付证书,对出租人而言,不会发生取回租赁物的问题,由回购人自行取回。在此条件下,出租人并不交付回购租赁物实物,而只是向回购人转让租赁设备的所有权凭证。由于融资租赁关系中租赁物所有权和使用权相分离的特点,在承租人违约拒付租金的情形出现,出租人在要求销售商、制造商回购租赁物时,鉴于租赁物在承租人的实际占有控制下,而出租人又无法对租赁物实施有效监控措施的现状下,出租人通常不向销售商、制造商作实物交付,而是以开具租赁物所有权转移证书和租金债权转让证书的形式向回购人交付租赁物。

四、回购担保的风险

（一）回购责任难确定

回购责任难确定。在融资租赁合同中，出租人为降低融资风险，一般要求制造商、销售商都充当回购人，并约定由设备销售商代收代付租金。在这种情况下，一旦在销售商未及时转付租金产生回购责任时，制造商能否以销售商的行为增大其回购风险，加重其债务为由，拒绝承担回购责任，审判实践存在较大分歧。

（二）回购租赁物易被灭失或无权处分

回购租赁物易被灭失或无权处分。由于融资租赁关系中租赁物所有权和使用权相分离的特点，租赁物处于承租人的实际占有之下，容易造成租赁物的灭失或无权处分。在承租人拒付租金时，虽然回购人虽支付了价款，回购了设备，但只是取得了租赁设备的所有权凭证，根本无法顺利地接收其应接受的租赁设备，此种情形在实践中已经发生。

（三）承租人审查流于形式，欠缺规范

承租人审查流于形式，欠缺规范。主要原因在于一些销售商的业务人员出于销售业绩驱动，为了提高销售量，获取更多的销售提成，对于承租人的资信状况并未进行严格审查，有时甚至是零审查，导致很多承租人的资信状况良莠不齐，从而造成承租人经常发生下落不明、偿付能力不足等情况，直接导致出租人后期因客户还款违约而出现大量的呆坏账，增加了出租人出现坏账等融资风险的概率。此外，在合同履行过程中，因出租人疏于对租赁物交付行为的监督，出租人对承租人提供的标的物资产，疏于查验和办理过户、登记等必要手续，存在标的物资产价值与融资额差距较大的情况，甚至出现承租人与出卖人串通，虚构租赁物及虚假交付，套取出租人资金的行为。因此需要强化各环节的审查工作，规范化制度化，以尽力规避风险的发生，从而维护好自身利益。

第二节　保证金

一、概念

此章节中涉及的保证金不同于一般担保概念下的保证金，而是属于融资租赁过程中产生的非典型的担保作用的保证金。常见的保证金有承租人缴纳的租赁保证金（以下称租赁保证金）、回购人缴纳的回购保证金（以下称回购保证金）及融资租赁合作保证金（以下称合作保证金）三种类型。

租赁保证金、回购保证金及合作保证金均为出租人为提高融资租赁债权的安全性而收取,均以承租人发生违约行为作为扣付保证金的前提条件。但三种保证金因涉及当事人不同,缴纳保证金所依据的合同条款有别,虽在承租人违约后均产生扣付的情形,但实质结果却大相径庭。

（一）租赁保证金

租赁保证金是承租人为确保融资租赁合同履行而支付的保证金,若承租人违约,出租人有权将租赁保证金冲抵租金或其他应付款项,若承租人无任何违约情形,待租期届满租赁保证金则全额退还。

（二）回购保证金

回购保证金是回购人为确保某项具体的回购义务履行而支付的保证金,若承租人违约,该项保证金用于冲抵部分回购价款,若承租人无违约情形,租期届满,该项保证金退还给回购人。

（三）合作保证金

合作保证金是回购人为确保其与出租人一系列融资租赁业务的按约履行而支付的保证金,该系列融资租赁业务中任一承租人发生违约情形,出租人均可以该笔保证金对未按约支付的租金作先行垫付,待一系列融资租赁业务全部履行完毕,结算最后剩余的保证金,并退还给回购人。若合作业务项下的逾期租金金额累积超过合作保证金数额时,除非回购人补足相应保证金,否则出租人将暂停与回购人的合作。

二、三种保证金的处理思路

（一）租赁保证金争议处理思路

租赁保证金争议处理的问题主要在于计算回购价款时,是否以租赁保证金先行冲抵罚息租赁保证金。对于承租人及回购人的意义不同,对于承租人而言,其系《融资租赁合同》的当事人,对租赁保险金的处理应当符合出租人和承租人的真实意思表示,因此在计算承租人应支付的租金和罚息时,其冲抵顺序应当按照《融资租赁合同》的约定计算。而租赁保证金是先冲抵罚息抑或是本金,虽然对承租人的还款义务没有实质影响,但对于回购价款的认定影响重大。回购人并非是《融资租赁合同》的当事人,《回购担保合同》也并非《融资租赁合同》的从合同,对回购价款的计算,依照《回购担保合同》的约定对租赁保证金进行抵扣更为合理。另外,从利益平衡的角度来说,回购担保的本意也只是担保融资租赁公司的本金债权,不包含各项费用、罚息部分,否则在回购型融资租赁业务中,融资租赁公司的风险趋近于零,回购担保人风险过大,也不符合商事交易合作互利、风险共担的本意。

（二）回购保证金争议处理思路

回购保证金争议处理系回购人为保障融资租赁合同的正常履行,针对具体承租人所缴付的保证金。根据合同的约定,承租人违约时,回购保证金冲抵部分回购价款,回购人所支付的剩余回购价款即为融资租赁合同全部未付租金总额减去出租人已经收取的租赁保证金数额,所谓"已经收取的租赁保证金",不仅包括承租人缴纳的租赁保证金,也应涵盖回购人缴纳的回购保证金。对于存在多个回购人的情形,该保证金的扣付是否可同时惠及其他回购人的问题,租赁公司以上述回购价款向某一回购人主张回购价款,仅是租赁公司自身对权利的让步,未损及其他回购人的权利,又可避免权利重复主张的风险,提高司法效率,并无不当。况且,融资租赁业务实践中多见回购人之间关系紧密之情形,或互为供货商,或互为关联公司,即便存在账目模糊之处,回购人之间内部解决也更为有效。

(三)合作保证金争议处理思路

合作保证金争议处理系用于保证回购人与出租人之间《租赁合作协议》项下所有融资租赁项目的债务履行。通常,在《租赁合作协议》明确约定"当租赁合作协议项下任一承租人发生逾期情况时,融资租赁公司可从合作保证金中先行扣除垫付的相应逾期租金(不含逾期利息),并且不影响对逾期租金的催收";"双方签订的《租赁合作协议》合作期满,且于合作期内签订的《融资租赁合同》全部期满执行完毕后,租赁公司退还回购担保人合作保证金"。从该条款文义可以看出,合作保证金只是为了保证合作继续进行而用于垫付租金,若承租人后期支付了租金,合作保证金仍退回保证金账户,并非用于代为履行支付租金义务。

在实际的融资租赁交易中,以上三种保证金往往可能一种或多种同时采用,而不仅限于单独的一种,在此时情况下增加了交易的复杂性,也增加了交易主体,需要结合合同签订的目的,实际履行情况,保证金设计的目的及保障用途,综合考虑,从而妥善解决可能遇到的纠纷。更为重要的是,保证金的使用应尽可能签订正式的书面合同或者明确约定保证金的使用对象,从而避免模糊或者混合情况的发生。

案例分析

恒信金融租赁有限公司与闫某等融资租赁合同纠纷案
【案情】

2008年3月24日,恒信金融租赁有限公司(以下简称恒信公司)与闫某签订《融资租赁合同》。合同约定,恒信公司根据闫某的选择向北京北方天宇通力工程机械有限公司(以下简称天宇公司)购买某型号的挖钻机一台出租给闫某使用,租赁期限3年,自2008年4月5日至2011年4月4日,闫某每月5日向恒信公司支付租金人民币(以下币种均为人民币)155639元。租金总计6102004元(含首付租金),首付租金499000元,手续费149700元,保证金499000元,留购价100元。合同另约定,闫某向恒信公司支付租赁保证金,作为其履行本合同的保证。闫某所支付的款项和租赁保证金款项按照以下顺序清偿所欠恒信公司的债务:各项费用(包括但不限于向闫某追索因履行或保护合同项下出租人权利而产生的费用)、罚息、租金。租赁保证金用于扣除上述债务后如有剩余,则作为违约金不予退还。2008年4月11日,恒信公司与天宇公司签订《租赁合作协议》。协议约定,恒信公司利用天宇公司提供的营销渠道和客户资源,为客户提供融资租赁服务,天宇公司利用恒信公司的资金优势为其提供融资租赁业务所需的工程机械设备。天宇公司在协议中向恒信公司承诺为其出售给恒信公司的融资租赁设备承担设备回购义务。同日,恒信公司与天宇公司、内蒙古北方重型汽车股份有限公司(以下简称北方汽车公司)签订《回购担保合同》。合同约定:融资租赁合同生效后,承租人单笔逾期超过10日或累计超过60日未支付租金的,回购条件成就,天宇公司、北方汽车公司应无条件将全部回购价款,在恒信公司发出书面《回购通知》后20个工作日支付给恒信公司;回购价格为融资租赁合同项下全部未付租金总额减去恒信公司已经收取的租赁保证金数额;恒信公司在收到天宇公司、北方汽车公司全部回购款后当日向天宇公司、北方汽车公司出具《租赁物所有权转移证书》和《债权转移证书》,视为回购标的物所有权和租赁合同债权的转移,回购标的物不做实际交付。2008年4月25日,恒信公司与天宇公司签订《补充协议》。协议约定,根据恒信公司与天宇公司及承租人闫某的融资租赁业务,天宇公司向恒信公司支付499000元用作承租人闫某融资租赁业务的回购保证金。该保证金已支付。

2008年8月25日,天宇公司(甲方)与恒信公司(乙方)签订《租赁合作保证金协议》。协议约定,1.合作保证金。合作保证金273万元由甲方提供给乙方,为其向乙方介绍的所有融资租赁项目承租人的逾期租金作相应垫付。2.合作保证金的结算。甲方同意,当租赁合作协议项下任一承租人发生逾期情况时,乙方可从合作保证金中先行扣除垫付的相应逾期租金(不含逾期利息),并且不影响对逾期租金的催收。双方均不得向承租人透露垫付情况。当承租人逾期租金金额累计超过合作保证金273万元时(即合作保证金因逾期全部垫付扣除完毕),除非甲方另行补足相应合作保证金,乙方将暂停操作甲方推荐的融资租赁项目。乙方需在收到承租人的逾期租金后,将已从合作保证金中扣除的相应金额恢复计入合作保证金余额。合作保证金可滚动使用,进行逾期租金的垫付。3.合作保证金的使用期限。甲乙双方签订的《租赁合作协议》合作期满,且于合作期内签订的《融资租赁合同》全部期满执行完毕后,乙方退还甲方合作保证金。4.合作保证金对账清单。乙方同意定期向甲方以电子邮件方式提供合作保证金对账清单。5.回购及其他。合作保证金对逾期租金的冲抵不影响回购条件的成就,当承租人逾期达到回购条件时,甲乙双方可进行协商,仍按照《回购合同》的约定履行回购义务。后因闫某拖欠租金,天宇公司、北方汽车公司亦未履行回购义务。恒信公司遂诉至法院,要求闫某支付租金 4513531 元及罚息 501835.24 元(已抵扣闫某支付的保证金 499000 元)天宇公司、北方汽车公司支付全部回购价款 3515531 元(即闫某所欠租金 4513531 元-闫某已支付的租赁保证金 499000 元-乙公司已支付的回购保证金 499000 元)。

【解析】

本案的争议焦点有两个:

第一,回购担保证金应否在租赁物回购价格中扣除。恒信公司主张,在天宇公司、北方汽车公司的回购价格中,扣除天宇公司已支付的回购保证金 499000 元。天宇公司则主张,其支付的保证金 499000 元用作承租人闫某融资租赁业务的回购保证金,只是用于暂时垫付承租人迟延支付的租金,恒信公司不应在回购价款中扣除。

第二,租赁合作保证金应否在北方汽车公司回购租赁物的价格中扣除。北方汽车公司主张,即便由其承担回购责任,也应扣除天宇公司 273 万元合作保证金中为承租人闫某垫付的 92727 元,该部分保证金已转变为已付租金,恒信公司在诉请中对该部分款项不予扣除等于要求回其重复承担责任。天宇公司不同意汽车公司提出将 273 万元用于冲抵租金或者回购款的意见。天宇公司主张,其支付的合作保证金,在性质上,也属于代承租人暂时垫付的租金,而非支付,其所有权始终属于天宇公司,与北方汽车公司无关。[①]

---

① 参见上海市黄浦区人民法院民事判决书(2010)黄民五(商)初字第 2736 号、上海市第二中级人民法院民事判决书(2012)沪二中民六(商)终字第 30 号:"甲公司诉闫某等融资租赁合同纠纷案"。本章节案例及具体解析可参见:徐同远.论融资租赁交易中保证金的法律适用——恒信公司与闫某等融资租赁合同纠纷案评释.北京政法职业学院报,2015 年第 3 期。

第十八章　对外担保

对外担保(也称涉外担保)即境内非银行金融机构向国外债权人或其他受益人、境内外资银行、中外合资银行或外资、中外合资非银行金融机构出具的外汇担保。非银行金融机构办理涉外担保须依据国家外汇管理局颁布的《境内机构对外提供外汇担保管理办法》。外汇租赁系指金融租赁机构作为出租人用自筹或借入的外汇资金从国外厂商购进或租入承租人所需的设备,供承租人在约定的期限内使用,承租人分期向出租人支付一定的外汇租赁费的业务经营活动。外汇融资租赁主要包括直接租赁、转租赁、回租租赁、杠杆租赁、综合租赁等形式。非银行金融机构办理国际融资租赁须报国家外汇管理局及其分局备案。

融资租赁的对外担保并无专门的法律予以规范,但可参照《境内机构对外担保管理办法实施细则》、《境内机构对外担保管理办法》、《担保法》、《担保法解释》等相关法律针对对外担保的相关规定,以下分别从概念、特点、担保方式、适用范围、合同的设立及无效情形等不同方面予以论述,以便于宏观的把握。

一、对外担保

(一)概念

对外担保是指中国境内机构(境内外资机构除外,以下简称担保人)以保函、备用信用证、本票、汇票等形式出具对外保证。以《担保法》第 34 条规定的财产对外抵押或者以《担保法》第四章第一节规定的动产对外质押和第二节七十五条规定的权利对外质押,向中国境外机构或者境内的外资金融机构(债权人或者受益人,以下简称债权人)承诺,当债务人(即被担保人)未按照合同约定偿付债务时,由担保人履行偿付义务。

在《关于境内机构对外担保管理问题的通知》的第 1 条则规定了对外担保是指境内机构(担保人)根据《担保法》、《物权法》、《境内机构对外担保管理办法》的规定,以保证、抵押或者质押等形式,向境外机构承诺,当债务人(境内外机构)未按照合同约定履行义务时,有担保人履行义务或者由受益人按照《担保法》、《物权法》的规定,将抵押物、质物折价拍卖、变卖的价款优先受偿的行为。如境内机构对外提供担保,被担保人为境外机构,而担保受益人为境内机构,视同对外担保管理,适用通知规定。

结合对《境内机构对外担保管理办法》和《关于境内机构对外担保管理问题的

通知》中对对外担保的概念定义可知，涉外担保即是境内机构为境内企业或境外机构进行担保的行为。因参与范畴已从国内范围向涉外发展，故对参与的担保机构、担保人等都有了更进一步的特殊规定，从而规范涉外担保行为，保护参与主体的权益，维护市场的有序参与和稳定性。

（二）特点

1. 对外担保是中国境内机构对境外机构提供的担保

对外担保的担保人是中国境内机构，但并非所有的中国境内机构均可成为对外担保的担保人，只有具备对外担保资格及能力的中国境内机构才能作为担保人。

对外担保的受益人包括中国境外机构和境内外资金融机构。严格意义上说，对外担保仅限于中国境内机构对境外机构所提供的担保，但按《境内机构对外担保管理办法》第2条规定，中国境内机构对境内外资金融机构出具的担保，视同对外担保。因此，中国境内机构对境内外资金融机构所提供的担保亦属于对外担保。

2. 对外担保的内容仅限于付款责任

在对外担保中，担保人仅是承诺与债务人未按照合同约定偿付债务时，由担保人履行偿付义务。因此，对外担保的内容只是偿付相应的款项，担保人并不承担履行合同的责任。即，担保人所提供的无论是对外保证还是对外抵押抑或质押，担保人均不以合同的实际履行为担保内容，仅限于一定条件下承担付款责任。

3. 对外担保的适用受到严格限制

在对外担保中，法律对担保方式、担保范围、担保限额等都有严格的限制，如担保方式不能是留置、定金；担保人不得为外商投资企业注册资本担保等。如担保人违反法律规定的限制性规定，其所提供的对外担保无效。

4. 对外担保须经主管部门审批

由于对外担保涉及国家的外汇管理政策，同时，对外担保的受益人是中国境外机构或境内的外资金融机构，因此，我国法律对外担保实行严格的管理制度。依据《境内机构对外担保管理办法》第3条规定，中国人民银行授权国家外汇管理局及其分局、支局（以下简称外汇局）为对外担保的管理机关，负责对外担保的审批、管理和登记。

二、对外担保的方式

因对外担保的特殊性，其担保方式也受到一定限制。依据《境内机构对外担保管理办法》的规定，对外担保的方式可以是保证、抵押和质押，但不能是留置和定金。因为留置担保的适用范围限于因合同关系而占有债务人的动产而产生的债权，而此与对外担保的目的不符。定金担保适用于合同以方当事人向对方支付一定的金钱以担保合同的履行，如果以定金的方式设立对外担保，意味着一定外汇资金汇出境外，会造成外汇损失。因此，留置和定金的方式不适用于对外担保。

在对外担保中，担保人可以以保函、备用信用证、本票、汇票等形式出具对外保证，依《物权法》规定允许设立抵押的财产对外抵押及质押。

三、适用范围

依据《境内机构对外担保管理办法》第 2 条及《境内机构对外担保管理办法实施细则》第 5 条规定，对外担保的适用范围限制在五个方面，其中之一就是融资租赁担保，在用融资租赁方式进口设备时，担保人向出租人担保，当承租人未按照租赁合同约定的规定支付租金时，由担保人代为支付。

四、涉外担保的设立

（一）参与的当事人

在《境内机构对外担保管理办法实施细则》中的第 6 条规定，对外担保的参与主体包括担保人、被担保人、受益人。

担保人是指符合《境内机构对外担保管理办法》第 4 条规定的境内具有法人资格的，或者经法人授权的机构，其中包括中资金融机构、内资企业、外商投资企业，不包括境内外资金融机构。其中，对外保证项下的担保人为保证人；对外抵押项下的担保人为抵押人。对外质押项下的担保人为出质人。

被担保人则是指境内内资企业、外商投资企业、境内机构在境外注册的全资附属企业及中方参股的企业。

受益人则是指中国境外机构以及境内的外资金融机构。其中，对外保证项下的受益人为债权人；对外抵押项下的受益人为抵押权人；对外质押项下的受益人为质权人。如果受益人内境内机构，则被担保人也可为境外机构。

（二）涉外合同的要件

依据《境内机构对外担保管理办法》第 13 条规定，担保人提供对外担保，应当与债权人、被担保人订立书面合同。对外担保书面合同可以是当事人之间单独订立合同，包括当事人之间具有的担保性质的信函、传真、信用保险项下的保险合同、信用凭证等，也可以是主合同中的担保合同条款。

在对外担保合同中，当事人应当约定各自的权利义务，主要有以下几个方面：

（1）担保人有权对被担保人的资金和财产情况进行监督。

（2）担保人提供担保后，受益人与被担保人如果需要修改所担保的合同，必须取得担保人的同意，并由担保人报外汇局审批；未经担保人同意和外汇局批准的，担保人的担保义务自行解除。

（3）担保人提供对外担保后，在其所担保的合同有效期内，担保人应当按照担保合同履行担保义务。担保人履行担保义务后，有权向被担保人追偿。

（4）担保人提供担保后，在担保合同的有效期内受益人未按照合同履行义务而使被担保人因此免除债务的,担保人的担保义务自行解除。

(5)担保人有权要求被担保人落实反担保措施或提供相应的抵押物。

(6)担保人有权收取约定的担保费。

(三)对外担保合同的无效情形

依照《境内机构对外担保管理办法》及《境内机构对外担保管理办法实施细则》的规定精神和《担保法司法解释》第6条之规定,有以下情形之一的,对外担保合同无效:

(1)未经国家有关主管部门批准或登记对外担保的。

(2)未经国家有关主管部门批准或登记,为境外机构向境内债权人提供担保的。

(3)为外商投资企业注册资本、外商投资企业中的外方投资部分的对外债务提供担保的。

(4)无权经营外汇担保业务的金融机构、无外汇收入的非金融性质的企业法人提供外汇担保的。

(5)主合同变更或者债权人将对外担保合同项下的权利转让,未经担保人同意和国家有关部门批准的,担保人不再承担担保责任,但法律、法规另有规定的除外。

五、对外担保的审批

在涉外担保中,只能经过主管部门的批准后,担保人才能提供对外担保。担保人未经批准擅自出具对外担保的,对外担保无效。具体审批手续流程在此不作赘述,参照相关法律规定流程即可。

第五编　融资租赁公司法律制度

第十九章　融资租赁公司的定义、类型和性质

一、融资租赁公司的定义

融资租赁是 1952 年诞生在美国的一种比较新型的金融工具，是一种通过短时间、低成本、特定程序把资金和设备紧密结合起来的资金融通方式。具体而言，是指当企业需要添置某些技术设备而又缺乏资金时，由租赁企业代其购进或租入所需设备，然后再出租给承租对象使用的一种租赁方式①。这一模式具有融资、融物双重职能，是现代商业社会租赁活动的一种重要形式，也是在大型设备购置和租赁领域比较常见的一种交易手段。

从事融资租赁业务的公司称为融资租赁公司。融资租赁关系中最核心的环节就是融资和融物，这两方面的业务都需要出租人负责。出租人要购买承租人指定的设备将其租赁给承租人，其担负支出购买资金和交付租赁物的双重义务。如果没有具备较强融资能力的出租人，融资租赁就无法开展。因此，融资租赁的出租人一般是具备较强资本运营能力的主体。用公司制的形式作为出租人的基本形态，是最有利于驾驭资本和防范风险的制度选择。

以公司制的形式从事融资租赁经营有明显的优势。第一，公司制的股份制模式可以保障融资租赁业务的开展。融资租赁行业投入资金多，经营周期长，不确定性较高，如果不通过股份制的形式将风险和成本分散，单凭个人或者合伙模式，很难长期经营。第二，公司聘任的专业经理人能够提供专业意见，经营好融资租赁企业。与公司制相比，个人经营或合伙经营的劣势在于经验的有限性。公司可以选举产生董事会，聘任职业经理人，通过专业的管理提高企业运行的效率，获得更多的收益。个人或者合伙人的认知能力和经验是有限的，在面对复杂的融资租赁业务时，很难保障每一个决定都是理性或者正确的，容易使企业遭受损失。第三，融资租赁企业需要的初始资本较大，通过公司制能够更好地募集到足额资本。融资租赁公司的标的物是价格高昂的大型设备或者不动产，如果没有足够的注册资本做担保，其商业信誉很难建立，也就不容易开展经营活动。公司制可以吸收大量社会资本，通过发起设立或募集设立，短期内集聚资本，从而满足融资租赁企业所需要的注册资本额。个人或者合伙企业在这一方面就只能依靠自有资本，受到的限

---

① 任彦翔.中国金融租赁公司监管研究.西南财经大学,2011 年博士学位论文,第 11 页.

制较多。因此,融资租赁企业的主要形式应当是公司制,融资租赁公司是融资租赁行业发展的基石。

二、融资租赁公司的类型

根据不同的分类标准,融资租赁公司可以分为各种类型。

从公司的控股类型来分,可以分为金融机构控股、厂商控股以及独立机构控股三种类型。金融机构控股公司是指由银行及非银行金融机构出资控股的公司;厂商控股公司是指制造厂商投资控股的公司;独立机构控股公司则是指专业投资机构控股的公司。

从公司的从业范围来分,可以分为金融租赁公司和普通融资租赁公司。根据我国法律、法规规定,金融租赁公司由银监会管理,从事融资租赁及报销、证券、基金等非银行类金融行业。普通融资租赁公司一般是大型设备厂商投资设立,为便于销售产品而设立,业务相对比较单一,主要集中在针对标的物的融资租赁活动,设立目标主要是服务设备厂商。此外,普通融资租赁公司的管理部门为商务部,这一点也是其与金融租赁公司的区别。

根据因监管机构与出资性质不同,可以分为金融系统的租赁公司、外商融资租赁公司和内资试点融资租赁公司。金融租赁公司,是指经银监会批准,以经营融资租赁业务为主的非银行金融机构。外商投资融资租赁公司是指经商务部或各省级商务管理部门审批,外国公司、企业和其他经济组织在中华人民共和国境内以中外合资、中外合作以及外商独资的形式设立从事租赁业务、融资租赁业务的外商投资企业,企业可以采取有限责任公司或股份有限公司的形式。内资试点融资租赁公司是指中国境内企业或自然人依法设立以经营融资租赁业务为主的工商企业,企业采取公司形式的,称为内资试点融资租赁公司。

三、融资租赁公司的性质

公司是现代商业社会的基本经济体,其优势在于有限责任、广泛的交易能力以及职业经理人阶层。通常来说,一家采取公司制的企业能够在商事交易中获取的信息和机会要远大于个人或者合伙企业。因此,不论是何种商事交易的领域,采取公司制都是规避风险,提高收益的理性选择。在融资租赁这一行业中,由于其标的物一般都是大型设备或者不动产,价格较高,可能出现的财产性风险较大,仅凭个人或者合伙企业的能力很难充分应对困难和风险。因此,公司制这一形态无疑是参与融资租赁关系的最佳选择。

融资租赁公司为承租人使用标的物提供设备实物以及资金融通,是融资租赁关系中最主要的主体。在我国现行管理体制下,融资租赁公司作为租赁资产的购置、投资和管理机构，可以是金融机构属性，也可以是非金融机构属性①。从融资租赁业务的开展来看，其基本业务是融物，核心环节是融资，因此，金融机构属性的融资租赁公司更加适应市场需求，占据市场较多的份额。单纯从事融资租赁业务的公司，由于其附属性质，发展取决于设备厂商，影响力终究有限，市场竞争力相对薄弱。

四、我国融资租赁公司的法律特征

根据现行相关法律和法规，我国融资租赁公司具有这样几方面法律特征。

第一，融资租赁公司是从事专门行业的公司制企业，由公司法的特别法调整。融资租赁公司属于从事专门行业的公司制企业，其从设立到解散的整个过程应当符合公司的规定或原则性规定。公司法调整一般公司，从事专门行业的公司由于其业务的特殊性，在某些方面必须对其做出更加细致或者严格的规定，因此，融资租赁公司的运营应当遵循专门的法律、法规和规章的具体规定，即受到公司法的特别法调整。

第二，融资租赁公司的注册资本以货币形态为主。根据我国《金融融资租赁公司管理办法》等相关规定，融资租赁公司的注册资本要求以货币形态为主。融资租赁公司的最主要功能是提供资金，因此，自有资金充裕是非常重要的。在很多情况下，融资租赁公司用自有资金和借贷资金为承租人购买标的物，如果没有足够的资金，租赁公司没有能力购买到符合承租人要求的标的物，整个融资租赁关系就无法正常运转，因此，主管部门对融资租赁公司的注册资本形态要求以货币为主，基本不认同其他形式的资产。

第三，融资租赁公司的发起人必须具备特定的资质。根据我国《金融融资租赁公司管理办法》《外商投资租赁业管理办法》《融资租赁企业监督管理办法》《商务部、国家税务总局关于从事融资租赁业务有关问题的通知》等有关规定，融资租赁公司的发起人应当具备一定的资质。如根据《金融融资租赁管理办法》第 10 条，在中国境内注册的、主营业务为制造适合融资租赁交易产品的大型企业作为金融租赁公司发起人，应当具备诸如"良好的公司治理结构或有效的组织管理方式"，"最近 1 年的营业收入不低于 50 亿元人民币或等值的可自由兑换货币"以及"财务状况良好，最近 2 个会计年度连续盈利"等审慎性条件。这些条件比较严格，对发起人的资质提出了一定的要求。这些规定是为了确保发起人以及发起人设立的融资租赁公司具备足够的能力承担民事责任，从而保障市场的稳定运行。

---

① 参见屈延凯.如何投资和经营融资租赁公司.北京：当代中国出版社，2007:5.

第二十章　金融租赁公司

融资租赁的关键问题在于时间周期,缩短融资周期,充分利用资金进行周转是融资租赁发展的根本,也是融资租赁企业竞争的制胜之道。从这一点来说,具有从事金融业务能力的融资租赁公司无疑是有优势的。在我国,金融机构属性的融资租赁公司发展很快,在金融业中占据的地位也越发重要,以金融租赁公司为代表的金融机构类融资租赁公司不断发展壮大,为我国经济发展提供了重要的支持和保障。截至 2015 年 6 月末,全国共有 39 家金融租赁公司,行业资产总额达到 1.45万亿元,较年初增长了 13.4%,比 2007 年底增长了 62 倍,占整个租赁市场的 60%以上。租赁资产余额为 1.36 万亿元,占资产总额的 94%,金融租赁公司的发展对实体经济的推动作用是非常明显的。不断完善和发展金融租赁公司,是服务实体经济的重要途径。

根据中国银监会 2014 年公布的《金融租赁公司管理办法》第 2 条之规定:金融租赁公司,是指经银监会批准,以经营融资租赁业务为主的非银行金融机构。

所谓非银行金融机构,是指以发行股票和债券、接受信用委托、提供保险等形式筹集资金,并将所筹资金运用于长期性投资的金融机构。非银行金融机构与银行的区别在于信用业务形式不同,其业务活动范围的划分取决于国家金融法规的规定。从这一定义来看,我国的金融租赁公司是从事融资租赁的非银行金融机构。

大型设备或不动产价格极高,承租人通常无法一次性结清货款,因此,融资租赁为其提供了资金融通的可能。在现代融资租赁行业中,金融租赁公司具备较强的资金融通能力和更为便捷的融资通道,竞争优势明显。一般认为,金融租赁公司具有资金力量雄厚、融资成本低、有网络为依托、信用信息完整、客户群体多等特点,因而在该行业中占据非常重要的地位①。

第一节　金融租赁公司的成立、变更与终止

金融租赁公司的成立条件是指金融租赁公司的发起人申请设立金融租赁公司所需要符合的基本条件。金融租赁公司是公司的一种特殊形态,其应当符合公司

---

① 参见屈延凯.如何投资和经营融资租赁公司.北京:当代中国出版社,2007:2.

法的相关规定,同时又应当遵循以公司模式从事融资租赁业务的法律规定。《金融租赁公司管理办法》(以下简称《办法》)第 8 条的规定:"金融租赁公司的发起人包括在中国境内外注册的具有独立法人资格的商业银行,在中国境内注册的、主营业务为制造适合融资租赁交易产品的大型企业,在中国境外注册的融资租赁公司以及银监会认可的其他发起人。"其中,"其他发起人"是"指除符合本办法第 9 条至第 11 条规定的发起人以外的其他境内法人机构和境外金融机构。"

一、金融租赁公司成立的一般条件

申请设立金融租赁公司,必须符合特定条件,以保第三人和股东的利益,通常来说,公司注册成立应当具备一定的注册资本、内控机制、确定章程和营业场所。这些都是公司运作的必要条件。金融租赁公司从事的行业属于特殊领域,其对从业人员有特殊要求,其从业人员应当具备一定的从业经验和专业资质,这些在成立公司之前都应当予以满足。

根据《金融租赁公司管理办法》第 7 条规定:申请设立金融租赁公司,应当具备以下条件:(一)有符合《中华人民共和国公司法》和银监会规定的公司章程;(二)有符合规定条件的发起人;(三)注册资本为一次性实缴货币资本,最低限额为 1 亿元人民币或等值的可自由兑换货币;(四)有符合任职资格条件的董事、高级管理人员,并且从业人员中具有金融或融资租赁工作经历 3 年以上的人员应当不低于总人数的 50%;(五)建立了有效的公司治理、内部控制和风险管理体系;(六)建立了与业务经营和监管要求相适应的信息科技架构,具有支撑业务经营的必要、安全且合规的信息系统,具备保障业务持续运营的技术与措施;(七)有与业务经营相适应的营业场所、安全防范措施和其他设施;(八)银监会规定的其他审慎性条件。

二、银行作为发起人设立金融租赁公司的条件

银行是依法成立的经营货币信贷业务的金融机构。根据《商业银行法》规定,商业银行是指经营吸收公众存款、提供贷款,以及办理转账结算等金融服务业务的企业法人组织。投资设立金融租赁公司,属于金融服务行业的组成部分,因此,商业银行在法律上具备从事这一行为的资质,能够从事设立金融租赁公司的相关业务。

根据《金融租赁公司管理办法》第 9 条的规定,在中国境内外注册的具有独立法人资格的商业银行作为金融租赁公司发起人,应当具备以下条件:(一)满足所在国家或地区监管当局的审慎监管要求;(二)具有良好的公司治理结构、内部控制机制和健全的风险管理体系;(三)最近 1 年年末总资产不低于 800 亿元人民币或等值的可自由兑换货币;(四)财务状况良好,最近 2 个会计年度连续盈利;(五)为拟设金融租赁公司确定了明确的发展战略和清晰的盈利模式;(六)遵守注册地法律

法规,最近 2 年内未发生重大案件或重大违法违规行为;(七)境外商业银行作为发起人的,其所在国家或地区金融监管当局已经与银监会建立良好的监督管理合作机制;(八)入股资金为自有资金,不得以委托资金、债务资金等非自有资金入股;(九)承诺 5 年内不转让所持有的金融租赁公司股权、不将所持有的金融租赁公司股权进行质押或设立信托,并在拟设公司章程中载明;(十)银监会规定的其他审慎性条件。

银行设立金融租赁公司,是借用银行资金充裕这一平台,通过银行的资源库,提供流动资金及其他资源支持金融租赁公司开展业务。从本质上讲,金融租赁公司兼具金融机构和租赁公司的特点,核心要素就是资金。由银行来设立金融租赁公司,能够在核心要素上予以保障,从而使公司运作更加稳定和健康。

三、大型企业作为发起人设立金融租赁公司的条件

根据《金融租赁公司管理办法》第 10 条的规定,在中国境内注册的、主营业务为制造适合融资租赁交易产品的大型企业作为金融租赁公司发起人,应当具备以下条件:(一)有良好的公司治理结构或有效的组织管理方式;(二)最近 1 年的营业收入不低于 50 亿元人民币或等值的可自由兑换货币;(三)财务状况良好,最近 2 个会计年度连续盈利;(四)最近 1 年年末净资产不低于总资产的 30%;(五)最近 1 年主营业务销售收入占全部营业收入的 80% 以上;(六)为拟设金融租赁公司确定了明确的发展战略和清晰的盈利模式;(七)有良好的社会声誉、诚信记录和纳税记录;(八)遵守国家法律法规,最近 2 年内未发生重大案件或重大违法违规行为;(九)入股资金为自有资金,不得以委托资金、债务资金等非自有资金入股;(十)承诺 5 年内不转让所持有的金融租赁公司股权、不将所持有的金融租赁公司股权进行质押或设立信托,并在拟设公司章程中载明;(十一)银监会规定的其他审慎性条件。

大型企业具备较强的资金能力和运营能力的,可以作为金融租赁公司的发起人。金融租赁公司对于资金要求较高,大型企业的生命线也在现金流,因此,能够出资成立金融租赁公司的企业,必须具备较好的获利能力。鉴于此,《办法》第 10 条第 2 款对大型企业营业收入做了规定,要求其最近一年的营业收入不低于 50 亿元人民币或等值的可自由兑换货币。这一要求就将可以作为金融租赁公司发起人的资格提得很高,国内只有极少数超大型企业具备这样的营业能力。通过获利能力的规制,保障金融租赁公司的发起人是具备较好资金资源控制力的市场主体,从而确保金融租赁公司的正常运营。

四、境外注册的融资租赁公司作为发起人设立金融租赁公司的条件

中国境外注册的融资租赁公司作为发起人的在中国境内发起设立融资租赁公

司的,应当符合《金融租赁公司管理办法》第 11 条的规定:在中国境外注册的具有独立法人资格的融资租赁公司作为金融租赁公司发起人,应当具备以下条件:(一)具有良好的公司治理结构、内部控制机制和健全的风险管理体系;(二)最近 1 年年末总资产不低于 100 亿元人民币或等值的可自由兑换货币;(三)财务状况良好,最近 2 个会计年度连续盈利;(四)遵守注册地法律法规,最近 2 年内未发生重大案件或重大违法违规行为;(五)所在国家或地区经济状况良好;(六)入股资金为自有资金,不得以委托资金、债务资金等非自有资金入股;(七)承诺 5 年内不转让所持有的金融租赁公司股权,不将所持有的金融租赁公司股权进行质押或设立信托,并在拟设公司章程中载明;(八)银监会规定的其他审慎性条件。

境外注册的融资租赁公司大多数属于外资公司。对于境外注册的融资租赁公司,其管理规定与银行、大型企业等不同。各类规定提出企业应当具备一定额度的注册资本、年度销售获利、总资产等条件,目的都在于确保公司具有足够的财力可以运营其所投资的行业。对于境外注册公司来说,很多信息我们无法客观准确的获知,但是总资产这一信息可以通过会计报表和实地考察了解,相比起从年度总收入来限定,通过总资产进行限定的模式更加科学。因此,对于境外注册公司来说,其具备的准入资本资质是总资产不低于 100 亿元人民币或等值的可自由兑换的货币,而不是通过对其年度收入予以规制。

五、其他境内法人作为发起人设立金融租赁公司的条件

根据《金融租赁公司管理办法》第 13 条的规定,其他境内法人机构作为金融租赁公司发起人,应当具备以下条件:(一)有良好的公司治理结构或有效的组织管理方式;(二)有良好的社会声誉、诚信记录和纳税记录;(三)经营管理良好,最近 2 年内无重大违法违规经营记录;(四)财务状况良好,且最近 2 个会计年度连续盈利;(五)入股资金为自有资金,不得以委托资金、债务资金等非自有资金入股;(六)承诺 5 年内不转让所持有的金融租赁公司股权,不将所持有的金融租赁公司股权进行质押或设立信托,并在公司章程中载明;(七)银监会规定的其他审慎性条件。其他境内法人机构为非金融机构的,最近 1 年年末净资产不得低于总资产的 30%。其他境内法人机构为金融机构的,应当符合与该类金融机构有关的法律、法规、相关监管规定要求。

其他境内法人主要是指境内银行、境内从事机械制作业的大型企业之外的企业法人。这一规定拓展了设立金融租赁公司主体的空间,很多希望从事这一行业的高素质企业都有机会参与竞争。金融租赁业是一个集聚多类资源的高端专业领域,金融租赁企业是一个集合了资金、技术、管理、经验、市场、营销等多方面人力、物力、财力的大型企业法人。能够完全符合这一条件的企业是非常少的。因此,降低发起设立门槛,准许设立人多元化和多层次,有利于组成综合竞争力较强的金融

租赁公司,从而使公司具备更好的风险抵御能力和盈利能力。这一模式,是适应中国特色社会主义市场经济发展的制度变更,是有利于市场经济发展和经济创新的尝试与安排。

六、其他境外法人作为发起人设立金融租赁公司的条件

其他境外法人发起设立金融租赁公司的,根据《金融租赁公司管理办法》第14条的规定,其他境外金融机构作为金融租赁公司发起人,应当具备以下条件:

(一)满足所在国家或地区监管当局的审慎监管要求;(二)具有良好的公司治理结构、内部控制机制和健全的风险管理体系;(三)最近1年年末总资产原则上不低于10亿美元或等值的可自由兑换货币;(四)财务状况良好,最近2个会计年度连续盈利;(五)入股资金为自有资金,不得以委托资金、债务资金等非自有资金入股;(六)承诺5年内不转让所持有的金融租赁公司股权、不将所持有的金融租赁公司股权进行质押或设立信托,并在公司章程中载明;(七)所在国家或地区金融监管当局已经与银监会建立良好的监督管理合作机制;(八)具有有效的反洗钱措施;(九)所在国家或地区经济状况良好;(十)银监会规定的其他审慎性条件。

七、不得作为金融租赁公司发起人的情形

根据《金融租赁公司管理办法》第15条的规定,有以下情形之一的企业不得作为金融租赁公司的发起人:(一)公司治理结构与机制存在明显缺陷;(二)关联企业众多、股权关系复杂且不透明、关联交易频繁且异常;(三)核心主业不突出且其经营范围涉及行业过多;(四)现金流量波动受经济景气影响较大;(五)资产负债率、财务杠杆率高于行业平均水平;(六)其他对金融租赁公司产生重大不利影响的情况。

法律的禁止性规定对于行为人来说是一种风险防范制度安排。在《办法》第15条,列举了五类不得担任发起人的情况,同时明确了不得成为发起人的制度底线。从规定来看,《办法》从公司治理、关联股东和关联交易、业务、现金流、债务和财务杠杆等几个方面做了限制,从而使出现严重金融风险的可能性在公司设立时就得到了避免,提高了公司运作的稳定性。

八、金融租赁公司的分公司、子公司

分公司、子公司是金融租赁公司为开展业务而设立的下一级机构。根据《金融租赁公司管理办法》第17条的规定,金融租赁公司根据业务发展的需要,经银监会批准,可以设立分公司、子公司。设立分公司、子公司的具体条件由银监会另行制定。2014年7月11日,银监会颁布《金融租赁公司专业子公司管理暂行规定》,对金融租赁公司的专业子公司设立、变更与终止,业务经营规则,监督管理等方面的事项作了明确规定,进一步规范了金融租赁公司子公司的经营和发展。

九、金融租赁公司的变更

金融租赁公司的变更是指基于某种原因,其相关方面出现变化。根据公司法的私法公法性,为了使第三人能够明确知晓相关变更事项,公司的变更应当公示或审批通过方可进行。根据《金融租赁公司管理办法》第 19 条的规定,金融租赁公司有下列变更事项之一的,须报经银监会或其派出机构批准。(一)变更公司名称;(二)变更组织形式;(三)调整业务范围;(四)变更注册资本;(五)变更股权或调整股权结构;(六)修改公司章程;(七)变更公司住所或营业场所;(八)变更董事和高级管理人员;(九)合并或分立;(十)银监会规定的其他变更事项。

根据《金融租赁公司管理办法》第 20 条的规定,金融租赁公司变更股权及调整股权结构,拟投资入股的出资人需符合本办法第 8 条至第 16 条规定的新设金融租赁公司发起人条件。

十、金融租赁公司的终止

金融租赁公司的终止是指基于某种原因,其公司已无存在的必要,根据法律、法规的规定,停止运营的情况。根据《金融租赁公司管理办法》第 21 条的规定,金融租赁公司有以下情况之一的,经银监会批准可以解散:(一)公司章程规定的营业期限届满或者公司章程规定的其他解散事由出现;(二)股东决定或股东(大)会决议解散;(三)因公司合并或者分立需要解散;(四)依法被吊销营业执照、责令关闭或者被撤销;(五)其他法定事由。

根据《金融租赁公司管理办法》第 22 条的规定,金融租赁公司有以下情形之一的,经银监会批准,可以向法院申请破产:(一)不能支付到期债务,自愿或债权人要求申请破产的;(二)因解散或被撤销而清算,清算组发现财产不足以清偿债务,应当申请破产的。

第二节　金融租赁公司的业务范围

金融租赁公司的业务范围必须经过银监会批准。业务范围包括融资租赁及相关的金融类业务,也可以发行各类证券和开展涉及外汇事项的各类相关业务。总的来说,金融租赁公司的业务范围比较广泛,包括传统融资租赁业务,同时也从事相关领域的金融交易,两个领域的业务之间可以形成资源协同,有利于公司的综合发展。

根据《金融租赁公司管理办法》第 26 条:经银监会批准,金融租赁公司可以经营下列部分或全部本外币业务:(一)融资租赁业务;(二)转让和受让融资租赁资产;(三)固定收益类证券投资业务;(四)接受承租人的租赁保证金;(五)吸收非银行股东 3 个月(含)以上定期存款;(六)同业拆借;(七)向金融机构借款;(八)境外借款;(九)租赁物变卖及处理业务;(十)经济咨询。

根据《金融租赁公司管理办法》第 27 条规定:经银监会批准,经营状况良好、符合条件的金融租赁公司可以开办下列部分或全部本外币业务:(一)发行债券;(二)在境内保税地区设立项目公司开展融资租赁业务;(三)资产证券化;(四)为控股子公司、项目公司对外融资提供担保;(五)银监会批准的其他业务。金融租赁公司开办前款所列业务的具体条件和程序,按照有关规定执行。第 28 条规定:金融租赁公司业务经营中涉及外汇管理事项的,需遵守国家外汇管理有关规定。

第三节　金融租赁公司的经营规则

金融租赁公司的经营应当遵循防范风险、激励科学、产权明确的基本原则,相关业务按照《金融租赁公司管理办法》规定开展,遵循物权法、公司法、金融法等现行法律的相关规定。

《金融租赁公司管理办法》第 29 条对金融租赁公司的治理结构做了规定:金融租赁公司应当建立以股东或股东(大)会、董事会、监事(会)、高级管理层等为主体的组织架构,明确职责划分,保证相互之间独立运行、有效制衡,形成科学高效的决策、激励和约束机制。

《金融租赁公司管理办法》第 30 条、31 条对公司内控、风险防范事项原则做了规定。第 30 条,金融租赁公司应当按照全面、审慎、有效、独立原则,建立健全内部控制制度,防范、控制和化解风险,保障公司安全稳健运行。第 31 条,金融租赁公司应当根据其组织架构、业务规模和复杂程度建立全面的风险管理体系,对信用风险、流动性风险、市场风险、操作风险等各类风险进行有效的识别、计量、监测和控制,同时还应当及时识别和管理与融资租赁业务相关的特定风险。

《金融租赁公司管理办法》第 32 条到 41 条对标的物的所有权以及估价相关事项做了规定。第 32 条明确,金融租赁公司应当合法取得租赁物的所有权。第 33 条对租赁物的登记做了规定,第 34 条规定了承租人对售后回租业务的租赁物的所有权。并且禁止金融租赁公司将权属存在争议的标的纳入物售后回租标的物的范畴。

此外,《办法》还对购置承租物、健全租赁物价值评估和定价体系、租赁物的风险缓释、金融租赁公司的估值管理、限额管理、违约风险管控、会计制度等各个重要方面做了明确的规定,有效地控制了融资租赁业务的风险,使其合规、合理、合法的开展经营活动。

　　《金融租赁公司管理办法》第 42 条到 47 条对交易风险管理体系、管理交易制度、控股公司关系、关联交易额度、投资活动、资产证券化业务等做了规定。

　　第 42 条规定，金融租赁公司应当建立健全集中度风险管理体系，有效防范和分散经营风险。第 43 条规定，金融租赁公司应当建立严格的关联交易管理制度，其关联交易应当按照商业原则，以不优于非关联方同类交易的条件进行。

　　第 44 条规定，金融租赁公司与其设立的控股子公司、项目公司之间的交易，不适用本办法对关联交易的监管要求。第 45 条规定，金融租赁公司的重大关联交易应当经董事会批准。重大关联交易是指金融租赁公司与一个关联方之间单笔交易金额占金融租赁公司资本净额 5% 以上，或金融租赁公司与一个关联方发生交易后金融租赁公司与该关联方的交易余额占金融租赁公司资本净额 10% 以上的交易。第 46 条规定，金融租赁公司所开展的固定收益类证券投资业务，不得超过资本净额的 20%。第 47 条规定，金融租赁公司开办资产证券化业务，可以参照信贷资产证券化相关规定。

第四节　金融租赁公司的监督管理

　　金融租赁公司是融资租赁公司中最为重要的一类。其兼具融资租赁及存放贷款等金融业务，注册资本较大，投资金额较多，涉及业务领域广泛复杂。对这类公司的监管，必须严格按照相关法律、法规由监管机关切实履行。

　　《金融租赁公司管理办法》对金融租赁公司的监管主体、监管领域、监管内容、监管体系、责任机制等做了比较全面的规定。根据《办法》第 6 条，中国银行业监督管理委员会行使对金融租赁公司的监督权。

一、监管指标

　　监管指标是管理的着力点和落脚点。设计明确的监管指标，有利于监管工作做到实处。监管指标的设计，应当结合被监管对象的风险领域考虑，针对每一个重点风险领域做出明确的安排，通过指标完成和落实情况，判断相关管理工作的质量。对金融租赁公司来讲，其重点业务领域和风险领域在于资本充足率、利益管理情况和负债情况，管理办法对这些领域做了细致的规定，力求在监管过程中能够全面防范金融风险、交易风险。

　　根据《办法》第 48 条，金融租赁公司应当遵守以下监管指标的规定：

　　（一）资本充足率。金融租赁公司资本净额与风险加权资产的比例不得低于银监会的最低监管要求。（二）单一客户融资集中度。金融租赁公司对单一承租人的全部融资租赁业务余额不得超过资本净额的 30%。（三）单一集团客户融资集中度。金融租赁公司对单一集团的全部融资租赁业务余额不得超过资本净额的50%。（四）单一客户关联度。金融租赁公司对一个关联方的全部融资租赁业务余额不得超过资本净额的30%。（五）全部关联度。金融租赁公司对全部关联方的全部融资租赁业务余额不得超过资本净额的50%。（六）单一股东关联度。对单一股东及其全部关联方的融资余额不得超过该股东在金融租赁公司的出资额，且应同时满足本办法对单一客户关联度的规定。（七）同业拆借比例。金融租赁公司同业拆入资金余额不得超过资本净额的100%。经银监会认可，特定行业的单一客户融资集中度和单一集团客户融资集中度要求可以适当调整。银监会根据监管需要可以对上述指标做出适当调整。

二、监管领域、监管内容及监管体系

金融租赁公司涉及资金量较大，监管工作比较复杂，《办法》由多方面入手，针对金融租赁公司经营中一些重点方面和重点领域进行监管。为确保金融租赁公司具备充分的资金承担经营责任，公司应当按照银监会的相关规定构建资本管理体系，合理评估资本充足状况，建立审慎、规范的资本补充、约束机制。按照监管规定建立资产质量分类制度。对质量不同的资产实施分类管理，对资产质量较低，存在一定经营风险的，应当安排更加审慎、严格的制度，避免因资产抗风险能力较低导致经营损失。

为应对现金流风险，金融租赁公司应当按照相关规定建立准备金制度，在准确分类的基础上及时足额计提资产减值损失准备，增强风险抵御能力。未提足准备的，不得进行利润分配。同时，为了提高经营风险控制质量，公司应当建立健全内部审计制度，审查评价并改善经营活动、风险状况、内部控制和公司治理效果，促进合法经营和稳健发展。

为保障财务管理的稳步进行，金融租赁公司应当执行国家统一的会计准则和制度，真实记录并全面反映财务状况和经营成果等信息。为便于检查，金融租赁公司应当按规定报送会计报表及银监会及其派出机构要求的其他报表，并对所报报表、资料的真实性、准确性和完整性负责。金融租赁公司应当建立定期外部审计制度，并在每个会计年度结束后的4个月内，将经法定代表人签名确认的年度审计报告报送银监会或其派出机构。

三、责任机制

责任追究机制是引导行为人从事特定行为的最后屏障。建设完善的责任追究机制，能够教育、指引行为人从事特定行为和不从事一些行为，避免出现风险和社会公益损失。对于金融租赁公司来说，其业务涉及面广，各个业务内部分类很多，从事的事项十分复杂。此外，其每一项重点业务一般都关涉高额资产，一旦违规，后果相当严重。为了防范这一问题,对违规行为给予明确的惩治,才能够确保金融秩序和金融稳定。

金融租赁公司违反《办法》有关规定的,银监会及其派出机构应当依法责令限期整改;逾期未整改的,或者其行为严重危及该金融租赁公司的稳健运行、损害客户合法权益的,可以区别情形,依照《中华人民共和国银行业监督管理法》等法律法规,采取暂停业务、限制股东权利等监管措施。金融租赁公司已经或者可能发生信用危机,严重影响客户合法权益的,银监会依法对其实行托管或者督促其重组,问题严重的,有权予以撤销。凡违反本办法有关规定的,银监会及其派出机构依照《中华人民共和国银行业监督管理法》等有关法律法规进行处罚。金融租赁公司对处罚决定不服的,可以依法申请行政复议或者向人民法院提起行政诉讼。

第五节　金融租赁公司专业子公司

一、金融租赁公司专业子公司的定义

为更好地开展融资租赁业务,释放企业发展活力,使融资租赁企业能够在更多的领域谋求自身发展,2014 年 7 月 28 日,银监会发布《金融租赁公司专业子公司管理暂行规定》(下称《规定》),正式放行金融租赁公司在飞机、船舶等特定业务领域设立专业化租赁子公司,并允许专业子公司在境外设立项目公司开展融资租赁业务。

根据《规定》第 2 条,其所称专业子公司,是指金融租赁公司依照相关法律法规在中国境内自由贸易区、保税地区及境外,为从事特定领域融资租赁业务而设立的专业化租赁子公司。其中,规定所称的特定领域,是指金融租赁公司已开展且运营相对成熟的融资租赁业务领域,包括飞机、船舶以及经银监会认可的其他租赁业务领域。专业子公司的名称,应当体现所属金融租赁公司以及所从事的特定融资租赁业务领域。

二、相关法律简介

通过梳理,我们发现,《规定》主要涉及三个方面。一是金融租赁公司设立专业子公司的条件;二是专业子公司的业务经营规则;三是对专业子公司如何监督管理。文中一开始就强调了文件出台的基础和法律授权。其依据是《中华人民共和国银行业监督管理法》《中华人民共和国公司法》《金融租赁公司管理办法》等法律法规,明确本规定管理权的来源,树立本规定的立法权威。

本规定有三个亮点值得一提,一是设立地点必须在经济特区或境外。这一规定主要是为租赁公司国际化设定的，通过将公司成立地点放在经济特区或境外，充分利用设立地点的区位优势，搭建平台，发挥企业能动性。二是强调子公司的专业性经营。只有银监会认可的领域方可从业，否则禁止进入。这一规定避免了金融租赁公司因经营领域过多过广可能遇到的风险。三是设立子公司的名称应该体现母公司及所从事特定融资租赁业务有关，从而便于监管。这三方面的规定，针对融资租赁企业专业子公司可能遇到的困境和风险做了专门规制，明确了企业运营的边界，确保企业运营安全。

三、金融租赁公司专业子公司的相关管理规定

（一）金融租赁公司申请在境内设立子公司的条件

在境内设立子公司，实际上是利用国家相关政策，让租赁公司充分利用自身条件，获得更多和更广阔的发展平台和契机。金融租赁公司设立的境内专业子公司应当具备以下条件。

除了设立有限责任公司必须的条件外，金融租赁公司在境内设立的子公司注册资本最低限额为 5000 万元人民币或等值的可自由兑换货币。注册资本额度要求较低，经过杠杆放大 12.5 倍时，6 亿左右的资金通常也就是做一两个单机价值比较高的租赁项目。同时也要受到权益性投资余额的高线限制。即：所有的专业子公司的投资总和，不能超过母公司净资产的 50%。为了实现专业化，有时设立子公司可能吸收非金融机构的专业化公司入股。但母公司设立子公司时要绝对控股。金融租赁公司要绝对主导子公司经营管理的控制权。外资也可借助这个窗口进入金融租赁公司。

（二）境外设立专业子公司的条件

为更好地开拓海外市场，中资控股的金融租赁公司在海外设立子公司，是非常必要而且前景可观的。尤其是在"一带一路"战略提出后，沿线国家很多需要投资基建工程，这给中国企业带来了更多的商机。把中国的设备租到境外，借助"一带一路"战略的实施获得更多的利润，是今后一个时期金融租赁公司的科学抉择。金融租赁公司确有业务发展需要，具备清晰的海外发展战略；内部管理水平和风险管控能力与境外业务发展相适应，具备与境外经营环境相适应的专业人才队伍，经营状况良好，最近 2 个会计年度连续盈利，所提申请符合有关国家或地区的法律法规，才可在境外设立子公司。

除了上述基本的条件外，金融租赁公司申请设立境外专业子公司，需由银行业监督管理机构批准后，再按照拟注册地国家或地区的法律法规提出申请。这个规定决定了金融机构在设立准特殊目的公司前，必须要经过专业子公司的前置审批。一方面提高了子公司的含金量，另一方面也增加了控制风险的力度。将资本运作的风险把握在可控的范围内，守住不发生重大金融风险的底线。

（三）专业子公司业务的经营规则

金融租赁公司可以在其业务范围内，根据审慎经营原则对所设立专业子公司的业务范围进行授权，并报银行业监督管理机构备案。同业拆借和固定收益类证券投资业务不在授权范围内。子公司的资金来源更多的是要从社会直接融资，或从金融机构间接融资。这点和母公司的职能有很大的区别，更多体现为借款人而不是放款人的角色。

因业务性质所至，专业子公司做的业务多是与母公司的关联交易。对其管理要求"专业子公司开展各类业务和关联交易时的具体要求和程序，按照金融租赁公司开展业务的有关规定执行"。必须要符合金融机构的从业标准。专业子公司发行境外债券、设立的境外项目公司开展融资租赁业务后，应按季向所在地银监局及金融租赁公司所在地银监局报告。更重要的是要通过并表显现出来，防止"表外融资""境外融资"等监管失控。

（四）对专业子公司的监督管理

银监会及其派出机构依法对金融租赁公司专业子公司实施监督管理。首先确定了监管部门。监管的实效在于对并表的管理。境内专业子公司对所报报表、资料的真实性、准确性和完整性负责。境外专业子公司发生的重大事项，包括公司遭受的重大损失、发生的重大诉讼、所在国家或地区监管要求变化等情况，金融租赁公司应在 15 个工作日内向银监会及其派出机构报告。

第二十一章　外商投资融资租赁公司

外商投资融资租赁公司,是指外国公司、企业和其他经济组织(以下简称外国投资者)在中华人民共和国境内以中外合资、中外合作以及外商独资的形式设立从事租赁业务、融资租赁业务的外商独资或合资公司。根据《外商投资租赁业管理办法》第3条的规定,外商投资租赁业可以采取有限责任公司或股份有限公司的形式,因此,外商投资融资租赁公司分为有限责任公司和股份有限公司两类。

随着中国经济发展影响力的不断加大,很多外国企业将投资的目光瞄准了中国。投资的目的是最大化的利益,因此,所投入的行业至关重要。中国经济发展之后,随之而来的是内需的增加。很多大项目需要启动运作,带动了对大型设备的需求。对于中国很多企业来说,面对大项目,需要大设备,但是购买大设备的投入和回收投资的周期,使他们望而却步。融资租赁业能够很好地解决这一问题。通过保留产权的形式,融资租赁公司提供给承租人设备,降低了实际投入的时间成本和资金成本,设备需求方能够用较少的资金获得较高价格的大型设备,但回报周期缩短,盘活了整个运转流程。

融资租赁原本就是起源于美国的制度创新,西方发达国家受语言、文化、历史、传统的影响,共用一套话语体系。市场经济的制度创新在西方往往更加容易移植和效仿。因此,对于外商,尤其是来自西方发达国家的外商来说,融资租赁业务并不陌生,甚至一直是他们的强项。这一行业的高额回报也是吸引外商的重要因素。在有明文管理规定的制度保障下,加之对中国经济和投资环境的认可,外商对于投资融资租赁行业是认可与支持的。从现在的情况来看,由于融资租赁行业的发展潜力较大,且外商投资融资租赁企业注册资本额相对较低,外商投资融资租赁公司的数量不断增加,这要求我们必须熟练掌握外商投资融资租赁公司的相关管理规定,以做好相关实务工作。

第一节　外商投资融资租赁公司的设立、变更与终止

一、外商投资融资租赁公司的设立条件及程序

（一）外商投资融资租赁公司的设立条件

根据《外商投资租赁业管理办法》第9条规定，外商投资融资租赁公司应当符合下列条件：（1）注册资本不低于1000万美元；（2）有限责任公司形式的外商投资融资租赁公司的经营期限一般不超过30年；（3）拥有相应的专业人员，高级管理人员应具有相应专业资质和不少于3年的从业经验。

根据《外商投资租赁业管理办法》第10条规定，设立外商投资租赁公司和外商投资融资租赁公司应向审批部门报送下列材料：（1）申请书；（2）投资各方签署的可行性研究报告；（3）合同、章程（外资企业只报送章程）；（4）投资各方的银行资信证明、注册登记证明（复印件）、法定代表人身份证明（复印件）；（5）投资各方经会计师事务所审计的最近1年的审计报告；（6）董事会成员名单及投资各方董事委派书；（7）高级管理人员的资历证明；（8）工商行政管理部门出具的企业名称预先核准通知书；申请成立股份有限公司的，还应提交有关规定要求提交的其他材料。

从规定来看，外商投资融资租赁公司的设立标准相对要求较高，注册资本、公司经营期限、人员资质等方面都应当符合一定的准入门槛。同时，由于公司为外商投资注册，因此，其注册资本规定采取美元形式，而不以人民币的形式做要求。这主要考虑国际惯例以及外商融资租赁公司业务的需求，以便于其开展经营。能够同时符合第9条三款要求的企业，还应当提交第10条所规定的各类材料，如果材料的提交不够齐全，则形式上不符合设立的要求，不能批准成为合法企业。

（二）外商投资融资租赁企业的设立程序

根据《外商投资租赁业管理办法》第11条规定，设立外商投资融资租赁公司，应按照以下程序办理：（1）设立有限责任公司形式的外商投资租赁公司，应由投资者向拟设立企业所在地的省级商务主管部门报送本办法第10条规定的全部材料，省级商务主管部门应自收到全部申请材料之日起45个工作日内做出是否批准的决定，批准设立的，颁发《外商投资企业批准证书》，不予批准的，应书面说明原因。省级商务主管部门应当在批准外商投资租赁公司设立后7个工作日内将批准文件报送商务部备案。股份有限公司形式的外商投资租赁公司的设立按照有关规定办理。（2）设立外商投资融资租赁公司，应由投资者向拟设立企业所在地的省级商务主管部门报送本办法第10条规定的全部材料，省级商务主管部门对报送的申请文件进行初审后，自收到全部申请文件之日起15个工作日内将申请文件和初审意见

上报商务部。商务部应自收到全部申请文件之日起 45 个工作日内做出是否批准的决定,批准设立的,颁发《外商投资企业批准证书》,不予批准的,应书面说明原因。(3)已设立的外商投资企业申请从事租赁业务的,应当符合本办法规定的条件,并按照本条第(1)项规定的程序,依法变更相应的经营范围。

同时,第 12 条规定,外商投资租赁公司和外商投资融资租赁公司应当在收到《外商投资企业批准证书》之日起 30 个工作日内到工商行政管理部门办理登记注册手续。否则,前期办理的相关注册手续无法产生效力。

第二节　外商投资融资租赁公司的业务范围及经营规则

一、外商投资融资租赁公司的业务范围

根据《外商投资租赁业管理办法》第 14 条规定,外商投资融资租赁公司可以经营下列业务:(1)融资租赁业务;(2)租赁业务;(3)向国内外购买租赁财产;(4)租赁财产的残值处理及维修;(5)租赁交易咨询和担保;(6)经审批部门批准的其他业务。

从规定的内容来看,外商投资融资租赁公司在我国境内经营的业务比较广泛,与国际上融资租赁公司从事的业务范围基本一致,涵盖了常规的融资租赁业务范围和领域。融资租赁行业涉及的资金量较大,若管理不善则存在较大的风险。虽然存在一定的风险,但是我国仍然对外商开放了这一领域,这充分体现了我国对融资租赁市场的开放和国际化的理念。此外,对于一些特殊领域的融资租赁,监管部门设定了特许经营制度,通过管理部门严格审批,从而保障经营活动规范运行。

二、外商投资融资租赁公司的经营规则

外商投资融资租赁公司的经营必须按照相关规则实施。经营活动应当符合准入条件,具备一定的准入资格方得进行。同时,经营活动应当充分回避风险,保障经营活动的平稳和效益,其风险资产应当达到一定的标准,否则监管部门不得允许其开展相关的营业活动。

《外商投资租赁业管理办法》第 15 条规定,外商投资融资租赁公司根据承租人的选择,进口租赁财产涉及配额、许可证等专项政策管理的,应由承租人或融资租赁公司按有关规定办理申领手续。外商投资租赁公司进口租赁财产,应按现行外商投资企业进口设备的有关规定办理。

第 16 条规定,为防范风险,保障经营安全,外商投资融资租赁公司的风险资产一般不得超过净资产总额的 10 倍。风险资产按企业的总资产减去现金、银行存

款、国债和委托租赁资产后的剩余资产总额确定。

第三节 外商投资融资租赁公司的监督管理

外商投资融资租赁公司的监督管理由商务部及省级商务行政部门主管，同时，成立行业协会实施自律监管活动。外商投资融资租赁公司应当按时上报相关材料，配合监管部门开展监督检查活动，检查的领域涉及经营、财务及其他方面。若检查发现违法、违规情况，按照相关法律、法规予以处理。

外商投资融资租赁公司应在每年 3 月 31 日之前向商务部报送上 1 年业务经营情况报告和上 1 年经会计师事务所审计的财务报告。第 18 条规定，中国外商投资企业协会租赁业委员会是对外商投资租赁业实行同业自律管理的行业性组织。鼓励外商投资租赁公司和外商投资融资租赁公司加入该委员会。《外商投资融资租赁业管理办法》第 19 条规定，外商投资租赁公司及外商投资融资租赁公司如有违反中国法律、法规和规章的行为，按照有关规定处理。

案例分析一

浙江百盛融资租赁有限公司与华门房地产集团有限公司、华门控股有限公司等保证合同纠纷案

争议焦点：《外商投资租赁业管理办法》列举了租赁资产范围，均为动产（含该动产所附带的无形资产），没有列及不动产。外商投资融资租赁公司是否能以不动产作为租赁物进行融资租赁交易，是经常引发外商投资租赁公司疑问的一个问题。有观点认为，《办法》不是法律，不应该成为影响合同效力的因素，另外一种观点则认为，外商投资企业是特殊企业，需要依法批准才可以设立，因此其经营须在批准的范围之内，两种观点相持不下。本案例做出了支持性判决。

原告：浙江百盛融资租赁有限公司

被告：华门房地产集团有限公司

被告：华门控股有限公司

被告：徐群

一、案件基本事实

2013 年 12 月 12 日，浙江百盛融资租赁有限公司（下称"百盛公司"）与浙江清水湾置业有限公司（下称"清水湾公司"）签订商品房买卖合同 12 份，约定清水湾公司将位于余杭区中泰乡石鸽良种场，编号为（2006）

21号地块上的清水湾别墅山水苑商品房12套出售给百盛公司。合同经房屋主管部门登记备案。

2013年12月12日，百盛公司与清水湾公司签订融资租赁合同，约定百盛公司将购进的经清水湾公司选定并确认的清水湾别墅山水苑的商品房作为租赁物，并回租给清水湾公司使用，租赁期为12个月，起租日为2013年12月12日。租赁本金即标的物价款为百盛公司向清水湾公司支付的租赁物价款金额6,000,000元，租金费用每月按租赁物价款的0.6％计，并按月支付调查费2％，租金总额为7,872,000元，租金支付日自2013年12月15日起至2014年11月15日止。租赁期满，清水湾公司履行完毕本合同义务，向百盛公司支付名义货价1元后，租赁物所有权归清水湾公司所有。如清水湾公司延迟偿付租赁本金、租金费用、调查费及相关费用，应按延付金额的每日万分之五向百盛公司支付违约金；清水湾公司若有一期租赁本金、租金费用、调查费及相关费用拖欠达两个月以上或出现第二次延付，即构成根本违约，百盛公司可以要求清水湾公司支付全部到期和未到期租赁本金、租金费用、调查费用及违约金等。

同日，百盛公司与华门房地产集团有限公司（下称"华门集团公司"）、华门控股有限公司（下称"华门控股公司"）及徐群以及浙江浙大网新实业发展有限公司（已进入破产重整程序）（作为保证人）签订《保证合同》一份，约定由上述保证人为清水湾公司签订的上述融资租赁合同提供连带责任保证，保证范围为主合同项下租赁本金及租金费用、调查费、违约金、损害赔偿金和实现债权的诉讼费、律师费及其他费用。保证期间为自每期债务履行期限届满之日起两年。

上述合同签订后，百盛公司于2013年12月12日，通过网银转账支付给清水湾公司6,000,000元购房款。清水湾公司除支付了租金费用六期、调查费用四期外，对其余部分一直未付，保证人亦未承担保证义务。截至2014年11月15日，清水湾公司尚欠百盛公司租赁本金6,000,000元、租金费用216,000元、调查费960,000元、违约金540,000元，清水湾公司已进入破产重整程序。百盛公司多次向债务人催要，未获结果，故向浙江省嘉兴市南湖区人民法院提起诉讼，请求判令被告偿付租赁本金、租金费用、调查费，并承担违约责任。

百盛公司为本案诉讼支付律师费186,000元。

二、一审法院的认定与判决

浙江省嘉兴市南湖区人民法院经审理认为：百盛公司系经相关部门批准设立的融资租赁公司，其与清水湾公司签订的商品房买卖合同、融资租赁合同，以及与华门集团公司、华门控股公司、徐群签订的保证合同，均系各方当事人真实意思表示,内容未违反法律和行政法规禁止性规定,均合法有效,各方当事人均应按合同的约定履行义务。上述合同签订后,百盛公司按合同约定向清水湾公司支付了购房款,履行了合同义务。清水湾公司未按融资合同约定支付租金,各担保人也未承担保证义务,均构成违约,应当承担相应的违约责任。现百盛公司要求被告华门集团公司、华门控股公司、徐群承担连带责任,支付租金及其他费用、违约金、律师费的诉请,符合合同约定,本院予以支持。被告辩称融资租赁合同未生效,双方系企业间借贷,三被告不应承担担保责任的答辩理由,于法无据,不予支持。据此,依照《中华人民共和国合同法》第114条、第248条,《中华人民共和国担保法》第6条、第18条,《中华人民共和国民事诉讼法》第144条之规定,判决如下:被告华门房地产集团有限公司、华门控股有限公司、徐群于判决生效后三日内对债务人浙江清水湾置业有限公司尚欠原告浙江百盛融资租赁有限公司的租赁本金6,000,000元、租金费用21,6000元、调查费960,000元、违约金540,000元(算至2014年10月11日,以后以6,000,000元为基数按每日万分支五算至付清日止)的给付承担连带保证责任;并赔偿原告浙江百盛融资租赁有限公司实现债权的律师费186,000元。

如果未按本判决指定的期间履行金钱给付义务的,应当依照《中华人民共和国民事诉讼法》第253条之规定,加倍支付迟延履行期间的债务利息。

案件受理费67,114元、保全费5,000元,由三被告连带负担(于本判决生之日起三日内缴纳)。

三、对本案的评析

本案是以商品房为租赁物的融资租赁交易引发的保证合同纠纷案件,争议的焦点在于外商投资融资租赁公司是否能以不动产作为租赁物开展融资租赁交易。受案法院对被告辩称主合同系企业间借贷的意见未予支持,从侧面反映出该法院对不动产作为租赁物的认可。这是一份好判决。

之所以有争议焦点问题的提出,原因在于《外商投资租赁业管理办法》列举了租赁资产范围,均为动产(含该动产所附带的无形资产),没有列及不动产。这是否影响不动产租赁合同的效力,需要我们讨论。

根据《合同法》第52条第(五)项规定,违反法律、行政法规的强制性规定的合同无效。《最高人民法院关于适用〈中华人民共和国合同法〉若干问题的解释(一)》第4条规定:"合同法实施以后,人民法院确认合同无效,应当以全国人大及其常委会制定的法律和国务院制定的行政法规为依据,不得以地方性法规、行政规章为依据。"《最高人民法院关于适用〈中华人民共和国合同法〉若干问题的解释(二)》第 14 条规定:"合同法第 52 条第(5)项规定的'强制性规定',是指效力性强制性规定。"

　　根据上述规定,法院判定合同的效力应当以全国人大及其常委会制定的法律和国务院制定的行政法规为依据,不得以地方性法规、部委行政规章为依据。而目前我国现行有效的法律、行政法规并无禁止以不动产作为租赁物的规定。很多人以《外商投资租赁业管理办法》规定的租赁物范围仅限于动产为由认为外商投资融资租赁公司不能开展以不动产为租赁物的交易,但《外商投资租赁业管理办法》在效力级别上属于部门规章,不能作为判定合同是否有效的依据。因此,在目前的法律框架下,以不动产作为租赁物开展融资租赁交易,并不必然导致融资租赁合同无效。

　　所以,本案判决符合法律规定。

第二十二章　内资试点融资租赁企业

融资租赁直接服务于实体经济,在促进装备制造业发展、中小企业融资、企业技术升级改造、设备进出口、商品流通等方面具有重要的作用,是推动产融结合、发展实体经济的重要手段。允许内资公司从事融资租赁业务,有利于为国内企业投资提供通道,同时也为内资企业参与融资租赁行业竞争提供了契机。

为促进我国融资租赁业健康发展,规范内资融资租赁企业的经营行为,防范经营风险,根据有关法律法规规定,商务部出台了《内资试点融资租赁企业管理办法》(以下简称《办法》),对在中华人民共和国境内从事融资租赁活动的内资融资租赁企业的行为进行管理与规制,提高内资公司从事融资租赁业务的质量,防范金融风险。《办法》对内资试点融资租赁企业的各个环节、领域都做了比较细致的规定,使内资试点融资租赁企业的运作有法可依,保障企业经营的规范性,提高企业经营的效益。

第一节　内资试点融资租赁企业的设立、变更与终止

一、内资试点融资租赁企业的设立

根据《办法》第 5 条的规定,内资试点融资租赁企业应当具有符合《中华人民共和国公司法》规定的章程,具有符合规定的注册资本金、良好的内部治理结构、健全的内部管理制度和风险控制制度,配备具有经济、金融、法律、会计等方面专业资格的人员,具有符合要求的营业场所。否则,不得设立融资租赁企业。

从《办法》的规定来看,其规定企业应当具备符合《公司法》规定的章程,这就确定了内资试点融资租赁企业的形式为公司制,排除了合伙企业等其他形式。合伙制等其他企业形式抵御风险的能力较低,一旦遇到较大的商业风险,极容易出现困境或问题,因此,在实践中,内资试点融资租赁企业全部都是公司企业法人。

《办法》对内资试点融资租赁企业的设立要求比较宏观,但尤其强调了内部治理和风控制度,同时要求配备专业人员。这些要求,在《公司法》中并未有强制性规定。《公司法》属于私法性质,虽然具有公法属性,但本质仍然是私人领域的组织规范。因此,公司法没有强制要求治理机构、内控、专业人员等应当具备较高的水平、

符合特定的资质。但是,由于内资试点融资租赁企业业务的特殊性,其往往涉及大额资金的运作,影响面广,影响力强,从事这一行业的公司,必须具备较好的从业资质。在规范性文件中专门提出这一规定,是结合内资试点融资租赁企业从业领域的特点制定的,也是公司稳定运作的制度保证。

二、内资试点融资租赁企业的变更

根据《办法》第 29 条规定,内资融资租赁企业有下列变更事项之一的,应当在变更后 5 个工作日内通过地方商务主管部门报商务部备案。变更事项如涉及登记事项的,应当按规定向工商行政管理部门申请变更登记,并在办理变更工商登记手续后 5 个工作日内通过地方商务主管部门报商务部备案:(一)变更企业名称;(二)改变组织形式;(三)调整主营业务范围;(四)变更注册资本;(五)调整股权结构;(六)变更企业住所或办公场所;(七)修改章程;(八)变更董事、监事及高级管理人员;(九)分立或者合并;(十)设立子公司、分支机构;(十一)主管部门所规定的其他变更事项。

三、内资试点融资租赁公司的终止

依据《办法》第 30 条规定,出现下列情形之一的,内资融资租赁企业可以解散:(一)章程规定的营业期限届满或者公司章程规定的其他解散事由出现,且未进行章程修改的;(二)股东会或者股东大会决议解散;(三)因企业合并或者分立需要解散;(四)依法被吊销营业执照、责令关闭或者被撤销;(五)被依法宣告破产;(六)法律、法规规定的其他情形。内资融资租赁企业出现解散事由的,应当在解散前一个月通过地方商务主管部门报送商务部。内资融资租赁企业解散的,应当依法进行清算。清算结束后,清算组应当将清算报告报地方商务主管部门确认,地方商务主管部门确认后应当在 5 日内通报商务部。

从《办法》规定来理解,内资试点融资租赁公司的解散事由和普通公司相似,但是在解散之后,应当通过地方商务主管部门报商务部。这一规定是由于商务部主管相关业务,融资租赁公司资金体量大,影响力相对高,目前国内能够从事这一领域经营业务的公司数量较少。对这类公司的监管,主管部门也主要采取直接监管和间接监管结合的形式。

第二节　内资试点融资租赁公司的业务范围

内资试点融资租赁企业是专门性公司,其从业范围具有特殊性,应当由法律、法规予以明确,不在业务范围之内的行业或领域,企业不得参与。这是公法对私人商业领域的监管，目的是为了保障市场秩序，维护金融稳定。

根据《办法》第 7 条规定，内资试点融资租赁公司可以从事以下领域的业务。（一）融资租赁业务；（二）租赁业务；（三）向国内外购买租赁财产；（四）租赁财产的残值处理及维修；（五）租赁交易咨询；（六）接受承租人的租赁保证金；（七）向商业银行、商业保理公司转让应收租赁款；（八）符合法律规定的其他业务。

从第 7 条的规定来理解，内资试点融资租赁公司的行业领域集中在融资租赁方面及其相关业务，不涉及融资租赁以外的事项。这一规定是将融资租赁公司的主要资源投入方向进行确定，避免融资租赁公司从事的行业过多，分散资金，带来运营风险和问题。

根据《办法》第 8 条规定，内资融资租赁企业进口租赁财产涉及配额、许可证等专项政策管理的，应按照合同约定由承租人或内资融资租赁企业按有关规定办理申领手续。此外，内资融资租赁企业经营业务过程中涉及外汇管理事项的，应当遵守国家外汇管理有关规定。

《办法》同时列出了内资融资租赁企业的禁止性条款，明确了企业不得从事非法集资活动。第 9 条规定，内资融资租赁企业应当严格遵守国家有关法律法规的规定，未经相关部门批准同意不得从事下列业务：（一）吸收存款或变相吸收存款；（二）发放贷款或受托发放贷款；（三）进行有价证券投资、金融机构股权投资；（四）同业拆借业务；（五）未经批准的其他业务。内资融资租赁企业从事非法集资活动的，由有关部门依法予以查处。

第三节　内资试点融资租赁企业的经营规则

《办法》第三章规定了内资试点融资租赁企业经营规则。针对企业的财务会计制度，保密制度，经营风险防控等多个环节做了严密的规定。概括来说，可以分为经营机制、所有权管控、资产风险管理等三个方面。

一、经营机制

《办法》第 10 条到第 15 条针对企业的经营机制做了系统的规定。由于内资试点融资租赁企业从事业务的特殊性，《办法》第 10 条明确内资融资租赁企业应当按照相关规定，建立健全财务会计制度，真实地记录和反映企业的财务状况、经营成果和现金流量。对于借贷业务，《办法》规定，内资融资租赁企业开展融资租赁业务应当以实际租赁物为载体，不得以融资租赁为名，变相从事借贷业务。商业秘密是商业竞争中的关键信息，丢失后果严重，因此，《办法》明确提出，内资融资租赁企业应当为客户保密，不得利用客户提供的信息从事任何与融资租赁业务无关或有损客户利益的活动。

内资试点融资租赁企业的控股股东往往是国有大型企业，影响力很强，对企业控制力度较大。为了确保企业独立经营，真正通过自身的运作获得发展，内资融资租赁企业不应过度依赖于控股股东，应当具有良好的业务模式设计，建立健全风险资产分类管理制度，建立承租人信用评估制度、事后追偿和处置制度、风险预警机制和突发事件应急机制。

为了保障双方利益，《办法》规定，内资融资租赁企业应当与承租人建立租赁期间相关信息的交换机制，充分考虑和评估承租人持续支付租金的能力，并加强对承租人的监督，共同维护双方的合法权益。

《办法》提出了内资融资租赁企业应当建立关联交易管理制度。内资融资租赁企业在对关联交易进行表决或决策时，与该关联交易有关联关系的人员应当回避。内资融资租赁企业在向关联生产企业采购设备时，有关设备的结算价格不得低于该生产企业向任何第三方销售的价格或同等批量设备的价格。

二、所有权管控

在融资租赁业务中，最核心的关系就是所有权归属。明确了所有权归属的相关规则，才能确保融资租赁业务顺利开展。融资租赁行业中，最重要的所有权关系就是变动登记公示和权利的完整，针对这两个问题，相关法规对内资试点融资租赁公司的活动做了明确规定。

《办法》第16条规定，内资试点融资租赁公司投资的标的物，按照国家法律规定租赁物的权属变动应当登记的，应当办理相关登记手续，承租人应当予以协助。此外，《办法》第17条规定，在售后回租业务中，承租人在出售标的物时必须拥有标的物的所有权。内资融资租赁企业不应接受已经设立抵押的、已经被司法机关查封、扣押的、所有权存在其他瑕疵的财产作为售后回租业务的标的物。

三、资产风险管理

融资租赁行业涉及的资产价格较高，风险较大，因此，法律、法规要求内资试点融资租赁企业在资产风险管理方面必须注意相关的问题，严格控制资产可能存在的风险，不得从事风险过高的投融资活动。

《办法》第18条规定，在售后回租业务中，内资融资租赁企业应充分考虑并客观评估售后回租资产的价值，对标的物的买入价格应有合理的、不违反会计准则的定价依据作为参考，不得低值高买。这里特别提到低值高买，一个重要原因在于防止国有资产流失。《办法》第19条规定，内资融资租赁企业的风险资产一般不得超过净资产总额的10倍。风险资产按企业的总资产减去现金、银行存款、国债和委托租赁资产后的剩余资产总额确定。融资租赁和其他租赁资产比重不得低于总资产的百分之六十。如果风险资产过高,则一旦出现现金流问题,与融资租赁公司交易的对方利益无从保全,严重损害向对方利益。因此,限制风险资产比例,是确保顺利交易和交易相对人利益安全的行之有效的规定。

《办法》同时规定,为了防范和分散风险,内资融资租赁企业对委托租赁、转租赁的资产应当分别管理,单独建账。内资融资租赁企业的关联交易比例、单一承租人业务占比等不应过高。鼓励融资租赁公司和承租人对与融资租赁业务有关的担保、保险等事项进行充分约定,确保交易安全。

第四节 内资试点融资租赁企业的监督管理

融资租赁行业是金融业的重要领域,涉及资金额度较大,运作必须审慎、严谨,否则极容易产生风险。一旦出现问题,其带来的后果比较严重,因此,主管部门对融资租赁行业的监管一直都投入了较大的精力和较多的关注。内资试点融资租赁企业主要从事设备的融资租赁业务,自有资金相对较少,需要依靠融资获得购买设备的资金。同时,融资租赁行业在我国开展时间较短,且内资公司从事这一领域业务的经验尚显薄弱,所以,主管部门对内资试点融资租赁企业的监督管理比较严格,以期通过严格、周密的监管,保障交易各方利益,促进内资融资租赁公司的发展和提高。

一、监管主体

《办法》第21条对监管主体做了明确,对内资融资租赁企业实行属地管理。地方商务主管部门应当加强对内资融资租赁业的监督管理。这一规定表明,商务主管部门是负责内资试点融资租赁企业的监管主体。在中央一级,主要由商务部流通业发展司负责,在地方一级,由各地按照属地管辖原则指派相关职能部门负责监管。由商务主管部门负责对企业的监管,符合业务对口、专业对应的监管规律,有利于更加全面、细致地开展监管活动。

二、监管方式及内容

(一)监管方式

对内资试点融资租赁公司来说,主管部门主要通过信息管控、重大情况通报、风险预警、突发事件处置、责任追究机制建设等方式对企业进行持续、系统、全方位管理。

根据《办法》规定,地方商务主管部门负责对本辖区内资融资租赁企业的日常监管和风险防范,应当建立健全内资融资租赁企业信息收集、整理、统计分析制度和监管制度,对经营状况及经营风险进行持续监测;应当建立重大情况通报机制、风险预警机制和突发事件应急处置机制,明确处置机构及其职责、处置措施和处置程序,及时、有效地处置内资融资租赁行业突发事件。

同时,地方商务主管部门应当重点对内资融资租赁企业是否存在吸收存款、违法放贷,或以虚假融资租赁合同为名变相从事信贷活动、超范围经营等行为进行监督检查,重点监测内资融资租赁企业的资金来源和流向。

《办法》将融资租赁企业的业务领域限定在单纯的融资租赁及相关业务中,并没有认可其能够从事资金融通等金融业务。事实上,根据金融监管原则,从事吸收存款等活动的,必须得到主管部门的批准,是属于专营行活动。融资租赁公司由于自身的业务特点,不具备从事这一专营行业务的属性,为了防范金融风险,必须对融资租赁公司从事违法信贷活动予以严格管控。

地方商务主管部门应当根据监管需要,对内资融资租赁企业进行定期或不定期的现场检查,每年应当检查一次本辖区内所有内资融资租赁企业。地方商务主管部门对内资融资租赁企业实施现场检查时,应当遵循依法、公正和效率的原则。检查人员应当忠实履行职责,遵守保密规定,不得在现场检查中谋取不正当利益。

根据《办法》规定,现场检查时,检查人员不得少于 2 人,并向内资融资租赁企业出示检查通知书和相关证件。检查后应完成现场检查报告并报商务部备案。商务部将采取定期或不定期方式,抽查全国范围内内资融资租赁企业的经营情况,并视情况需要,委托审计机构对内资融资租赁企业进行外部审计。

在汇报时间方面,中央一级地方商务主管部门应于每年 5 月 31 日前向商务部上报上一年度本辖区内融资租赁行业发展情况以及监管情况。如遇重大问题应立即采取紧急措施,并在 24 小时内上报商务部。商务主管部门要求内资融资租赁企业提供专项资料,约见其董事、监事、高级管理人员进行监管谈话,要求整改或进行现场检查的,内资融资租赁企业应当予以配合,并按照要求提供有关文件、资料。

为了更加及时、全面的掌握融资租赁公司的相关信息,《办法》要求内资试点融资租赁公司建立重大事项信息通报制度,避免因信息交流不畅导致损失。在内资融资租赁企业发生重大系统性风险,以及董事、监事、高级管理人员涉及严重违法、违规等重大事件时,应当立即采取应急措施并通过所在地地方商务主管部门报告商务部。

（二）监管内容

主管部门根据相关规定对内资试点融资租赁公司的部分业务领域进行监管。被监管领域一般涉及其核心业务、内控机制、资金管理、人事制度等方面。通过对内部和外部的监管,将可能出现风险的领域实现完全覆盖,避免公司在运营过程中出现问题给企业、股东、其他交易主体带来经济损失。

管理规范对融资租赁公司做出禁止信贷业务的规定,是因为这一类型的公司具备从事信贷业务的条件。融资租赁过程自身就需要资金流支持,要通过银行获得贷款购买设备,整个过程与资金联系十分密切。如果融资租赁公司在这一领域开发信贷业务,客观上具备条件。但是,由于金融业是具有高风险的行业,没有一定的专业资质不能够开展,因此,世界各国对从事信贷业务都有非常严格的准入条件设计,常规公司是不能从事这一活动的。我国的融资租赁企业具备一定的从事信贷业务的条件,按照私法自治原则,如果法律不明令禁止,一旦其从事信贷业务并且出现了风险,后果十分严重。所以,主管部门在这里限制了融资租赁公司从事信贷业务的资质,禁止其从事信贷业务。

商务主管部门根据监管需要,可以要求内资融资租赁企业提供专项资料或约见其董事、监事、高级管理人员进行监管谈话,就有关情况进行必要的说明或进行整改。通过对高级管理人员的监管谈话,能够充分了解企业运营情况,有的放矢,通过高级管理人员贯彻监管理念和要求,从而提高监管水平。

内资融资租赁企业应当按照商务部的要求安装和使用融资租赁企业管理信息系统。在经营过程中,内资融资租赁企业应当定期向地方商务主管部门报送以下情况:(一)每季度15日前上报上一季度经营情况;(二)每年3月31日前上报上一年度经营情况总结报告和经会计师事务所审计的上一年度财务会计报告;(三)其他资料和信息。地方商务主管部门在企业上报后30日内对上报信息进行审核,并在审核后5日内上报商务部。

三、法律责任

企业违反相关法律、法规的,必须承担相应法律责任。通过承担法律责任,矫正违法、违规行为,补偿社会资源消耗。《办法》规定,内资融资租赁企业有以下情形的,商务部给予警告、通报批评并限期整改等措施;未按要求整改的,以及以上情节严重的,将取消其融资租赁试点资格:(一)违反本办法第9条第1款规定,从事非法集资、变相贷款等未经批准的金融业务的;(二)违反本办法第27条第1款的规定,没有正当理由而拒不安装和使用融资租赁企业管理信息系统的;(三)违反本办法第27条第2款,第28条,第29条,第30条第2款、第3款的规定,不向指定部门报送经营情况、隐瞒应当上报的重大事件的,或者对于其他应当报送的事项未予报送的。

《办法》同时规定,内资融资租赁企业有以下情形的,将取消其融资租赁试点资格:(一)提交虚假申请材料或者采取其他欺诈手段隐瞒重要事实骗取内资融资租赁试点企业资格的;(二)试点资格获批后,在12个月内无正当理由未开展实质性融资租赁业务的;(三)出现本办法第29条第(三)、(四)、(七)、(九)所列情形,导致不再符合内资融资租赁试点企业条件的;(四)在向有关主管部门报送经营情况时,在提供的财务会计报告等材料上作虚假记载或者隐瞒重要事实,情节严重的;(五)出现其他严重违法、违规情形的。

第六编　融资租赁的税收(费)

第二十三章　融资租赁的税收（费）

税收、法律、会计和监管并称为支撑融资租赁制度发展的四大支柱。国（境）外在融资租赁业发展过程中，大都实行过或正在实行融资租赁友好型税收政策。我国从 1981 年第一家融资租赁公司成立伊始，就在税收政策上给予了融资租赁大力支持。此后，财政部、国家税务总局、海关总署时不时地出台规定，为我国融资租赁发展提供政策激励。这些规定有力地支持着我国融资租赁产业的成长。不过，我国融资租赁税收政策也还是存在一些亟待解决的问题。一方面，已有的一些规定本身在内容上就缺乏合理性，在形式上则缺乏合法性。另一方面，我国融资租赁近年来呈现井喷式、几何级数式增长态势，融资租赁税收政策面临着一些新情况和新问题，已有的一些规定需要调整、修正，出现的政策空白则有待填补。要解决以上问题，需要对我国融资租赁产业的税收政策进行全盘研究、梳理、细化和整合，明确融资租赁税收制度定位，加强融资租赁税收法制建设。

囿于本书的篇幅和定位，这样一项工作是我们在这里无法完成的。我们在这里只对融资租赁税收（费）的现行法政策作简单梳理。

我国目前共有 18 个税种，它们分别是增值税、消费税、营业税、资源税、企业所得税、个人所得税、城市建设维护税、房产税、车船税、船舶吨税、土地增值税、城镇土地使用税、印花税、车辆购置税、关税、烟叶税、耕地占用税和契税。融资租赁的税收（费）主要涉及营业税改征增值税（以下简称"营改增"）、所得税、印花税、房产税、城市维护建设税、教育费附加、车船税。

第一节　融资租赁的营改增政策

增值税与营业税是属于流转税。在对融资租赁征收流转税问题上，我国长期以来的做法是征收营业税。该做法直至 2012 年 1 月 1 日在上海市开展营改增试点才有所改变。融资租赁作为现代服务业的一种列入营改增试点。这种局面持续至今。

一、主要依据

融资租赁营改增的现行依据主要是 2016 年 3 月 24 日财政部、国家税务总局发布的《关于全面推开营业税改征增值税试点的通知》(财税〔2016〕36号)(以下简称财税〔2016〕36号通知)。该通知有四个附件,即《营业税改征增值税试点实施办法》《营业税改征增值税试点有关事项的规定》《营业税改征增值税试点过渡政策的规定》和《跨境应税行为适用增值税零税率和免税政策的规定》。它们为营改增制定了比较详细的规则。这四个附件规定的内容,除另有规定执行时间外,自2016年5月1日起执行。

二、"融资租赁"

在现行营改增政策中,融资租赁分为"融资性售后回租"与"融资租赁服务"。前者属于"金融服务"项下贷款服务范畴,是指承租方以融资为目的,将资产出售给从事融资性售后回租业务的企业后,从事融资性售后回租业务的企业将该资产出租给承租方的业务活动。后者即直接租赁,属于现代服务业项下"租赁服务"范畴,是指具有融资性质和所有权转移特点的租赁活动。即出租人根据承租人所要求的规格、型号、性能等条件购入有形动产或者不动产租赁给承租人,合同期内租赁物所有权属于出租人,承租人只拥有使用权,合同期满付清租金后,承租人有权按照残值购入租赁物,以拥有其所有权。不论出租人是否将租赁物销售给承租人,均属于融资租赁。

在此前的营改增试点中,融资租赁服务不包括不动产融资租赁服务,而只是有形动产融资租赁服务。此次营改增试点,按照标的物的不同,把融资租赁服务分为有形动产融资租赁服务和不动产融资租赁服务。不过,对于本次全面营改增前已签订未到期的存量不动产售后回租业务如何适用政策,现行营改增政策没有规定。

三、税率

融资性售后回租的营改增税率为6%,有形动产融资租赁服务的营改增税率为17%,不动产融资租赁业务的营改增税率为11%。

四、征收率

增值税征收率为3%。

五、销售额

(一)经人民银行、银监会或者商务部批准从事融资租赁业务的试点纳税人,提供融资租赁服务,以取得的全部价款和价外费用,扣除支付的借款利息(包括外汇借款和人民币借款利息)、发行债券利息和车辆购置税后的余额为销售额。

(二)经人民银行、银监会或者商务部批准从事融资租赁业务的试点纳税人,提供融资性售后回租服务,以取得的全部价款和价外费用(不含本金),扣除对外支付的借款利息（包括外汇借款和人民币借款利息）、发行债券利息后的余额作为销售额。

（三）试点纳税人根据 2016 年 4 月 30 日前签订的有形动产融资性售后回租合同，在合同到期前提供的有形动产融资性售后回租服务，可继续按照有形动产融资租赁服务缴纳增值税。

继续按照有形动产融资租赁服务缴纳增值税的试点纳税人，经人民银行、银监会或者商务部批准从事融资租赁业务的，根据 2016 年 4 月 30 日前签订的有形动产融资性售后回租合同，在合同到期前提供的有形动产融资性售后回租服务，可以选择以下方法之一计算销售额：

1. 以向承租方收取的全部价款和价外费用，扣除向承租方收取的价款本金，以及对外支付的借款利息（包括外汇借款和人民币借款利息）、发行债券利息后的余额为销售额。

纳税人提供有形动产融资性售后回租服务，计算当期销售额时可以扣除的价款本金，为书面合同约定的当期应当收取的本金。无书面合同或者书面合同没有约定的，为当期实际收取的本金。

试点纳税人提供有形动产融资性售后回租服务，向承租方收取的有形动产价款本金，不得开具增值税专用发票，可以开具普通发票。

2. 以向承租方收取的全部价款和价外费用，扣除支付的借款利息（包括外汇借款和人民币借款利息）、发行债券利息后的余额为销售额。

（四）经商务部授权的省级商务主管部门和国家经济技术开发区批准的从事融资租赁业务的试点纳税人，2016 年 5 月 1 日后实收资本达到 1.7 亿元的，从达到标准的当月起按照上述第（一）、（二）、（三）点规定执行；2016 年 5 月 1 日后实收资本未达到 1.7 亿元但注册资本达到 1.7 亿元的，在 2016 年 7 月 31 日前仍可按照上述第（一）、（二）、（三）点规定执行，2016 年 8 月 1 日后开展的融资租赁业务和融资性售后回租业务不得按照上述第（一）、（二）、（三）点规定执行。

六、即征即退

（一）经人民银行、银监会或者商务部批准从事融资租赁业务的试点纳税人中的一般纳税人，提供有形动产融资租赁服务和有形动产融资性售后回租服务，对其增值税实际税负超过 3％ 的部分实行增值税即征即退政策。

（二）商务部授权的省级商务主管部门和国家经济技术开发区批准的从事融资租赁业务和融资性售后回租业务的试点纳税人中的一般纳税人，2016 年 5 月 1 日后实收资本达到 1.7 亿元的，从达到标准的当月起按照上述规定执行；2016 年 5 月 1 日后实收资本未达到 1.7 亿元但注册资本达到 1.7 亿元的，在 2016 年 7 月 31 日前仍可按照上述规定执行，2016 年 8 月 1 日后开展的有形动产融资租赁业务和有形动产融资性售后回租业务不得按照上述规定执行。

第二节　融资租赁的所得税政策

一、个人所得税

（一）承租人为个人

在融资租赁交易中，承租人为个人的，无须就占有、使用租赁物缴纳个人所得税。租赁物不属于《个人所得税法》第 2 条的个人所得。

（二）出租人为个人

根据《国家税务总局关于个人投资设备取得所得征收个人所得税问题的批复》（国税函〔2000〕540 号）、《河南省地方税务局关于个人投资设备取得所得征收个人所得税问题的批复》（豫地税函〔2000〕161 号）精神，个人为出租人（含个人独资企业、合伙企业）的，其取得的个人所得应按照《个人所得税法》"财产租赁所得"项目征收个人所得税。如果个人与承租人约定在租赁期届满后租赁物归承租人，对作为出租人的个人征收个人所得税的具体方法如下：自合同生效之日起至租赁物所有权发生转移之日止，个人取得的分成所得可在上述年限内按月平均扣除设备投资后，就其余额按税法规定计征个人所得税；租赁物所有权转移后，个人取得的全部分成收入应按税法规定计征个人所得税。承租人依照法律、行政法规规定为扣缴义务人的，税款由其在向个人支付所得时代扣代缴。

二、企业所得税

（一）直接租赁

在直接租赁中，出租人或承租人为《企业所得税法》上的企业的，就融资租赁产生的所得应按照该法缴纳企业所得税。

1．出租人

出租人为《企业所得税法》上的企业的，其取得的租金，属于《企业所得税法》第 6 条第 6 项"租金收入"，应在当期确认收入，计缴企业所得税。

在计算出租人应纳所得税额时，出租人以融资租赁方式出租的固定资产，不得计算折旧扣除（《企业所得税法》第 11 条第 2 款第 3 项）。

出租人为在中国境内未设立机构、场所的非居民企业的，其以融资租赁方式将设备、物件等租给中国境内企业使用，租赁期满后设备、物件所有权归中国境内企业（包括租赁期满后作价转让给中国境内企业），非居民企业按照合同约定的期限收取租金，应以租赁费（包括租赁期满后作价转让给中国境内企业的价款）扣除设备、物件价款后的余额，作为贷款利息所得计算缴纳企业所得税，由中国境内企业在支付时代扣代缴。

出租人为非居民企业，出租位于中国境内的房屋、建筑物等不动产，对未在中国境内设立机构、场所进行日常管理的，以其取得的租金收入全额计算缴纳企业所得税，由中国境内的承租人在每次支付或到期应支付时代扣代缴。

如果作为出租人的非居民企业委派人员在中国境内或者委托中国境内其他单位或个人对上述不动产进行日常管理的，应视为其在中国境内设立机构、场所，出租人应在税法规定的期限内自行申报缴纳企业所得税。

2. 承租人

承租人为《企业所得税法》上的企业的，其"融资租入的固定资产，以租赁合同约定的付款总额和承租人在签订租赁合同过程中发生的相关费用为计税基础，租赁合同未约定付款总额的，以该资产的公允价值和承租人在签订租赁合同过程中发生的相关费用为计税基础"（《企业所得税法实施条例》第 58 条第 6 项）；其"以融资租赁方式租入固定资产发生的租赁费支出，按照规定构成融资租入固定资产价值的部分应当提取折旧费用，分期扣除"（《企业所得税法实施条例》第 47 条第 2 项）。

此外，承租人为《企业所得税法》上的企业的，其购置用于环境保护、节能节水、安全生产等专用设备的投资额，可以按一定比例实行税额抵免。根据《财政部国家税务总局关于执行企业所得税优惠政策若干问题的通知》（财税〔2009〕69 号）第 10 条和《企业所得税法实施条例》第 100 条的规定，承租人以融资租赁方式租入《环境保护专用设备企业所得税优惠目录》《节能节水专用设备企业所得税优惠目录》和《安全生产专用设备企业所得税优惠目录》规定的环境保护、节能节水、安全生产等专用设备，并在融资租赁合同中约定租赁期届满时租赁设备所有权转移给承租方企业的，该专用设备的投资额的 10% 可以从企业当年的应纳税额中抵免；当年不足抵免的，可以在以后 5 个纳税年度结转抵免。如果融资租赁期届满后租赁设备所有权未转移至承租方企业的，承租方企业应停止享受抵免企业所得税优惠，并补缴已经抵免的企业所得税税款。

（二）售后回租

《国家税务总局关于融资性售后回租业务中承租方出售资产行为有关税收问题的公告》（国家税务总局公告 2010 年第 13 号）第 2 条规定：根据现行企业所得税法及有关收入确定规定，融资性售后回租业务中，承租人出售资产的行为，不确认为销售收入，对融资性租赁的资产，仍按承租人出售前原账面价值作为计税基础计提折旧。租赁期间，承租人支付的属于融资利息的部分，作为企业财务费用在税前扣除。

第三节　融资租赁的印花税政策

印花税因采用在应税凭证上粘贴印花税票作为完税的标志而得名,是对经济活动和经济交往中设立加领受具有法律效力的凭证的行为所征收的一种税(《印花税暂行条例》第1条)。印花税的纳税人包括在中国境内设立、领受规定的经济凭证的企业、行政单位、事业单位、军事单位、社会团体、其他单位、个体工商户和其他个人(《印花税暂行条例施行细则》第2条第3款)。

一、征税依据

《印花税暂行条例》和《印花税暂行条例实施细则》没有将融资租赁列入印花税的应纳税凭证。在现行法上,融资租赁印花税主要由《国家税务局关于对借款合同贴花问题的具体规定》(国税地字〔1988〕30号)、《国家税务局关于飞机租赁合同征收印花税问题的批复》(国税函发〔1992〕1145号)、国家税务局《关于飞机租赁合同征收印花税问题的函》(国税函发〔1992〕1431号)、《财政部国家税务总局关于飞机租赁企业有关印花税政策的通知》(财税〔2014〕18号)、《财政部、国家税务总局关于融资租赁合同有关印花税政策的通知》(财税〔2015〕144号)这几个规范性法律文件加以调整。

二、直接租赁

(一)征税环节

根据《合同法》第237条的规定,直接租赁是由买卖与租赁两个环节构成的。对于直接租赁是分别按照买卖与租赁两个环节分别征税,还是对这两个环节作整体把握、一体征税这个问题上,现行印花税政策基本上是持前一立场的。

《国家税务局关于对借款合同贴花问题的具体规定》第4条(关于对融资租赁合同的贴花问题)规定:"银行及其金融机构经营的融资租赁业务,是一种以融物方式达到融资目的的业务,实际上是分期偿还的固定资金借款。因此,对融资租赁合同,可据合同所载的租金总额暂按'借款合同'计税贴花。"本条解决了对(融资)租赁这个环节征收印花税的问题。它对于在对租赁这个环节征收印花税后,是否还要对买卖这个环节另行依据《暂行条例》征收印花税,语焉不详。不过,依照对本条的文义解释,对融资租赁的买卖环节还是要征收印花税的。

《国家税务局关于飞机租赁合同征收印花税问题的批复》在对飞机融资租赁征收印花税问题上,存在与《国家税务局关于对借款合同贴花问题的具体规定》上述规定同样的问题。即它同样只明确对飞机融资租赁合同如何征收印花税,对飞机租赁公司为出租飞机而按照承租人的选择购买飞机是否要征收印花税，以及如何征收印花税，同样没有明确规定。可是，依其文义，为融资租赁飞机而购买飞机，还是要另行征收印花税的。

《财政部国家税务总局关于飞机租赁企业有关印花税政策的通知》也只调整融资租赁的一个环节，只不过它们不再调整租赁这个环节，而是调整飞机融资租赁购买环节印花税的免除问题。不过，飞机租赁企业在购机后将其通过经营租赁或融资租赁方式出租这个环节，还是要征收印花税的。

《财政部、国家税务总局关于融资租赁合同有关印花税政策的通知》同样对直接租赁的买卖与租赁环节都要征收印花税没有明确规定。不过，从它的内容上，直接租赁应按照两个环节征收印花税，就透露在字里行间。

就对融资租赁按照两个环节分别征收印花税做出明确规定者，当属国家税务局《关于飞机租赁合同征收印花税问题的函》。它规定，对于飞机租赁要分别按照买卖和租赁两个环节征收印花税，并重申这"不能理解为是重复征税的问题"。

（二）税目与税率

直接租赁的买卖环节，依照《印花税暂行条例》"购销合同"税目，按购销金额的万分之三征收印花税。根据《财政部国家税务总局关于飞机租赁企业有关印花税政策的通知》的规定，自 2014 年 1 月 1 日起至 2018 年 12 月 31 日止，暂免征收飞机租赁企业购机环节购销合同印花税。

直接租赁的租赁环节。依照《印花税暂行条例》"借款合同"税法，按照其所载明的租金总额，按万分之零点五的税率计税贴花。这符合租赁这个环节的经济实质。诚如《国家税务局关于对借款合同贴花问题的具体规定》所言，"融资租赁业务，是一种以融物方式达到融资目的的业务，实际上是分期偿还的固定资金借款"。

三、售后回租

根据《财政部、国家税务总局关于融资租赁合同有关印花税政策的通知》的规定，"在融资性售后回租业务中，对承租人、出租人因出售租赁资产及购回租赁资产所签订的合同，不征收印花税"，而是只对于租这个环节"统一按照其所载明的租金总额依照'借款合同'税目，按万分之零点五的税率计税贴花"。

第四节　融资租赁的其他税收（费）政策

一、契税

契税是以所有权发生转移变动的不动产（包括房屋与土地使用权）为征税对

象,向产权承受人征收的一种财产税(《契税暂行条例》第 1 条)。融资租赁以不动产租赁物的,在融资租赁期间,不动产权属仍属于出租人,因此不应缴纳契税。若融资租赁期限届满,不动产权属发生转移,承租人应缴纳契税。另外,根据《财政部国家税务总局关于企业以售后回租方式进行融资等有关契税政策的通知》(财税〔2012〕82 号),"对金融租赁公司开展售后回租业务,承受承租人房屋、土地权属的,照章征税。对售后回租合同期满,承租人回购原房屋、土地权属的,免征契税"。

二、房产税

房产税是以房屋为征税对象,按房屋的计税余值或租金收入为计税依据,向房屋产权所有人征收的一种财产税(《房产税暂行条例》第 2 条和第 4 条)。房产税在城市、县城、建制镇和工矿区征收(《房产税暂行条例》第 1 条)。房产税的税率,依照房产余值计算缴纳的,税率为 1.2%;依照房产租金收入计算缴纳的,税率为 12%(《房产税暂行条例》第 4 条)。

融资租赁若以房产为租赁物,房产所有权在形式上属于出租人,但是房产的主要经济利益均为承租人所有。因此,承租人一旦通过融资租赁获得对房产的占有和使用权利,即应缴纳房产税。《财政部国家税务总局关于房产税城镇土地使用税有关问题的通知》(财税〔2009〕128 号)规定,以房产作为融资租赁的标的物的,由承租人自融资租赁合同约定开始日的次月起依照房产余值缴纳房产税。合同未约定开始日的,由承租人自合同签订的次月起依照房产余值缴纳房产税。

三、土地增值税

《土地增值税暂行条例》第 2 条规定:转让国有土地使用权、地上的建筑物及其附着物并取得收入的单位和个人,为土地增值税的纳税义务人,应当依法缴纳土地增值税。在融资租赁期间,国有土地使用权、地上的建筑物及其附着物并未发生转让,出租人不需要缴纳土地增值税。融资租赁期限届满,国有土地使用权、地上的建筑物及其附着物发生转让的,出租人则需要缴纳土地增值税。

四、城市建设维护税

《城市维护建设税暂行条例》第 2 条规定,凡缴纳产品税、增值税、营业税的单位和个人,都是城市维护建设税的纳税义务人,都应当依照本条例的规定缴纳城市维护建设税。在融资租赁交易中,出租人缴纳营业税(营改增试点前)或增值税,因而要按照上述规定缴纳城市建设维护税。"城市维护建设税,以纳税人实际缴纳的产品税、增值税、营业税税额为计税依据,分别与产品税、增值税、营业税同时缴纳。"(《城市维护建设税暂行条例》第 3 条)城市维护建设税税率,根据纳税人所在地,为百分之七、百分之五或百分之一。

五、教育费附加

《征收教育费附加的暂行规定》第 2 条规定：凡缴纳消费税、增值税、营业税的单位和个人，除按照《国务院关于筹措农村学校办学经费的通知》（国发〔1984〕174号文）的规定，缴纳农村教育事业费附加的单位外，都应当依照本规定缴纳教育费附加。在融资租赁交易中，出租人缴纳营业税（营改增试点前）或增值税，因而要按照上述规定缴纳教育费附加。"教育费附加，以各单位和个人实际缴纳的增值税、营业税、消费税的税额为计征依据，教育费附加率为 3％，分别与增值税、营业税、消费税同时缴纳。"（《征收教育费附加的暂行规定》第 3 条第 1 款）

六、车船税

《车船税法》第 1 条规定，在中华人民共和国境内属于本法所附《车船税税目税额表》规定的车辆、船舶的所有人或者管理人，为车船税的纳税人，应当依照本法缴纳车船税。因此，融资租赁交易以《车船税法》所附《车船税税目税额表》规定的车辆、船舶为租赁物的，根据融资租赁交易的经济实质，由承租人作为车辆、船舶管理人应依法缴纳车船税。

参考文献

一、著作及编著类

[1] 梁慧星.民法总论.第 4 版.北京:法律出版社,2011.

[2] 崔建远.合同法.第 2 版.北京:北京大学出版社,2013.

[3] 韩世远.合同法总论.北京:法律出版社,2011.

[4] 王泽鉴.民法学说与判例研究.北京:北京大学出版社,2009.

[5] 谢在全.民法物权论.北京:中国政法大学出版社,1999.

[6] 梁慧星,陈华彬.物权法.北京:法律出版社,2010.

[7] 郑玉波.民法总则.北京:中国政法大学出版社,2003.

[8] 胡康生.中华人民共和国合同法释义.北京:法律出版社,2013.

[9] 谢怀栻,等.合同法原理.北京:法律出版社,2000 年

[10] 崔建远主编.合同法.北京:法律出版社,2016.

[11] 黄立.民法债编总论.北京:中国政法大学出版社,2002.

[12] 魏耀荣.中华人民共和国合同法释论(分则).北京:中国法制出版社,2000.

[13] 苏号鹏.格式合同条款研究.北京:中国人民大学出版社,2004.

[14] 王轶.物权变动论.北京:中国人民大学出版社,2001.

[15] 杜军.格式合同研究.北京:群众出版社,2001.

[16] 肖学治.融资租赁合同.北京:中国民主法治出版社,2003.

[17] 李永军.合同法.北京:法律出版社,2003.

[18] 王利明.违约责任论.北京:中国政法大学出版社,1996.

[19] 吕海荣,杨盘江.契约类型·信托行为.台北:台北蔚理法律出版社,1989.

[20] 江必新.融资租赁合同纠纷.北京:法律出版社,2014.

[21] 高圣平,乐沸涛.融资租赁登记与取回权.北京:当代中国出版社,2007.

[22] 高圣平.中国融资租赁现状与发展战略.北京:中信出版社,2012.

[23] 王轶主编.租赁合同·融资租赁合同.北京:法律出版社,1999.

[24] 肖学治主编.融资租赁合同.北京:中国民主法治出版社,2003.

[25] 程卫东.国际融资租赁法律问题研究.北京:法律出版社,2002.

[26] 李鲁阳主编.融资租赁若干问题研究和借鉴.北京:当代中国出版社,2007.

[27] 查松.融资租赁法.北京:人民法院出版社,1999.

[28] 刘敬东.国际融资租赁交易中的法律问题.北京:中国人民公安大学出版

社,2002.

[29] 胡晓媛.中德融资租赁法律制度比较研究.北京:中国法制出版社,2011.

[30] 史燕平,徐晓兰主编.中国融资(金融)租赁行业发展报告.北京:中国经济出版社,2013.

[31] 史树林,乐沸涛.融资租赁制度总论.北京:中国金融出版社,2011.

[32] 史燕平.融资租赁原理与实务.北京:对外经济贸易大学出版社,2005.

[33] 史燕平.融资租赁及其宏观经济效应.北京:对外经济贸易大学出版社,2004.

[34] 张宇峰主编.融资租赁实务指南.北京:法律出版社,2008.

[35] 程卫东.国际融资租赁法律问题研究.北京:法律出版社,2002.

[36] 屈延凯.如何投资和经营融资租赁公司.北京:当代中国出版社,2007.

[37] 郭丁铭,罗时贵.融资租赁实务精解与百案评析.北京:中国法制出版社,2015.

[38] 杨海田.中国融资租赁业年鉴.2013年卷.北京:中国社会科学出版社,2013.

[39] 李中华.融资租赁运作实务与法律风险防范.北京:法律出版社,2012.

[40] 秦国勇.融资租赁法律实务.北京:法律出版社,2011.

[41] 郭晓媛.中德融资租赁法律制度比较研究.北京:中国法制出版社,2011.

[42] 谢鸿飞.合同法学的新发展.北京:中国社会科学出版社,2014.

[43] 姜仲勤.融资租赁在中国问题与解答.第3版.北京:当代中国出版社,2013.

[44] 刘敬东.国际融资租赁交易中的法律问题.北京:中国人民公安大学出版社,2002.

[45] 欧阳卫民主编.中国金融租赁业的现状和出路.北京:中国金融出版社,2000.

[46] 曹守晔,钱晓晨,乐沸涛主编.融资租赁典型案例评析.北京:人民法院出版社,2004.

[47] 李鲁阳,张雪松.融资租赁的监管.北京:当代中国出版社,2007.

[48] 郑雷.船舶融资租赁法律问题研究.北京:法律出版社,2012.

[49] 程东跃.融资租赁风险管理.北京:中国金融出版社,2006.

[50] 裘企阳.融资租赁理论探讨与实务操作.北京:中国财政经济出版社,2001.

[51] 中国融资租赁三十人论坛.中国融资租赁行业2014年度报告.北京:中国经济出版社,2014.

[52] 最高人民法院民事审判第二庭.最高人民法院关于融资租赁合同司法解释理解与适用.北京:人民法院出版社,2014.

[53] [日]石川明.日本破产法.何勤华,周桂秋,译.北京:中国法制出版社,2000.

[54] [美]威廉·H.劳伦斯、威廉·H.亨宁.美国货物买卖和租赁精解.周晓松,译.北京:北京大学出版社,2009.

[55] [英]T.M.克拉克.租赁.罗真崇,等,译.北京:物资出版社,1984.

［56］［日］宫内羲彦.租赁.刘丽京,译.北京:中国金融出版社,1990 年

二、杂志类

［1］徐显明.融资租赁合同概念的比较法厘定.浙江学刊,2007(2).

［2］胡晓媛.融资租赁合同法律本质之研究.公司法律评论,2010(2).

［3］张雄庆.融资租赁承租人权利及其救济探析.公民与法,2013(1).

［4］金建忠.融资租赁中租赁物的范围.法学,2012(7).

［5］刘萍,邱海洋,陆红.融资租赁登记研究.西部金融,2012(4).

［6］杨善林,鲁振宇.试论我国融资租赁登记制度.经济问题探索,2011(8).

［7］江平.完善融资租赁登记制度.中国金融,2011(20).

［8］高圣平.融资租赁登记制度研究.金陵法律评论,2006(秋季号).

［9］金海.判定融资租赁法律性质的经济实质分析法——以承租人破产时租赁物
归属为例.华东政法大学学报,2013(2).

［10］王冠凤,郭羽诞.上海自由贸易试验区发展融资租赁研究.管理现代化,2014
(1).

［11］乐沸涛.完善我国融资租赁法律制度.中国金融,2011(14).

［12］付荣.制约我国融资租赁业发展的法律瓶颈及其破解.法学,2006(7).

［13］郭清马.银行系金融租赁:扩张、风险与对策.当代经济管理,2010(4).

［14］王利明.合同法无效制度.人大法律评论,2012(1).

［15］周益平,周荃.回购型融资租赁纠纷法律适用之透视.金融教学与研究,2013
(6).

［16］李国安.国际融资租赁法律问题研究.国际经济法论丛,第 1 卷.北京:法律出
版社,1998.

［17］咸海荣.高值低卖售后回租交易应认定为融资租赁.人民法院报,2015-7-22
(7).

［18］为融资租赁业健康发展提供有力司法保障——最高人民法院民二庭负责人
就〈最高人民法院关于审理融资租赁合同纠纷案件适用法律问题的解释〉答
记者问.人民法院报,第 2 版

［19］高圣平.中国融资租赁法制:权利再造与制度重塑——以《开普敦公约》及相
关议定书为参照.中国人民大学学报,2014(1).

［20］高圣平,王思源.论融资租赁交易的法律构造.法律科学,2013(1).

［21］王兆星.金融综合经营与分业监管变革——银行监管改革探索之五.中国金
融,2014(23).

［22］王淑敏.我国金融租赁的兴起及作用.天津金融月刊,1988(3).

［23］闵一民,屈延凯.从崎岖到坦途还要不懈努力——中外合资租赁业的回顾与

展望.经济导刊,1998(5).

[24] 郝晋琪,李志刚.融资租赁合同中的租赁物风险负担规则与司法救济.人民法院报,2015-2-11(7).

[25] 田浩为.出租人动产物权保护新路径:天津地方经验.中国融资(金融)租赁行业发展报告(2013).北京:中国经济出版社,2013.

[26] 姜茹娇.从《国际统一私法协会国际融资租赁公约》论国际融资租赁若干法律问题.比较法研究,1998(2).

[27] 张稚萍.融资租赁司法解释评析.北京仲裁,2014(88).

[28] 曾大鹏.融资租赁法制创新的体系化思考.法学,2014(9).

[29] 胡晓媛.融资租赁出租人风险承担及其控制.法学,2011(1).

[30] 杨善林,振宇.试论我国融资租赁登记制度.经济问题探索,2011(8).

[31] 滕祥志.融资租赁税收政策法律评析.财贸经济,2015(2).

[32] 徐同远.论我国融资租赁的税收政策及其完善.南昌大学学报,2015(3).

后　记

本书的编写得到华东政法大学融资租赁研究中心、上海市律师协会融资租赁业务研究委员会的大力支持。在本书的出版过程中,浙江大学出版社提供了专业、细致、高效的服务。在此一并表示衷心的感谢!

本书编写分工如下:

徐同远　第一编、第六编

夏慧敏　第二编的第四章、第五章、第六章、第十二章

刘丹丹　第二编的第七章、第八章、第九章

朱　培　陈明冬　第二编的第十章、第十一章

孙　孝　第三编

麻云程　第四编

邹　鹏　第五编

全书由韩强、孙瑜负责修改、统稿。

韩　强　孙　瑜

2016 年 11 月 25 日